ESOTERISCHES
WISSEN

JEAN HOUSTON

LEBENSKRAFT

Übungen und Erfahrungen
für den geistigen Weg

WILHELM HEYNE VERLAG
MÜNCHEN

HEYNE ESOTERISCHES WISSEN
Herausgegeben von Michael Görden
08 / 9695

Umwelthinweis:
Dieses Buch wurde auf
chlor- und säurefreiem Papier gedruckt.

Für Gay Gaer Luce

Inhalt

Danksagung

Die Übungen und Erfahrungen, die in diesem Buch beschrieben werden, habe ich während der experimentellen Forschungen bei der *Foundation for Mind Research* entwickelt und ausprobiert und weiterhin in einigen meiner Workshops und Seminare überprüft. Einige der Übungen entstanden auch aus der Beschäftigung mit der Arbeit von Frédérick Leboyer, Gay Gaer Luce und Brugh Joy.

Ich möchte mich bei den vielen Teilnehmerinnen meiner Dromenongruppen und der Seminare beim New Ways of Being Institute bedanken, die sich so begeistert auf die psychohistorische Reise begeben haben und mit so reichhaltigen und ausführlichen Reiseberichten zurückkamen, dank deren Hilfe wir weitere Einzelheiten in die Landkarte des Bewußtseins einzeichnen konnten.

Mein besonderer Dank gilt Arthur und Prue Ceppos, den Herausgebern von *The Five Ages of Man,* die mich als erste mit Gerald Heard und seinem Kollegen und Mitarbeiter Jay Michael Barrie bekannt gemacht haben.

Susan Graumann von der *Foundation for Mind Research* hat großartige Arbeit geleistet, indem sie mir half, den psychohistorischen Prozeß in Worte zu fassen und außerdem noch das Manuskript tippte.

Catherine Riley brachte ihre bemerkenswerten literarischen

Fähigkeiten und ein tiefgehendes Verständnis für das Wesen und die Möglichkeiten der Bewußtseinsforschung ein und half mir damit bei der Endfassung des Manuskripts.

Und zu guter Letzt danke ich meinem Mann, Robert Masters – der mich dazu brachte, dies zu tun.

Vorwort

Befreit
Die Zeit. Gebt Raum
Der unentzifferten Vision im höheren Traum . . .

T. S. Eliot, *Aschermittwoch*

Als ich 23 Jahre alt war, wurde ich gebeten, das Manuskript eines 73jährigen Mannes zu besprechen, der einen Teil seines Lebens damit verbracht hatte, sich mit Fragen der Geschichte, der Psyche und der Möglichkeiten menschlicher Wandlung zu beschäftigen. Der Name des Mannes war Gerald Heard, und das Buch, *The Five Ages of Man* (Die fünf Zeitalter des Menschen)[1], war der Höhepunkt seines Lebenswerkes. Mit großartiger Feinheit und Gelehrsamkeit verband Heard die Grundsätze der Phylogenese und der Ontogenese mit der sozialen und persönlichen Geschichte des Menschen und kam dadurch zu einer psychologischen Interpretation von Geschichte, in der Geschichte als Reflexion des sich entfaltenden menschlichen Bewußtseins verstanden wird. In diesem Werk verband Heard die neuesten naturwissenschaftlichen und psychologischen Forschungsergebnisse mit den kühnsten historischen Spekulationen und schuf dadurch einen heilsamen Dialog zwischen inneren archetypischen Räumen und den äußeren Welten belegter Tatsachen.

Zusätzlich stellte Heard die These auf, das Bewußtsein des Menschen habe sich historisch in fünf Stufen entfaltet, und zwar so, daß es sich immer weiter unterteilte, während es von einer Stufe präindividuellen Kollektivbewußtseins zu vollständiger Individualität und danach zur Postindividualität fortschritt. Auf jeder Stufe wurde der Mensch von einer besonderen Krise – einer Zerreißprobe – erschüttert, unter der er entweder zusammenbrach oder psychophysische Übergangs- oder Initiationswege ersann, die es ihm ermöglichten, zur nächsten Stufe seines Bewußtseins fortzuschreiten. In der Folge ging Heard soweit, Initiationstherapien nach dem Muster uralter Mysterien vorzuschlagen, von denen er annahm, sie würden dem einzelnen in seinen persönlichen Krisen beim Übergang von einer Lebensstufe zur nächsten helfen.

Während ich das Buch las, spürte ich, daß es eine Dokumentation von Ideen war, die für die Zukunft außerordentlich bedeutsam sein könnten; aber ich ahnte auch, daß es im Klima der Zeit um 1963 von den Kritikern nicht beachtet und nur von wenigen Menschen gelesen werden würde; (beides traf zu.) Seine Thesen waren zu dramatisch, zu verwegen, zu originell; einiges in seiner wissenschaftlichen Dokumentation ließ viele verschiedene Interpretationen zu und konnte leicht als zusammenhangslos und als Produkt eines exzentrischen, wenn auch genialen Geistes abgetan werden. Die Psychotechniken, die Heard als Anstoß zur Einleitung der Bewegung von einer Lebensstufe zur nächsten empfahl, schienen manchmal frevelhaft und häufig unreal (LSD, elektrische Stimulierung, Feuerlaufen). Aber das Buch als ganzes hatte einen wahren Kern, der nicht verlorengehen würde, und es ließ mich in den folgenden Jahren meiner Forschungen über Art und Größe menschlicher Möglichkeiten nicht los. Heard hatte auf eine merkwürdige Weise die Spekulationen der Theologen, Philosophen, Dichter, Historiker und Psychologen der Vergangenheit, die sich mit diesem gewaltigen Thema beschäftigt hatten, zusammengebracht. Er hatte Wege gewiesen, wie Theorie zur Praxis werden, und wie in der heutigen Zeit die traumatischen Erfahrungen beim Durchschreiten der Stufen kultureller und persönlicher Evolution umgestaltet und genutzt werden könnten, um den Grundstein für eine neue Menschlichkeit zu legen.

Ich erlebte Gerald Heard als eindrucksvollen alten Herrn von grenzenloser Neugier, verspielter Eleganz und voller Entdeckungsfreude. Wir gingen oft zusammen die Madison Avenue in New York hinunter, und seine langen poetischen Hände formten Ideen aus der Luft heraus, seine buschigen Augenbrauen tanzten Bögen von Fragen, und er freute sich wie ein Kind, wenn eine Frage sich mit einer Antwort traf, so daß unsere Welten sich miteinander verbanden. Er schien mehr über die Dinge wissen zu wollen, die ich studierte, und brachte mich dazu, über Thukydides und Euripides und die verborgeneren Aspekte des Themas meiner Doktorarbeit auf eine Weise zu sprechen, die meinen Geist erhellte, wie es mit meinen promovierten Professoren nie der Fall gewesen war. Später erfuhr ich, daß er für Aldous Huxley und Christopher Isherwood sowie für viele andere innovative Denker des zwanzigsten Jahrhunderts die gleiche Rolle gespielt hatte. Er versuchte, das «Alles-verbindende Muster» zu zeigen, und in seiner Vision von dem, was Menschlichkeit sein könnte, legte er die Saat zu dem, was später zur Entwicklung des Besten in der *Human-Potential*-Bewegung und in den psychospirituellen und psychophysischen Wachstumsbewegungen der nachfolgenden Jahrzehnte führte. Ich habe nie daran gezweifelt, daß Gerald Heard eine Schlüsselfigur in der Entstehungsgeschichte dieser Bewegungen war und daß er weitaus mehr Aufmerksamkeit und Würdigung verdient als er bisher bekommen hat.

Jahre später wurde ich Professorin für Philosophie und Religion, mit den Schwerpunkten Evolutions- und Geschichtsphilosophie. Später erwarb ich den Doktortitel in Psychologie und lehrte auch auf diesem Gebiet. In der Zeit ergab sich für mich eine denkwürdige Gelegenheit. Ich wurde gebeten, an einem Projekt mitzuarbeiten, in dem die Auswirkungen von LSD auf die menschliche Persönlichkeit untersucht werden sollten. Die leitenden Forscher waren Mediziner, die meinten, daß meine Ausbildung in den humanistischen Wissenschaften hilfreich sein könnte, die mythischen, archaischen, kulturübergreifenden und symbolischen Themen, die bei Menschen unter LSD-Einfluß allem Anschein nach immer wieder auftraten, zu identifizieren und zu beobachten. Dadurch, daß ich während der nächsten Jahre mehrere hundert Menschen im Rahmen dieser Experimente begleitete, war es mir möglich, ein außerordentlich breites Spektrum menschlicher Prozesse zu beobachten. Was bis dahin in meinen philosophischen und historischen Studien abstrakt und schwer faßbar gewesen war, wurde in meiner Arbeit mit LSD äußerst konkret. Im Prozeß der Tiefenauslotung der Seele war es, als ob sich eine jahrelange Beobachtung des Spektrums menschlichen Verhaltens und menschlicher Möglichkeiten in der Erfahrung weniger Jahre verdichtete. Hier eine teilweise Aufstellung der Phänomene, die mein Mann und ich im Verlauf dieser Forschung beobachtet haben:

Veränderungen in der visuellen, auditiven, taktilen, olfaktorischen, gustatorischen und kinästhetischen Wahrnehmung; Veränderungen im Erleben von Zeit und Raum; Veränderungen in der Geschwindigkeit und im Inhalt des Denkens; Veränderungen im Körperbild; Halluzinationen; lebendige Bilder – eidetische Bilder – bei geschlossenen Augen; hochgradig erhöhte Farbwahrnehmung; abrupte und häufige Stimmungs- und Gefühlsschwankungen; erhöhte Suggestibilität; gesteigertes Erinnerungsvermögen oder Gedächtnis; Entpersonalisierung und Ich-Auflösung; duales, multiples und fragmentiertes Bewußtsein; offensichtliches Gewahrsein von inneren Organen und Körperprozessen; Auftauchen von unbewußtem Material; gesteigerte Bewußtheit sprachlicher Nuancen; erhöhte Sensibilität für nonverbale Signale; das Gefühl, viel besser mit nonverbalen Mitteln kommunizieren zu können, manchmal auch per Telepathie; Gefühle von Empathie; Regression «Verprimitivierung»; anscheinend erhöhte Konzentrationsfähigkeit; deutlichere Ausprägung von Charakterzügen und psychodynamischen Prozessen; eine offenbare Nacktheit psychodynamischer Prozesse, die die Interaktion von gedanklichen Vorstellungen, Emotionen und Wahrnehmungen untereinander und damit zusammenhängenden unbewußten Prozessen deutlich sichtbar macht; Beschäftigung mit philosophischen, kosmologischen und religiösen Fragen; und, ganz allgemein, Wahrnehmung einer Welt, die den Ketten der normalen kategorischen Einteilungen entkommen ist, was zu einem verstärkten Interesse am Selbst und an der Welt und auch zu einer Reihe von Reaktionen führt, die von äußerster Ängstlichkeit bis zu äußerster Freude reicht.

Auch Gerald Heard war äußerst interessiert an der Wirkung von LSD und leitete viele Sitzungen, darunter einige mit Aldous Huxley. Diese und andere Erfahrungen veranlaßten Huxley dazu, seine berühmten Werke über die psychedelische Sensibilität zu schreiben, *Die Pforten der Wahrnehmung* und *Himmel und Hölle*[3].

Das Forschungsprojekt endete allzu schnell im Strudel des unverantwortlichen Verhaltens mehrerer Forscher und dem darauffolgenden öffentlichen Spektakel. Das dadurch in Verlegenheit gebrachte Schweizer Pharmaunternehmen, das die Droge herstellte, zog sie vom Gebrauch zu Forschungszwecken zurück. Trotzdem konnten wir die Einblicke, die wir in das weite Feld der menschlichen Möglichkeiten gewonnen hatten, nicht so einfach wieder fallenlassen; deshalb gründeten Robert Masters und ich 1965 die *Foundation for Mind Research* (Stiftung zur Erforschung des Geistes), um die Erforschung dieser Bereiche ohne den Einsatz von Drogen fortzuführen. Auf der Suche nach Hinweisen auf verborgene menschliche Fähigkeiten – in der Geschichte, in der Literatur, in der Anthropologie, in der Physiologie sowie im Bereich der Gehirn- und Geistesforschung – begannen wir, viele Methoden zu entwickeln, um die ungeheuren verborgenen Möglichkeiten der Körper-Geist-Einheit (body-mind) zu erwecken, deren Entfaltung nur allzuoft durch Kultur und Erziehung verzerrt, behindert oder gar völlig blockiert wurde. Während ich diese Untersuchungen durchführte, wurde mein Empfinden für historische Zusammenhänge ständig durcheinander gebracht, weil mir immer klarer wurde, daß die meisten Menschen durch den engen Rahmen von Möglichkeiten, den die Gesellschaft des 19. und frühen 20. Jahrhunderts ihnen vorschrieb, fortwährend verkrüppelt und unterdrückt worden waren. Dies entwickelte sich zu der niederschmetternden Erkenntnis dessen, was in einer Welt geschehen könnte, in der Menschen mit der Mentalität des 19. Jahrhunderts ihre Angelegenheiten mit der Technologie des 20. Jahrhunderts regeln. Hier könnte Atavismus zur Apokalypse führen.

Bei der Arbeit mit Hunderten von Menschen seit 1965 untersuchten wir Methoden, mit denen der Körper psychophysisch rehabilitiert und mit deren Hilfe die physische Funktionsfähigkeit dem Optimum besser angenähert werden kann. Wir untersuchten den experimentellen und praktischen Wert von veränderten und erweiterten Bewußtseinszuständen, alternativen kognitiven Ausdrucksweisen, von neuen Wegen des Lernens, des Denkens in Bildern, des kinästhetischen Denkens, von Zeitverzerrung und von der Hervorrufung des schöpferischen Prozesses. Diese Arbeit wurde durch eine Vielzahl traditioneller und moderner Techniken befruchtet: das Programmieren von Träumen, die willkürliche Kontrolle unwillkürlicher physiologischer Zustände, unterstützt durch Biofeedback und Autogenes Training, durch die vielen Formen neurologischer Umerziehung und sogar durch die Einleitung religiöser und anderer Gipfelerlebnisse sowie auch durch viele Varianten angeborener geistiger und physischer Fähigkeiten – sie alle stehen den meisten menschlichen Wesen zur Verfügung, werden aber selten von ihnen genutzt. Einiges von dieser Arbeit wird in Kapitel 5 ausführlich beschrieben.

Aus diesen Versuchen erwuchs die Erkenntnis, daß «ganz gewöhnliche Menschen» – wenn sie die Gelegenheit und die Ausbildung dazu haben – Mittel und Wege finden, ihre Körper-Geist-Einheit und ihre angeborenen Fähigkeiten zu Ebenen des Gebrauchs und des Verstehens hin zu entwickeln, die sie in reichem Maße dazu befähigen, den Herausforderungen der Zeit zu begegnen. Sie können lernen, ihr Denken, Fühlen und Wissen zu erweitern und zu steigern, können einen geschmeidigen und wohlkoordinierten Körper bekommen, schöpferischer werden und in realistischen Grenzen zu einer multidimensionalen Bewußtheit gelangen. Wenn wir erst einmal unsere gewöhnlich nicht erkannten Grenzen verstehen, die wir uns selbst durch eine Unzahl falscher Vorstellungen, atavistischer Denkweisen, verkümmerter Sehnsüchte und irrationaler Tabus setzen, werden wir fähig sein, eine größere Freiheit im Denken, Träumen und Experimentieren zu erreichen und uns selbst wieder neu zu erfinden, so daß wir uns Möglichkeiten für authentisch neue Seinsweisen eröffnen.

Mehrere Bücher, viele Artikel und eine vierteljährlich erscheinende Zeitschrift entstanden aus dieser Untersuchung, und weil unsere Arbeit dadurch bekannter wurde, bat man uns, Programme zu entwickeln, um unsere Forschungsergebnisse für viele Gebiete sozialer und institutioneller Veränderung nutzbar zu machen.[3] Diese Programme reichten von der Hilfe bei der Einrichtung von Modellschulen und dem Neuentwurf eines Curriculums für «Nicht-Lerner» über die Hilfe für ältere Menschen, versagende Fähigkeiten zurückzugewinnen sowie neue zu erwerben und der Rehabilitation von ehemaligen Häftlingen bis hin zur Entwicklung von Seminaren, in denen Angehörige des öffentlichen Dienstes und Verwaltungsangestellte den möglichen Menschen in sich selbst erfahren, und sich dadurch eine erste Vorstellung vom Aussehen der möglichen Gesellschaft machen konnten.

1975 gründete ich in Pomona, im Staate New York, das *Dromenon*-Zentrum, das nach alten griechischen Wachstums- und Wandlungs-Riten so genannt wurde, um Workshops zu diesen Themen und ein besonderes Übungsprogramm für Menschen im Erziehungsbereich und in helfenden Berufen anzubieten.

Wiederum schulde ich Gerald Heard großen Dank, denn er war es, der unter dem Namen H. F. Heard die bemerkenswerte Geschichte «Dromenon» veröffentlichte, durch die ich zu dem Namen meines neuen Zentrums inspiriert wurde. In der Geschichte trifft ein Archäologe auf eine in Stein gemeißelte Therapie, eine mystische Verwandlung von Körper, Geist und Seele, indem er den Pfaden *(dromena)* folgt, die auf dem Boden und den Wänden einer mittelalterlichen englischen Kathedrale eingezeichnet sind.[4]

Diese Arbeit mache ich immer noch; aber seit 1977 haben wir unseren Tätigkeitsbereich erweitert, um durch unsere «Programme für neue Wege des Seins» (New Ways of Being Institutes) eine größere Zahl von Menschen zu erreichen. Diese Programme sind bisher in vielen amerikanischen und kanadischen Städten durchgeführt worden. Sie begannen als ziemlich formale Versuche, unsere wissenschaftlichen Erkenntnisse der Allgemeinheit nahezubringen; aber dabei muß der Geist des alten Dromenon eingezogen sein, denn inzwischen sind sie zu tanzenden, pulsierenden und oft ausgelassenen, lustigen Reisen geworden. Tagsüber gehen die Teilnehmer und Teilnehmerinnen zu Vorlesungen und experimentellen Workshops, die dazu bestimmt sind, das Wissen über die menschlichen Möglichkeiten zu erweitern. Am Abend steigern sich die Feste des Lernens zu Dromenons, und das Wissen wird in mythische Dimensionen hinein vertieft.

Und etwas Seltsames, wenn auch Unvermeidliches geschah: Ich war aufgebrochen, Menschen zu lehren, und jetzt entdecke ich, daß sich die Richtung umkehrt und die Menschen mehr und mehr anfangen, mich zu lehren, wie menschliche Möglichkeiten, einmal erweitert und vertieft, eingesetzt werden können, um das tägliche Leben auf unserem Planeten zu verbessern. Ärzte und Psychiater haben Wege entdeckt, ihren Patienten auf einer tiefergreifenden Ebene zu helfen, Lehrer und Schulräte haben begonnen, ihre Lehrpläne durch multimodale Wege des Wissens wieder lebendig zu machen. Gerontologen und Sozialarbeiter sind dabei, die sensibelsten und anregendsten Methoden zu entwickeln, um die Lebensqualität älterer Menschen zu verbessern. Künstler und Schriftsteller erforschen neue mythische und kreative Tiefen. Am wichtigsten aber war die wachsende Zahl von feiernden Gemeinschaften, die in vielen Teilen des Landes plötzlich entstanden sind. Diese problemlösenden, gärenden, sich gegenseitig bestärkenden Lerngemeinschaften errichten Netzwerke, durch die ihre Mitglieder an Erfahrungen von Vertiefung, Ermutigung, Wachstum und Wandlung ihrer selbst, ihrer Gemeinschaften und – möglicherweise – ihres Planeten teilhaben.

Vorwort zur deutschen Erstausgabe

Mit großer Freude begrüße ich die Veröffentlichung der deutschen Ausgabe von *Life Force*. In den zehn Jahren seit der Erstveröffentlichung dieses Buches hatte ich Gelegenheit, mit Menschen in vielen Kulturen überall auf der Welt zusammenzusein und zu arbeiten. Einige dieser Kulturen haben bis heute Züge bewahrt, wie ich sie in diesem Buch beschreibe. So habe ich unter der Schirmherrschaft des Institute for Cultural Affairs und anderer internationaler Vertretungen eingeborene Völker studiert und mit ihnen in ihrer natürlichen Umgebung zusammengelebt. Ich habe mit Kulturen gearbeitet, deren Form sich seit der Zeit Christi kaum verändert hat, und auch mit Gesellschaften, die in ihrer Lebensweise und in ihrem Wesen noch immer «mittelalterlich» sind. Daneben habe ich natürlich viele Seminare und Trainings zu Themen menschlicher Entwicklung und kulturellen Wachstums in Gesellschaften der sogenannten ersten und zweiten Welt durchgeführt. Diese Erfahrungen haben mich gelehrt, daß wir uns wahrhaftig in einer Zeit befinden, in der wir die Ernte der Kulturen der Welt und der Geschichte unseres Planeten einbringen können. Es ist, als ob man jede Gesellschaftsform, die jemals existiert hat, heute sehen könnte, angefangen bei den wenigen übriggebliebenen Beispielen paleolithischer Steinzeitmenschen, die zutiefst auf die Rhythmen der Natur und ihres eigenen inneren

Geistes eingestimmt sind, bis hin zu den hochtechnisierten Gesellschaften, die nun selbst zusammenbrechen und sich nach innen wenden. Nun da uns das gesamte Spektrum der historischen Entwicklung zur Verfügung steht, nun da die gegenwärtige Bewegung zur Planetarisierung, wie sie im letzten Kapitel dieses Buches beschrieben wird, der Verwirklichung viel nähergekommen ist als vor zehn Jahren, entdecke ich, daß die Welt zu einem Übergang des gesamten Systems bereit ist. Dies ist ein Übergang, an dem alle Kulturen dem Ganzen etwas von höchstem Wert zu bieten haben, ganz gleich wo sie sozial oder ökonomisch stehen. Es wäre in der Tat fast unmöglich, heute von irgendeiner Kultur als einer anderen «überlegen» zu sprechen. Zum Beispiel mangelt es dem gegenwärtigen historischen Stadium, das ich als dasjenige des voll entwickelten Individuums und der ersten Reife beschreibe, trotz aller Technik und objektiven Überlegenheit in traurigem Maße an spiritueller Bewußtheit und psychologischer Bezogenheit, wie man sie in Urgesellschaften antrifft, die einer früheren Stufe der historischen Entwicklung angehören. Zudem haben viele dieser früheren Gesellschaften, die überdauert haben, sich über die Jahrtausende hinweg weiterentwickelt und sind heute zu außerordentlich brillanten und hervorragenden Versionen ihrer selbst geworden. Was mit ihnen geschah, ähnelt dem, was passierte, als Johann Sebastian Bach die veraltete Musik des Barock aufnahm und sie in genialer Weise zu jener höchsten Vollendung brachte, die sie nicht besessen hatte, als sie noch die musikalische Welt beherrschte. Und so möchte ich Ihnen versichern, daß es unter den vielen Entwicklungsformen einige gibt, die mit «Fortschritt» oder den linear aufeinanderfolgenden Stadien einer Bewegung zu ökonomischer und technologischer Überlegenheit nichts zu tun haben. Vielmehr konzentrieren sie sich auf die Vertiefung der Prozesse einer bestimmten Kultur und ihrer Realität über lange Zeiträume. Diese «Kulturen der Tiefe» können uns vieles über unterschiedliche und menschlichere Wege des Lernens, des Seins, des Habens und des Tuns lehren. Wenn die schöpferischen Kräfte so vieler Kulturen tatsächlich zusammengebracht werden könnten, was meiner Meinung nach heute geschieht, dann kann die Krise des gegenwärtigen sozialen Zusammenbruchs und der psychologischen und moralischen Verwirrung in die schöpferische Symbiose der zukünftigen Weltzivilisation münden. Dabei könnten die Entdeckungen jeder einzelnen Kultur sich wechselseitig anregen, wobei sie ihren individuellen kulturellen Stil bewahren und weiterentwickeln können. So könnten z. B. die einzigartigen Kenntnisse und die Weisheit der australischen Eingeborenenvölker die europäischen Bewohner ihres Kontinents über die gegenwärtige Verödung des Bewußtseins hinausführen, von der so viele von ihnen gequält werden; und die europäischen Einwanderer könnten eben jenes Volk ehren und stärken, das sie zu zerstören und zu unterdrücken versucht haben.

Obgleich ich im wesentlichen immer noch mit dem Material dieses Buches übereinstimme, fühle ich mich unter dem Eindruck dieser interkulturellen Erfahrungen aus erster Hand unbehaglich, wenn ich sehe, welches Gewicht der männlichen Sicht von Geschichte beigemessen wird, oder, vielleicht besser, einer Geschichte, die größtenteils als die Geschichte von Männern über die Zeit betrachtet wird. Und obwohl dieses Buch den Begriff «Mensch» als Gattungsbegriff verwendet, scheint es den Blickwinkel der Frau auszuschließen. Meine Freunde versichern mir, daß dies für alle historischen Studien gilt, da es zum größten Teil Männer sind, die die Geschichtsberichte verfaßt und dabei die Sichtweise der Frauen ausgeschlossen haben, womit sie die Berichte über den weiblichen Beitrag auf die Unterseite der Geschichte abgeschoben haben. Der Beitrag der Frauen war unermeßlich, ist aber in den offiziellen Schriften nicht erkennbar. Dabei lagen genau wie heute Ethos und Sensibilität einer Kultur oft in der Zuständigkeit der Frau. Seit kurzem hat sich jedoch eine bewußtere Wahrnehmung dieser verborgenen Geschichte entwickelt, nämlich in dem, was allmählich bekannt wird als *her*story in Unterscheidung zur männerorientierten *his*tory.[5]

In den zehn Jahren seit der erstmaligen Veröffentlichung dieses Buches hat es eine Welle von kritischen Forschungen gegeben, die die Vermutung nahelegen, daß die Urkulturen mit ihrer mutterrechtlichen Erbfolge und ihrer Mutterzentriertheit nicht einfach nur agrarische, auf neusteinzeitlichen Kulturen aufbauende Formen waren, sondern in Wahrheit hochdifferenzierte Kulturen mit einem partnerschaftlichen Verhältnis zwischen Mann und Frau und ebenso mit spirituellen Kräften. Diese mutterzentrierten partnerschaftlichen Kulturen waren (zumindest, soweit wir wissen, in Europa) in der Zeit zwischen den ursprünglicheren und den ausdrücklich heroischen Kulturen angesiedelt. Obwohl ich in der Originalausgabe dieses Buches auf diese Kulturform beiläufig hingewiesen habe, konnte ich ihr nicht den Stellenwert in der Entfaltung historischer Stufen geben, der ihr zukommt, da die entsprechenden Forschungsergebnisse damals noch nicht vorlagen. Nun, da es sie gibt, füge ich hiermit einige dieser neueren Erkenntnisse hinzu, um die Stufen der historischen Entwicklung, die in meiner Diskussion vorgestellt wurden, zu ergänzen.

Wie die bemerkenswerte Arbeit von Marija Gimbutsas und anderen gezeigt hat, war die Kultur des alten Europa von ca. 8500 bis 3500 v. Chr. im wesentlichen eine neusteinzeitliche Agrarwirtschaft, die sich um die Riten und die Anbetung der Muttergottheit herum versammelte.[6] Die Funde des Archäologen James Mellaart in Catal Hüyük in der Türkei und von Marija Gimbutsas in Südosteuropa enthüllen Zivilisationen mit einer äußerst vielschichtigen und hochentwickelten Kunst, handwerklichen Technik und sozialen Organisation. Weiterhin zeigt eine ungeheure Zahl von Belegen, daß in diesen Gesellschaften eine grundsätzliche Gleichheit von Männern und Frauen bestand, daß sie also nicht patriarchalisch waren. Abstammung und Erbrecht verliefen über die mütterliche Linie, und Frauen hatten Schlüsselrollen in allen Lebens- und Arbeitsbereichen inne.[7] Die Kunst dieser Zeit ist nicht heroisch, denn es gibt keinerlei Anzeichen von Heldentaten, Eroberungen oder Gefangenen. Das kam später, viel später. Statt dessen ist die Kunst voll von Szenen und Symbolen aus der Natur, mit Sonne und Wasser, Schlangen, Vögeln und Schmetterlingen. Und überall gibt es Bilder, Figurinen und Weihgeschenke der Göttin. Alles in allem gewinnt man den Eindruck von einer liebenswürdigen Hochkultur: nährend, verspielt und friedlich.[8] Diese Kultur wurde nach Kreta exportiert, wo sie in dichtbesiedelten, wohlorganisierten Städten, mehrstöckigen Palästen,

Netzwerken gut ausgebauter Straßen, ertragreichen Gütern, einem beinahe modernen Be- und Entwässerungssystem, einer reichen Wirtschaft mit hohem Lebensstandard und dem lebendigen und fröhlichen künstlerischen Stil gedieh, der so charakteristisch für kretisches Leben und kretische Empfindsamkeit ist. Auch dies war eine Kultur der Gleichheit und Partnerschaft von Mann und Frau, und wiederum waren die spirituelle Autorität und die leitenden Prinzipien diejenigen der Muttergöttin.[9]

Die freundlichen Zivilisationen gingen unter den plündernden Banden indo-arischer Invasoren zugrunde. (Indo-arisch ist ein Gattungsbegriff für die Wellen von Invasoren, die in dieser Zeit viele Völker eroberten. Genauer handelte es sich bei diesen Invasoren in Indien um Arier, um Hetiter und Mitanni im Zweistromland, Luwier in Anatolien, Achaier und später Dorer in Griechenland und Kreta.) Als kriegerische Nomaden zwangen sie den Eroberten nicht nur ihr eigenes rigides autoritäres Regime auf, wobei sie mutterzentrierte Werte durch patriarchalische ersetzten, sondern verhängten über sie außerdem ihre Ideologie und den Lebensstil des gespaltenen Bewußtseins, das die feingewirkte Symbiose zwischen Mensch, Natur, Kultur und spirituellen Wirklichkeiten erschütterte. Mit gespaltenem Bewußtsein und ihrer Treue nicht sicher, fühlten sich die Invasoren von der liebenswürdigen Vielschichtigkeit der Hochkulturen, denen sie sich gegenübersahen, sowohl angezogen als auch abgeschreckt. Sie wurden durch die überall vorhandene Erotik sowohl fasziniert als auch erschreckt. Wie ich im Kapitel über die heroische Stufe sage, bahnten sie sich rücksichtslos ihren Weg und panzerten sich gegen die Verlockungen ihrer Sinnlichkeit. Sie schändeten jene Orte und Personen, die Zeugnis von der weiterbestehenden Verbindung zwischen sichtbaren und unsichtbaren Ordnungen ablegten, die sie selbst damals längst verloren hatten. Eine späte Version hiervon sehen wir in der *Ilias,* wo die heilige Seherin und Prophetin Kassandra vernichtet wird. Der Altar der Athene wird entweiht. Wie wir weiter im Buch sehen werden, fürchtet der patriarchale heldische Eroberer – sei er nun in Griechenland, in Indien oder im Zweistromland – die Zärtlichkeit, aus Angst, seine Abgegrenztheit zu verlieren. Wenn er jemandem nahekommt, dann nur, um ihn oder sie zu unterwerfen, sei es im Zweikampf oder durch Vergewaltigung.

Nicht etwa, daß diese Invasoren nicht viele der Errungenschaften und Fertigkeiten der älteren partnerschaftlichen Kulturen angenommen hätten, so wie z. B. die Achaier vieles von der minoischen Kultur übernahmen. Aber sie taten es so, daß sie die weiblichen Fäden aus dem kulturellen Gewebe herausrissen und ausgefranste soziale Gewebe zurückließen, denen es an vielen Teilen mangelte.

Die patriarchalische Unterdrückung der reichen und vielschichtigen weiblichen Merkmale der Göttin Athene ist typisch für dieses Zerreißen von Kultur und Bewußtsein. Man konnte die Göttin nicht einfach beseitigen, da sie eine zu mächtige spirituelle Kraft verkörperte. Also wurde sie statt dessen durch das Achaische Patriarchat vereinnahmt und zu *Papas Mädchen* gemacht, zum Geist von Vater Zeus. Bei ihrer Geburt aus seinem Kopf stößt sie einen herzzerreißenden Schrei aus, der selbst die Götter erschreckt. Man fragt sich, was dieser Schrei bedeutet. War es vielleicht ein Schrei der Empörung, ausgestoßen von jemandem, der gezwungen wurde, eine Lüge zu leben, eine Projektion zu bewohnen? So etwas ist schlimm genug für menschliche Wesen, wir können nur spekulieren, wie verheerend es für göttliche Wesen ist. Gefangen in den Träumen der langen dunklen Nacht der heroischen Zeitalter der mykenischen Macht und Gewalt, wird sie in die Rolle der Kriegsgöttin gezwängt und damit zur Beschützerin der Zitadellen der Macht. Aber es ist nicht möglich, einen Archetypen für lange Zeit einzusperren und sicher nicht einen Archetypen solchen Alters und solcher Komplexität. Sogar während sie durch die *Ilias* wütet, scheint ihre tiefere Natur als Möglichkeit durch. In der *Odyssee* befindet sie sich deutlich im Übergang, wie all ihre Taten bezeugen, daher all ihre Veränderungen, ihre Verkleidungen und Verwandlungen. Ihr Übergang besteht nicht nur darin, über das heroische Bild hinauszuwachsen, das ihr übergestülpt wurde, und einige der umfassenderen Dimensionen wiederzugewinnen, die sie in früheren Zeiten hatte; er besteht auch darin, mehr zu werden, eine Göttin, die über die minoischen und die mykenischen Vorstellungen ihrer selbst hinausgeht, eine Göttin der Wandlung, die partnerschaftlich an der evolutionären Reihe des Individuums und der Kultur beteiligt ist. Für Athene ist es, als ob das, was als Möglichkeit in der minoischen Kultur angelegt war, nun in der Odyssee wieder auftaucht (ca. 720 v. Chr.), nachdem es 800 Jahre lang buchstäblich im Dunkeln gehalten worden war. Plötzlich wird sie zu einer transpersonalen und transformierenden Göttin, einer Göttin, die nicht mehr die Patronin heroischer Abenteuer ist, sondern der leitende Geist zur Verfeinerung und Vertiefung der heimatlichen Kultur.

Der gegenwärtige Aufstieg der Frau zur vollen Partnerschaft mit dem Mann auf allen Gebieten menschlicher Angelegenheiten erfordert ein bewußtes Vorgehen, ähnlich dem der Athene, um so die Fülle menschlicher Erfahrung früherer Zeiten zu ehren und wieder Zugang zu ihr zu gewinnen. Damit verbunden ist eine Überprüfung der Aufzeichnungen der männlichen Geschichte, die Suche nach der Geschichte der Frauen. Wie Athene erobern wir verlorene Passagen der Vergangenheit zurück, um «der unentzifferten Vision im höheren Traum» Raum zu geben und mit mehr Zuversicht in die Zukunft hineinzuwachsen. Deshalb empfehle ich Ihnen, beim Lesen des Buches durchgängig im Auge zu behalten, daß die Frauen immer da waren, wobei sie in einigen Teilen der Welt den Stammesgesellschaften dabei halfen, sich zu mutterzentrierten Kulturen von ungeheurer Schönheit zu entwickeln. Es waren diese Kulturen, die möglicherweise jenes selten erlangte Gleichgewicht und jene große Ausgeglichenheit erreicht haben, die die «heroischen» patriarchalischen Invasoren fürchteten und zerstörten. Nun, da die Zerstörung der letzten Mutterkultur, der Erde selbst, eine mögliche Gefahr zu sein scheint, werden die alten Stimmen der Partnerschaft wieder hörbar, aber diesmal schwingen Töne mit, die vom Aufstieg einer planetarischen Kultur und einer Partnerschaft mit der ganzen Erde sprechen.

Jean Houston

Einführung

Das neue Dromenon

Auf dem steten Punkt der kreisenden Welt. Weder Fleisch noch Geist;
Weder fort von ihm noch zu ihm hin; am steten Punkt ist der Tanz,
Der weder einhält noch weitergeht. Und nenn es nicht Stillstand,
Wo Vergangenes und Zukunft vereint sind.
Weder Fortgehn noch Hingehn,
Weder Steigen noch Fallen. Wäre der Punkt nicht, der stete,
So wäre der Tanz nicht – und es gibt nichts als den Tanz.

T. S. Eliot, *Burnt Norton*

Aber was ist nun ein Dromenon? Es ist ein Rhythmus des Erwachens, ein ursprünglicher Pulsschlag, der den Schlüssel zu allem, was wir werden können, in sich trägt. Es ist ein Gären in der suchenden Seele. Es ist die Glocke, die tief in unserem Innern erklingt und uns in Erinnerung ruft, woher wir kommen. Es ist die Evolution, die in die Zeit eintritt. Es ist das beständige Blubbern im Schlamm. Es ist der Tanz, der uns tanzen macht, das Lied, das uns singen macht. Es ist das Tun des Getanen. Manchmal sieht es so aus:

Das Labyrinth-Muster der Bodenfliesen von Chartres.

Noch einmal, was ist ein Dromenon? Was sind seine historischen Wurzeln?

In ihrem Buch *Ancient Art and Ritual* (Kunst und Ritual in der Antike) schlägt Jane Harrison vor, es als «ein Muster dynamischen Ausdrucks, in dem die Beteiligten etwas ausdrücken, das größer ist als sie selbst, das über ihr gewöhnliches Ausdrucksvermögen hinausgeht» zu verstehen und «als einen therapeutischen Rhythmus, in dem sie Erleichterung und Erfüllung finden.»[10] In ihrem meisterhaften Werk *Themis,* einer Studie über die sozialen Ursprünge von Religion und Ritual im alten Griechenland, unterstreicht Harrison die den Jahreszeiten entsprechende Aktivität des Dromenon, besonders des Frühlingsdromenon, in dem die *kouretes* (junge männliche Initianden) einen magischen Tanz aufführten, der den Sinn hatte, an die Wiedergeburt des Landes, der sozialen Ordnung und der Seele zu erinnern und diese einzuleiten. Es war zugleich eine Initiation, eine zweite Geburt in eine größere Ordnung hinein, in der der einzelne von der Tyrannei des Persönlichen erlöst und sein Herz – in der Ekstase des Tanzes – Teil der Gemeinschaft wurde. Für die Menschen in alter Zeit erweiterte die Inszenierung des Dromenon die Grenzen des Selbst, so daß es Teil einer größeren sozialen Ordnung wurde. Im modernen Dromenon wird der einzelne Teil eines noch größeren Ökosystems, Teil einer größeren Ökologie des Seins. Ob alt oder modern, das Dromenon ist eine Bewegung in eine größere Realität hinein, eine Initiation, die eine Verbindung oder Kontinuität zu den Kräften und höheren Wesen jenseits des eigenen, örtlich begrenzten Selbst herstellt.

Im Innersten des alten Dromenon lebt das Prinzip des Konflikts, des Konflikts, der aus dem Tod des alten Jahres und des alten Selbst und der Geburt des neuen Jahres und des neuen Selbst erwächst. Aus dem Frühlingsdromenon, mit dem Ziel der magischen Erweckung des neuen Jahres, entwickelten sich zwei Hauptformen griechischen Lebens und griechischer Zivilisation, die beide den Konflikt oder Wettkampf zum Kern hatten: Der *agon* oder der athletische Wettkampf, und jener andere Wettkampf, der bezeichnenderweise denselben Namen trug, der *agon* des Dramas, in dem wir eine tragische

Spaltung finden, die nur durch eine neue Ordnung der Realität gelöst werden kann. Heute wird der dramatische Agon in Hinblick auf die Notwendigkeit eines neuen Frühlings und einer neuen Vision dessen aufgeführt, was es heißt, ein Mensch zu sein. Jahrtausendealte Konstruktionen der Gesellschaft, des Glaubens und des Verhaltens sind verkarstet. Die gewohnten Formeln führen zu Scheinlösungen, die unvermeidlich noch mehr Probleme schaffen. Frühere Gewißheiten sind in Vergessenheit geraten, während der Mensch, durch das Wuchern der Städte und durch technologische Prothesen von seinen biorhythmischen Wurzeln in der Natur abgetrennt, jene ursprünglichen Verankerungen, die ihn mit dem natürlichen Fließen des Universums verbanden, mehr und mehr verliert. Wenn der Mensch überleben soll, muß er den Todeskampf des Dromenon durchleben – das Tanzen, das Ausstrecken, das Sterben und das Erinnern und Wiederverbinden mit der Gemeinschaft, die über seine sozial und kulturell bedingten Begrenzungen hinausgeht.

Während das alte griechische Dromenon jedes Jahr einen Zyklus der ewigen Wiederkehr Gottes, der Natur, der Gemeinschaft und der Seele darstellte, gehört das moderne Dromenon zu einem umfassenderen Zyklus, in dem wir uns an einem dieser seltenen Angelpunkte der Menschheitsgeschichte befinden, wo wir durch die Überwindung des alten Adam in ein neues Zeitalter von Menschlichkeit und Bewußtheit hineinspringen. Vielleicht war es ein ähnlich bedeutsamer Augenblick, als unsere Vorfahren bei der Sicherung ihres Lebensunterhaltes vom nomadischen Umherziehen unabhängig wurden, sich in landwirtschaftlichen Gemeinschaften ansiedelten und so der kommenden Zivilisation den Weg bereiteten.

So wie das frühere, beginnt auch das heutige Dromenon in einem Stadium des Konflikts und der Niederlage. Was da stirbt, ist nicht mehr nur das alte Jahr, es ist die alte Zeit. Denn wir alle leben im letzten Viertel des zwanzigsten Jahrhunderts, mit dem wir uns gleichzeitig dem Ende des Jahrtausends als einem noch gewichtigeren Wendepunkt in unserem Leben nähern. Und das

Ende des Jahrtausends gibt Anlaß zu weitaus ernsthafterer Besorgnis und fordert zu viel größeren Anstrengungen heraus, als es die Befürchtungen und Phantasien tun, die sich um das Ende eines Jahrhunderts ranken.

Das Zeitalter, in dem wir leben, erzittert unter den Zuckungen des ontologischen Zusammenbruchs. Alles ist in Bewegung: die moralischen Mandate, die strukturellen Gegebenheiten, die gewöhnlichen Formen von Regierungen, Religionen, Wirtschaftssystemen, gerade das auf gegenseitiger Zustimmung beruhende Verständnis der Wirklichkeit bricht zusammen, und damit das allem zugrundeliegende Gewebe des Lebens und des Prozesses, nach dem wir unsere Wirklichkeit organisiert haben und glaubten, wir wüßten, wer und warum und wo wir waren. Die Welt, durch die wir uns selbst verstanden haben – eine Welt, die in ihren wesentlichen Grundzügen mit bestimmten Annahmen über den Menschen, Gott, die Wirklichkeit und die moralische und metaphysische Ordnung vor tausenden von Jahren ihren Anfang nahm, und die im Sinne unseres existentiellen Lebens vor ungefähr dreihundert Jahren mit der naturwissenschaftlichen Revolution begann – ist eine Welt, die nicht mehr funktioniert. Es ist eine Welt, deren Pachtvertrag ausgelaufen ist, deren Paradigmen mehr und mehr verkrusten und die uns nicht mehr mit den Mitteln und Bezugspunkten versorgt, durch die wir uns selbst verstehen können. Wir ähneln der Comic-Katze, die über die Klippe hinausrennt und weiterrennt durch die Luft über dem Abgrund, bis sie ihre mißliche Lage endlich bemerkt und «Huch» sagt.

Es gibt eine Lücke zwischen dem Ende eines Zeitalters und dem Erkennen eben dieses Endes. Wir sind die Kinder dieser Lücke, die Menschen einer Zeit des Übergangs – und es gibt keine spannendere, gehaltvollere Zeit, in der wir leben könnten. Denn die Zukunft in solch einer Übergangszeit ist offen – der Boden für das neue Zeitalter ist bereitet, die neuen Mythen tauchen allmählich auf, das neue Dromenon wartet darauf, getanzt zu werden.

Ein Drehbuch zu einem Science-Fiction-Film, das ich einmal gelesen habe, handelt von der Entdeckung des Quasars durch den Astronomen vom Mount Palomar. Der Quasar wird in der Geschichte als der ursprüngliche Pulsschlag, der Urknall, beschrieben, in dem vieles von der Evolution des Menschen und des Universums enthalten war. Wer den Quasar durch das Teleskop sah und über die Funkfrequenz hörte, wurde in dieser Begegnung auf die Schwingungen der nächsten Stufen des Evolutionsprogramms und den Eintritt in einen beschleunigten Evolutionsprozeß eingestimmt. Zuerst begannen die Astronomen, dann die Kinder und schließlich alle anderen, eine Wandlung durchzumachen. Einige wurden dabei vom Wahnsinn ergriffen, andere von der Erleuchtung. Verborgene Menschlichkeit erwachte. Mystische Sichtweisen wurden Allgemeingut, während Körper, Geist und Seele zusammenspielten und die Menschheit dem Pulsschlag ihrer fernen Kodierung lauschte und zu dem heranwuchs, was sie wirklich war.

Ich erwähne diese Geschichte, weil sie typisch für eine neue Gattung von Mythen ist, die in unserer Zeit auftaucht: Mythen der Belebung und Erweiterung von Möglichkeiten, Mythen neuer Seinsweisen. Wir müssen uns die Bedeutung und Kraft des Mythos für die Seele und die Zivilisation vergegenwärtigen, denn der Mythos ist etwas, was nie war, sich aber ständig ereignet – die verschlüsselte DNS der menschlichen Seele, die uns aufruft, dem so weit weggeschobenen Traum wieder Gestalt zu geben.

Sei es der Mythos von Gilgamesch oder der Mythos vom Gral, der von den vielen Gott-Menschen, die nur starben, um wieder aufzuerstehen, oder sogar der von der göttlichen Komödie des Don Quichotte de la Mancha – der Mythos ist immer der Anreiz, der Erwekker, der Zauber des Werdens. Er belebt und öffnet die Herzen und bereitet den Boden für die Wandlung der Gemeinschaft.

Um das Auftauchen neuer Kultur- und Bewußtseinsformen in unserer Zeit des Übergangs zu erkennen, sollten wir uns also die Mythen und symbolischen Bilder anschauen, die in den kulturellen Seelenlandschaften der letzten Jahre allmählich erblüht sind. Welcher Art sind nun diese neuen Archetypen, die uns faszinieren, diese neuen Mythen, die das normale kritische Bewußtsein umgehen und die Tiefen ansprechen, die in unserem Innern liegen? Was sind die Bilder vom mehr oder weniger Menschlichen, die ungerufen in den

Träumen oder Phantasien des modernen Menschen erscheinen? Wer oder was bringt uns dazu, daß uns die Haare zu Berge stehen, daß wir die Zehen krümmen und den Atem beschleunigen? Denken Sie mal darüber nach.

Anläßlich der großen dramatischen Festspiele, die aus den Ritualen des Dromenon hervorgingen, gingen im alten Griechenland den großen kosmischen Prüfungen und erhabenen Sehnsüchten der mythischen Tragödien häufig dionysische Satyrspiele, groteske und zotige Lustbarkeiten voran, bei denen die populären Mythen und die Liturgien der einfachen Leute Bilder von vulgarisiertem Sex und schurkischer Gewalt ausmalten. Diese niedrigeren und profaneren Mythen dienten dazu, das Herz allmählich auf das Kommen der mächtigen und tiefgehenden tragischen Mythen vorzubereiten.

Das gleiche mag auch heute gelten. Ein Blick in das gegenwärtige Bewußtsein enthüllt ein wahres Füllhorn von Satyrspielen, Dyonisien und grotesken Figuren – die ganze absonderliche Mannschaft, die den minderen Mysterien dient. Ein paar Namen? Dracula, Frankensteins Monster, die Mumie, UFOs, das Raumschiff Enterprise, die Astronautengötter, der Wiederaufstieg von Atlantis, das Versinken Kaliforniens im Meer, das Jahr 2000, LSD, DDT, CIA, ARD, Astrologen, Hexen, Hexenversammlungen, Wahrsager und Swamis («Der Guru des Monats»), die aus allen Ritzen kommen; die gesamte Stadt Los Angeles.

Mit der nächsten Welle kommen jene Musiker, deren Musik nicht der Unterhaltung, sondern der Mythologisierung dient. Die Beatles waren unter den ersten und wahrscheinlich die besten, und nach ihnen kam die Sintflut: The Grateful Dead, Guess Who, Black Sabbath, Three Dog Night – viele vage Gesichter mit urzeitlichen Bärten und zu Schamanen passenden Gewändern. Seit kurzem – und ebenfalls planmäßig – erscheint der Androgyn, immer noch ein Geschöpf von unbestimmtem Geschlecht, diesmal jedoch elektrisch geladen und verstärkt, ein schrill kreischender, rasender akustischer Terror, ausgestattet mit irgendeiner fremdartigen dionysischen Alchemie, mit der er den Freak in allen Zuhörern beschwört, während er Balladen in Orgien verwandelt und Konzerte in Walpurgisnächte.

Wie empörend und vulgär sie auch alle sein mögen, sie erfüllen ihren Zweck. Wie im alten griechischen Theater profanisieren sie den heiligen Weg und machen ihn weniger furchteinflößend, den heiligen Weg, der in die Tiefe führt, wo die großen und machtvollen heiligen Mythen liegen, die möglicherweise davon handeln, neu geboren zu werden, um dem Bewußtsein und der Kultur neues Leben zu bringen.

Welche heiligen Mythen sind es, die jetzt auftauchen? Ich glaube nicht, daß wir es schon wissen, aber wir haben einige eindringliche thematische Anhaltspunkte, die dem Herzen nahe, wenn nicht gar im Innersten des Herzens selbst liegen. Ich zum Beispiel sehe diese Anhaltspunkte in drei typischen zeitgenössischen Mythen, die eine große Zahl von Menschen durch eine Art Schock des Wiedererkennens zutiefst bewegt haben. Mit den Worten Joseph Campbells könnte man sagen, daß diese drei typischen Mythen und Symbole «Zentren des Lebens berühren und anregen, die für das Vokabular von Vernunft und zwingender Logik unerreichbar sind.»[11] Jeder von ihnen trägt die Anzeichen zukünftiger Geschehnisse in sich, den gefühlsmäßigen Anstoß in Richtung auf Verwirklichung. Man findet sie in der Gestalt des Yaqui-Indianerzauberers Don Juan, wie er in Carlos Castanedas Büchern beschrieben wird, in der Geschichte des Michael Valentine Smith, des Helden von Robert Heinleins bemerkenswertem Werk *Ein Mann in einer fremden Welt,* und schließlich im Bild des Sternenkindes, des kosmischen Fötus, der in den Schlußminuten des Films *2001* über der Erde erscheint.

Alle drei Mythen haben in ihrer Thematik vieles gemeinsam. Das Wichtigste daran ist, daß sie alle von einer Umwandlung oder Veränderung des Bewußtseins handeln. Die Wirklichkeit, die jede dieser Gestalten empfindet und kennt, ist nicht die alltägliche, die die meisten von uns kennen. Während viele von uns nach dem Ende ihrer Kindheit die meiste Zeit damit verbringen, in eine Welt hinauszublicken, die durch psychologische und sensorische Scheuklappen begrenzt und eingeschränkt wird, erleben sie die Wirklichkeit als einen dynamischen Strom, eine fließende Unendlichkeit von Welten innerhalb von Welten innerhalb weiterer Welten. Zwei der Charaktere, Don Juan und Michael Smith, beherrschen die Kunst, ihr Bewußtsein willentlich so zu verändern, daß sie Menschen und Orte mit tieferem Verständnis wahrnehmen können. Beide haben ihre Sinne so geschärft, daß Farben, Gerüche, Klänge und Geschmack zu einer Offenbarung an sich werden, Ahnungen von Unsterblichkeit, und nicht nur irgendeine flüchtige sinnliche Zerstreuung. Diese Personen sind auch nicht auf armselige fünf Sinne beschränkt. Ihre Sinne bewegen sich kreuz und quer in einem orchestrischen Spiel von Synästhesie (Sinneskreuzungen), so daß sie Farben hören und Klänge sehen, Licht berühren und Gott schmecken können. Bei ihrer erweiterten Wahrnehmungsfähigkeit und ihrer erhöhten Sensibilität für alle Hinweise aus dem Unterbewußtsein wundert es nicht, daß auch Telepathie und Hellsehen zu ihren natürlichen und ganz gewöhnlichen Fähigkeiten gehören, selbstverständliche Erkenntniswege in der ungewöhnlichen Wirklichkeit, in der sie leben.

Die beiden wichtigen Konstrukte von Zeit und Raum werden von ihnen gleichermaßen als fließend und schöpferisch wahrgenommen. Jeder hat die Fähigkeit, Unendlichkeit in einem Sandkorn und Ewigkeit in einer Stunde zu entdecken. Keiner von ihnen ist in den circadianen Fesseln der Uhrzeit gefangen, aber beide können subjektive Wirklichkeiten erfahren, in denen Monate als Momente und Momente als Monate erscheinen. Durch den Sieg über die Tyrannei der Uhrzeit in der euklidischen Geometrie haben sie die räumliche Freiheit, mit ihrem Körper oder im Geiste durch eine Wildnis von Welten zu wandern, sei es im Duft einer Wüstenblume oder dreißig Lichtjahre jenseits von Andromeda. Alle drei Helden haben sich über den Horizont hinaus bewegt, und dann über diesen Horizont weiter, hinaus in ein Land, das irgendwo liegt. Michael Smith wurde auf dem Mars geboren und kehrte dann als Erwachsener, allerdings mit einem marsianischen Charakter, auf die Erde zurück; der kosmische Fötus war einst ein Astronaut, der zum Jupiter reiste und verwandelt zurückkehrte; und Don Juan ist ein moderner Odysseus des inneren Raumes. Ich könnte hinzufügen, daß im aufsteigenden Mythos die Begriffe «dort draußen» und «hier drinnen» analog verwendet werden.

Worauf ich hinaus will, ist, daß jeder dieser Mythen, so wie es Mythen im allgemeinen tun, eine kommende Realität vorwegnimmt. So gesehen, sind es Mythen des auftauchenden Dromenon und neuer Seinsweisen. Sie erzählen davon, wie Menschen Möglichkeiten und Fähigkeiten erwerben, die man früher nur den Göttern zugeschrieben hat. Sie erzählen mit bewegender Deutlichkeit von Menschen, die zum ersten Mal in der Geschichte menschliche Vollkommenheit erlangt haben. Es ist nicht etwa so, daß dieser Planet nicht schon viele Tausende von menschlichen Wesen erlebt hätte, die sich in reichem Maße verwirklicht haben. Offensichtlich gab es das schon, aber eher zufällig bei einzelnen – niemals, so weit wir wissen, bei einer großen Anzahl von Menschen. Worauf diese Mythen hindeuten, ist die Aktivierung und Demokratisierung der Möglichkeiten der menschlichen Seele, die Erschließung der Ökologie des inneren Raumes für die gesamte Menschheit. Wir sehen zum Beispiel, daß Don Juan seine Geheimnisse nicht an einen anderen angehenden Schamanen weitergibt. Er gibt sie an einen Anthropologen der Universität von Kalifornien weiter, der sie dann in vielen Bestsellern und in seiner Doktorarbeit weiterverbreitet. In den meisten der vergangenen vierzigtausend Jahre wäre über Persönlichkeiten wie Don Juan und seinen Schüler Castaneda von den sehr wenigen, die vielleicht eine verschwommene Ahnung von der Art und Bedeutung ihrer Aktivitäten hatten, nur im Flüsterton gesprochen worden. In unserer Zeit werden sie zum Thema einer Titelgeschichte in der Zeitung. *Ein Mann in einer fremden Welt* wurde ebenfalls viel gelesen, besonders von Studenten; und das Bild des in eine leuchtende Plazenta gehüllten kosmischen Fötus aus dem Film *2001* hat sich ins Gedächtnis von Millionen Menschen eingeprägt.

Am durchschlagendsten an diesen Mythen ist aber, daß sie das Entstehen einer neuen Vorstellung vom Menschen und von dem, was es heißt, ein Mensch zu sein, unterstützen und anregen. Bis in die jüngste Vergangenheit hinein war das Leitbild der menschlichen Identität die Vorstellung vom *homo laborans:* der Mensch als Arbeiter, der Mensch, der seine Identität und Selbsterkenntnis aus dem bezieht, was er alles tut, um irgend etwas Eßbares in den Mund und ein Dach über den Kopf zu bekommen. Deshalb wurden Männer und Frauen auf der Suche nach ihrem Lebensunterhalt Meister darin, ausschließlich solche Fähigkeiten zu nutzen, die ihnen das Überleben ermöglichten. Und so erleben wir die daraus folgende Verengung der menschlichen Vorstellungskraft, die Trennung seiner selbst vom Körper der Natur und von seinem eigenen Körper. Und so erleben wir auch seit prähistorischen Zeiten die fortgesetzte Aufrechterhaltung einer Psychologie der Manipulation. Seit der Zeit, da er in Höhlen lebte, orientiert sich der *homo laborans* nach außen, um seine Bedürfnisse zu erfüllen. Heute beharren wir hartnäckig auf ungefähr der gleichen gewohnheitsmäßigen Haltung, die wir gegenüber der Welt vor Urzeiten eingenommen haben. Hochentwickelte Technologie ist in vielerlei Hinsicht eine Erweiterung der Axt, des Steins und des Speers. Sie enthält den gleichen primitiven Materialismus, der den Menschen seit so langer Zeit davon abgehalten hat, seine ihm angeborenen Kräfte zu entdecken und zu erforschen. Und mit der Entdeckung der künstlichen Ausdehnungen seiner Hände, seiner Füße, seiner Augen, wurde den materiellen Krücken des Menschen Vorrang vor den schwerer zu findenden inneren Ressourcen gegeben. Technische Weiterentwicklungen und ihre weitverbreitete Anwendung liefen darauf hinaus, daß die Plünderung unseres Planeten immer mehr beschleunigt wurde. Die Logik des *homo laborans* und seines Stiefkindes, des vorherrschenden ökonomischen und technologischen Paradigmas, führt zu einer künstlichen Verwüstung der Umwelt und schließlich in den ökologischen Holocaust.

Heute behaupten viele nachdenkliche Beobachter der Entwicklung von Kultur und Bewußtsein, daß wir uns vielleicht im frühen Stadium einer qualitativen und quantitativen Entfernung vom dominanten Paradigma befinden. Ob man es nun dem Wassermann zuschreibt oder dem Sachzwang, es gibt viele Anzeichen, von denen die neuen Mythen nur eines sind, daß wir uns endlich aus der Herrschaft der Quantität, aus der objektivierenden und manipulierenden Philosophie und Psychologie der Macht, die viel zu lange regiert hat, herausbewegen. Es ist bezeichnend, daß die gegenwärtige Krise des Bewußtseins, der Verlust des Gefühls für die Realität, den so viele spüren, die ansteigenden Ströme von Entfremdung, gleichzeitig mit der ökologischen Zerstörung des Planeten durch technische Mittel auftritt. Wir werden gezwungen, uns bewußt zu machen, daß wir nicht nur zugebundene Hautsäcke sind, die ein trübseliges Ego durch die Gegend schleppen. Ein menschliches Wesen ist vielmehr ein System von Organismus und Umwelt, mit vielen Gebieten des Lebens in Symbiose verbunden.

Dies bringt uns zur gegenwärtigen zugespitzten Situation der Menschheitsgeschichte, in der wir, wenn wir überleben wollen, keine andere Wahl haben, als die ökologische und technologische Plünderung rückgängig zu machen, was bedeutet: Formen von Bewußtsein und Erfüllung, Formen menschlicher Energie jenseits von Zerstörung, Kontrolle, Maximierung und Manipulation zu entdecken oder wiederzuentdecken. Es ist an der Zeit, all jene Fähigkeiten aus dem Vorratslager menschlicher Möglichkeiten hervorzuholen, die dort schlummernd liegen und für den Menschen in seiner Rolle als *homo laborans* oder als promethischer Herrscher über die Natur nicht unmittelbar notwendig waren.

Die ökologische Krise ist beides: innerlich und äußerlich; denn sie hat nicht nur mit einer Überbeanspruchung unserer äußeren, sondern auch mit einer Unterbeanspruchung unserer inneren Welt zu tun. Und diese Krise bewirkt, was keine andere Krise in der Geschichte jemals bewirkt hat – sie fordert uns zur Verwirklichung einer neuen Menschlichkeit und einer neuen Art, mit unserer Welt umzugehen, heraus. Ich verweise nochmals auf die Mythen und Szenarien des neuen Werdens. Sie gemahnen den Menschen, sich auf das einzulassen, was ich das umfassendere Dromenon genannt habe, das uns zu tieferem Gewahrsein von und zur Teilhabe an der uns umgebenden Wirklichkeit aufruft, zu einem erweiterten und empfindsameren Gebrauch der vorhandenen Umwelt, und zu einer vollkommen bewußten Teilnahme an einem größeren Universum, einem komplexeren Wissen und einem reicheren Empfindungsvermögen.

Es scheint fast so, als ob die menschliche Rasse dabei ist, bedeutende Wachstumsschritte zu machen. Wir haben uns physisch und kulturell so weit entwickelt, daß wir über ein bemerkenswert feines psychosoziales Werkzeug verfügen. Nun ist die Zeit gekommen, daß dieses Werkzeug arbeitet, forscht und schöpferisch tätig wird, und zwar unter Einsatz von Existenzebenen und Fähigkeiten, die früher im Reich mythischer Verheißung blieben. Die notwendige Finsternis unserer Zeit deutet auf die gerade kommende Wachstumsperiode hin. Um Dr. John Perrys interessantes Bild zu benutzen, sind wir in dieser Hinsicht Laubbäumen nicht unähnlich, bei denen Zeiten des Grünens und Blühens mit Zeiten des Rückzugs und Kräftesammelns abwechseln.

Die menschliche Seele, sowohl die persönliche als auch die universale, ist die Geschichte von Tod und Auferstehung, mit sich abwechselnden Rhythmen von Erwachen und Vergessen und sogar von Schlaf. Während wir in der Finsternis sind, wachsen wir und verändern uns und bereiten uns auf das Wiedererwachen zu neuen Lebensformen vor. Der gegenwärtige Winter unserer Unzufriedenheit mit seinem ontologischen Zusammenbruch der meisten strukturellen Gegebenheiten von sozialer, moralischer, politischer und psychologischer Ordnung ist gleichzeitig die Verpuppung für eine andere Art des Menschseins und des Lebens auf dieser Erde.

Bei mir zu Hause und in unserer Stiftung kann man überall Kunstwerke und Gebrauchsgegenstände aus Jahrtausenden sehen. Statuen der griechischen und ägyptischen Götter sitzen da in feierlicher Zeugenschaft neben den allermodernsten Biofeedback-Ausrüstungen. Ein Mumiensarg blickt über den Bereich, in dem die Konferenzen stattfinden, während eine schreiend bunte, neun Fuß hohe Schnitzerei des indonesischen Vogelgottes Garuda sich das Quartier mit einer Xerox-Maschine teilt. Sekhmet und Ptah, Athene, Thot und Aphrodite sind die täglichen Gefährten unserer Untersuchungsteilnehmer. Um zum EEG-Meßgerät zu gelangen, muß man an einer alten spanischen Rüstung, einer marmornen Tragödienmaske aus einer römischen Grabstätte des zweiten Jahrhunderts, einem löwenpfotenförmigen Tischbein, das angeblich Kaiser Nero gehört hat, einem unter der Decke schwebenden balinesischen Engel und einer sehr drohend wirkenden Trommel und Trompete, die im 15. Jahr-

hundert in tibetanischen Exorzismus-Riten benutzt wurden, vorbei-
gehen. In dem Raum, wo die psychophysischen Untersuchungen
stattfinden, beobachtet das Mutter-Tochter Team von Demeter und
Persephone und das göttliche Paar Isis und Osiris mit archaischem
Lächeln, wie wir uns bemühen, unseren Körper mit unserem Körperbild in Übereinstimmung zu bringen.

Warum dieses Museum? Nicht nur, weil ich seit meiner Kindheit
Sammlerin bin und mich für Archäologie interessiere. Sondern vielmehr, weil wir herausgefunden haben, daß diese antiken Formen für
die Tiefenschichten und Möglichkeiten des Bewußtseins offenbar
anregender sind als all unsere hochentwickelten Ausrüstungen und
Psychotechnologien. Der Brunnen der Seele ist sehr tief, um Thomas
Mann zu paraphrasieren. Und jenen Bildern zu begegnen, die die
Kulturen der Vergangenheit beseelt und getragen haben, bedeutet,
diese Seele mit Erinnerungen zu erfüllen, was gleichzeitig die Kräfti-
gung und die Entfaltung der Existenzebenen bewirkt, die zu vergangenen und kommenden Zeiten gehören. Wir empfinden eine Kontinuität, die gleichzeitig ein Impuls für weiteres Wachstum ist, und wir
erfahren unsere grundlegende Allverbundenheit mit den Kulturen
und Bewußtseinsstufen vergangener Zeiten. Die alten Bilder sind
die Chiffren für morgen. Und das Morgen enthält das Versprechen,
daß die vergessene Weisheit wiederentdeckt wird.

In der Kultur der Seele gibt es anscheinend keine lineare Zeit. Die
Geschichte ist in all ihren Teilen gegenwärtig, und sie ist da, um neu-
entdeckt und als eine reiche und unerschöpfliche Quelle in Anspruch
genommen zu werden. Der Stand der gegenwärtigen Wissenschaft
kann diese außerordentliche Gelegenheit nur vergrößern. Denn da
stehen wir nun, einzigartig in der Menschheitsgeschichte, als erste
Generation, die das ganze Spektrum der menschlichen Geschichte
beansprucht, die erste, die in der Lage ist, bewußt über die Natur
unserer Erfahrungen nachzudenken. Die Wiederentdeckung der
historischen Vergangenheit des Menschen in den letzten zwei Jahrhunderten könnte sich sehr wohl als ein wichtigerer und tatsächlich
entscheidenderer Beitrag zu unserem Überleben erweisen, als all
unsere wissenschaftlichen Kenntnisse. Durch diese Wiederbelebung

unserer historischen Muster kann eine Perspektive von Chaos und Versagen in das bewußte menschliche Gewahrsein mit aufgenommen werden, die uns weiterhin entgegenarbeitet und uns sogar zerstört, wenn sie nicht identifiziert wird und unerkannt bleibt. Verbunden damit führt uns die Tatsache, daß unsere persönliche und kulturelle Entwicklung durch Brüche gekennzeichnet ist, unsere Seele jedoch die erforderlichen Mittel in sich trägt, um die unterbrochenen Reisen zu vollenden und zu vertiefen, zu dem Schluß, daß wir in unseren Erkenntnissen und Fähigkeiten an einem Punkt angelangt sind, an dem wir uns entschließen können, Mitverwalter des evolutionären Prozesses zu werden und anzufangen, das zusammenzufügen, was die Natur in ihrer Weisheit getrennt gelassen hat. Womit wir die Natur in die Neuerschaffung unser selbst einbeziehen.

Dieses Zusammenfügen umfaßt die Verbindung von Geschichte und Seele, die Vermählung dessen, was wir waren, mit dem, was wir in Ewigkeit sind. Aber zunächst einmal müssen wir uns darauf einlassen, mit der Geschichte zu tanzen und sie eher als Dromenon denn als didaktisches Drama zu behandeln. Denn die zeitgenössische Geschichtsforschung hat immer am Übermaß ihrer eigenen Erfolge gelitten und trägt nun schwer an der Last ihres eigenen Überflusses. Dies hat zu Anhäufungen, Unterteilungen, Zergliederungen und zur Aufteilung in spezialisierte Fachgebiete geführt, bis Geschichte, ihres Sinnes beraubt, nur noch die nackten Knochen ihres ehemals lebendigen Körpers trug.

Wie können wir der Geschichte Herz und Eingeweide wiedergeben? Wie füllen wir sie wieder mit dem Saft und dem Duft des Weines ihrer eigenen Gärung? Wie bringen wir sie dazu, wieder mit jenem Erkenntnisschock zu unserer Seele zu sprechen, der uns trifft, wenn wir den antiken Kunstgegenständen gegenüberstehen? Und vor allem, wie können wir sie als Ganzes sehen und es ihr überlassen, uns zu dem allesverbindenden Muster zu führen? Dies sind die Fragen, die der ungewöhnlichen Reise, zu der wir aufbrechen wollen, Gestalt geben.

Anstatt die Geschichte horizontal und an Fakten orientiert zu betrachten, schlage ich vor, sie unter vertikalen und sinnbildlichen

Gesichtspunkten anzuschauen. Wir sehen dann in der Geschichte nicht die Lieferantin empirischer Daten, die man zusammenstellen und aufzeichnen muß, sondern etwas, das wir tun und tanzen und dem wir mit unseren Tiefenschichten begegnen – eine lebendige Metapher, die uns sowohl die Musik als auch die Anstöße liefert, damit wir das große Spiel des Verlierens und Findens im Irrgarten von Zeit und Bedeutung spielen können. Die Belohnung dafür wird sein: Als freier Mensch heimzukehren, vielleicht «große fest-verwurzelte blühende Wesen» zu werden, frei, unsere Mensch-lichkeit in alle Richtungen auszudehnen, nun da wir die Wurzeln unserer persönlichen und kulturellen Vergangenheit wiedergefunden haben.

Der Leser oder die Leserin wird freundlichst gebeten, sich nicht allzusehr in Einzelheiten der historischen Genauigkeit zu vertiefen, denn darum geht es bei der Dromenon-Reise nicht. Einige Histori-ker werden vielleicht mit den hier angebotenen Perspektiven über-einstimmen, andere nicht. Die metaphorische Vorgehensweise erfordert einen symbolischen Gebrauch des historischen Materials, und wenn die Geschichte mythisch behandelt wird, gewinnt sie an Brauchbarkeit und schöpferischer Energie, was sie an beweisbaren Fakten vielleicht verlieren mag.

Menschen waren schon immer von den Zeitaltern der Mensch-heitsgeschichte fasziniert. Sowohl literarische als auch kulturelle Traditionen teilen das Drama der Menschheitsentwicklung in etwa drei Zeitalter ein, häufiger noch in fünf, gelegentlich in sechs, selten in mehr als acht. Oft findet man, daß diese Zeitalter ihre Entspre-chung in der Entwicklung des Menschen von seiner Kindheit bis zum Alter haben. Die Anhänger des rigiden Historismus haben diesen Zusammenhang oft als lächerlich und absurd zurückgewiesen; aber die Tradition setzt sich fort, stark und beharrlich, und läßt ihre Ver-leumder hinter sich, bis sie sich selbst im Staub ihrer Archive zum Opfer darbringen.

Unter denjenigen, die in der Belebung des menschlichen Geistes und des menschlichen Empfindungsvermögens führend waren, gibt es viele, die den psychohistorischen Standpunkt mit Begeisterung gefeiert haben: u. a. Hesiod, Platon, Aristoteles, Polybius, Augustinus, Gioacchino del Fiore, Vico, Hegel, Marx, Comte, Sorokin, Toynbee, Teilhard de Chardin. Schon im 8. Jahrhundert v. Chr. zählte Hesiod fünf Menschenalter im Sinne eines fortlaufenden Übergangs auf: von einem Goldenen Zeitalter zu einem Silbernen, dann zu einem Kupfernen, einem Heroischen und schließlich im Abstieg zu einem schrecklichen Eisernen Zeitalter. Die Menschen jedes Zeitalters hatten die jeweils passenden Charaktere, und sie hatten wenig mit dem Zeitalter zu tun, das dem ihrigen folgte, denn dies lag in der Verantwortung der Götter. Die fünf Zeitalter kehren zyklisch wieder und erinnern daher an die indischen *kalpas* mit ihren Zyklen von vier Zeitaltern.

Platon und andere Denker der klassischen Welt brachten das Wachsen und Schwinden politischer und sozialer Formen in Beziehung zu der Bewegung der himmlischen Sphären und zu den organischen Mustern von Wachstum, Reife und Verfall.

Indem es die Geschichte als ewige Wiederkehr betrachtete, brauchte das alte klassische Denken als psychologische Entsprechung die Regel der Metempsychose (Seelenwanderung), wonach man mit dem wiederkehrenden Zyklus zurückkehrt, um noch einmal genau das gleiche Leben zu führen wie vorher. Diese Sichtweise trieb Augustinus zu scharfem Widerspruch gegen die Doktrin der Unvermeidbarkeit des sich ständig Wiederholenden:

Denn dann müßte, mit Verlaub zu sagen, Plato, der Philosoph, wie er in seinem Jahrhundert in der Stadt Athen und der Akademie genannten Schule seine Zöglinge lehrte, schon unzählige Male in weiter zurückliegenden Jahrhunderten ... aufgetreten sein, derselbe Plato, dieselbe Stadt, dieselbe Schule und dieselben Schüler, und das müßte sich auch in zukünftigen Jahrhunderten stets von neuem wiederholen. Ausgeschlossen, so etwas zu glauben! Denn einmal nur ist Christus für unsere Sünden gestorben, auferstanden aber von den Toten, stirbt er hinfort nicht mehr ...[12]

46

Die christliche Geradlinigkeit des Augustinus ist ein faszinierender früher Prototyp bestimmter kritischer Motive in der psychohistorischen Reise. Augustinus betrachtet Geschichte als einen Ort des Mysteriums und des Abenteuers, angeregt von Gott, aber dem Menschen übertragen, dem er die furchterregende Freiheit und Verantwortung verliehen hat, sowohl sich selbst als auch die Geschichte entweder zu erlösen oder zu vernichten.

Die einflußreiche Schule des Neapolitaners Giambattista Vico bot im frühen 18. Jahrhundert die erste explizite Analyse der Geschichte und der Entwicklung des Bewußtseins, so wie es sich in kulturellen Institutionen ausdrückt. Indem er Zeugnisse aus Sprache, Literatur, Sittenlehre, Gesetz und Religion zusammentrug, beschrieb Vico Geschichte als eine ansteigende Spirale, in der Zyklen oder Stufen *(corsi)* von primitiven, heroischen und humanistischen Zeitaltern sich auf höheren Stufen *(recorsi)* wiederholen, so daß sich allmählich eine verfeinerte und vielschichtigere Menschheit entfaltet.

Für mich war die vollständigste und aufregendste Darstellung der sich gegenseitig beeinflussenden Entwicklung von Kultur und Bewußtsein diejenige von Georg Friedrich Hegel. In seiner *Phänomenologie des Geistes,* einem der vielschichtigsten, geheimnisvollsten, verblüffendsten und wichtigsten Bücher, die jemals geschrieben wurden, stellt Hegel eine Phänomenologie der Stadien dar, die das menschliche Bewußtseins durchlaufen muß, um die Stufe des Absoluten (auch Weltgeist genannt) zu erreichen. Die Reise des Menschen und die Reise des Absoluten bedingen sich wechselseitig, wenn sie nicht gar identisch sind, da die Evolution des Weltgeistes durch die Evolution des menschlichen Bewußtseins getragen wird.

Die Entwicklung des Bewußtseins ist sowohl ein persönlicher als auch ein historischer Erfahrungsprozeß. So gesehen, ist Hegels Phänomenologie die Aufzeichnung der ontogenetischen Entwicklung des Menschen im Lichte seiner phylogenetischen Entwicklung. Wir bemerken, wie sich der Mensch, sowohl persönlich als auch historisch, von der höchst instinktiven sinnlichen Wahrnehmung (wie man sie in der frühen Kindheit und beim frühen Menschen findet) durch Stufen bewegt, die zunehmendes Wahrnehmungsvermögen und wachsendes Verständnis mit sich bringen, hin zu einer Stufe selbstbewußter Vernunft, bis schließlich der Geist sich dadurch seiner selbst vollkommen bewußt wird, daß das menschliche Selbst vollkommene Bewußtheit erlangt. Auf diese Weise entwickelt die Psyche sozusagen Gott.

Hegel verbindet den epistemologischen Prozeß des Selbstbewußtseins folgerichtig mit dem historischen Fortschreiten der Menschheit aus der Knechtschaft zur Freiheit, das sich in der Entstehung von sozialen Institutionen zeigt. Es ist der rasche Positionswechsel zwischen dem ontogenetischen Wachstum des Bewußtseins des einzelnen und dem politischen und kulturellen phylogenetischen Wachstum der Menschheit, der dieses Werk so ausgesprochen einsichtig und anregend macht. Jede Erscheinungsform des Bewußtseins, die sich in der Weiterentwicklung des einzelnen zeigt, ist ebenso im Leben einer historischen Epoche nachweisbar. So gleicht der Grad des Selbstbewußtseins, den Antigone besitzt, dem historischen Ethos des idealen Gemeinwesens im alten Griechenland.

In der *Phänomenologie des Geistes* und später in der *Philosophie der Geschichte* beschreibt Hegel die großartige Entfaltung psychohistorischer Ereignisse von frühen Zeitaltern bis zu seinem eigenen (dem Jahrzehnt, das der Französischen Revolution folgt).

In diesem Werk illustriert Hegel gleichfalls das Vorwärtsschreiten von Freiheit und Bewußtsein, wenn er zeigt, wie im ersten Zeitalter nur der Herrscher frei ist, im klassischen Zeitalter nur einige frei sind und in der modernen Welt der «Mensch als Mensch» frei ist. Außerdem verbindet Hegel den sich entfaltenden Geist mit dem Erscheinen des politischen Staates in aufeinanderfolgenden organischen Phasen.

Jedes einzelne historische Ereignis ist eine Epiphanie, ein Erscheinen des Absoluten in einer besonderen Zeit-Raum-Konstellation. Es ist gleichzeitig ein vergängliches Ereignis, existentiell bedeutsam für den einzelnen, dem es wiederfährt. Es gibt einzelne, die deutlich als Agenten des Absoluten erkennbar sind. Hegel nannte sie welthistorische Individuen, jene reichbegabten Menschen, deren persönliche Interessen, Gefühle und Leidenschaften den Bedürfnissen und Wendungen ihrer Zeit entsprechen. Draußen auf der Bühne oder hinter den Kulissen werden sie zu Impresarios der Veränderung, zu Orchestrierern von Kultur und Bewußtsein. Auf jeden Fall haben sie Teil am Plan des Zeitgeistes, in dem jedes einzelne Ereignis eine bestimmte Stufe des Fortschreitens in Richtung auf größere Freiheit und mehr Wissen bewirkt, bis schließlich das Gebiet des absoluten Wissens erreicht wird, in dem der Geist sich selbst erkennt. Hierin erscheint die Vereinigung allen Bewußtseins im Weltgeist.

In dieser Odyssee des Weltgeistes sorgt die Dialektik für den wichtigsten Wachstumsimpuls: der Prozeß des Wachsens durch Opposition und Reaktion, durch den Erwerb von neuen und sich widersprechenden Einsichten und ihre Zusammenfügung zu einem reicheren, vollständigeren Verständnis der Existenz. Weder auf der persönlichen noch auf der universalen Ebene kann der Geist auf einer der Stufen, die er durchläuft, stehenbleiben, nicht etwa, weil sie unrichtig, sondern weil sie unvollständig sind. In der wohlbekannten Formel enthält jede Stufe oder *These* ihre *Antithese,* und eine höhere und vollständigere Form erscheint in der *Synthese,* die selbst wiederum eine neue *These* ist. Erst wenn das Selbst vollkommene Bewußtheit erlangt hat und sich mit dem Geist vereinigt, hört dieser Prozeß auf, und das dialektische Drama der Geschichte ist zu Ende.

Karl Marx verbannte Hegels Geist und fand sich, indem er Hegel auf den Kopf stellte, in der irdischen, sichtbaren, materiellen Welt als Schauplatz des evolutionären Kampfes wieder. Statt des dialektischen Geistes wurde die Geschichte zur Arena für das Fortschreiten des dialektischen Materialismus. Den meisten von Ihnen ist der marxistische Entwurf einer Universalgeschichte als ökonomischem Kampf zwischen den gesellschaftlichen Klassen sicher vertraut. Die Geschichte der Zivilisation seit der Zeit der Klassik wird in drei Zeitalter eingeteilt: das Zeitalter des Feudalismus, in dem eine kleine Elite von Aristokraten die mühselig schuftenden bäuerlichen Massen in Leibeigenschaft hält; das Zeitalter des Kapitalismus, in dem sich die Macht auf das Bürgertum verlagert, das die arbeitenden Massen in Lohnsklaven verwandelt; und das Zeitalter des Kommunismus, in dem die proletarisierten Massen ihre Ausbeuter besiegen und eine vollkommene Gesellschaft gründen, die die Ausbeutung des Menschen durch den Menschen beendet und das Eigentum an allen Produktionsmitteln den Arbeitern überträgt. Dies alles wird als unausweichliche Entfaltung der Dialektik in der Geschichte betrachtet, in der das Proletariat eine Stufe erreicht, die dem Endstadium der Hegelschen voll bewußten Menschlichkeit insofern nicht ganz unähnlich ist, als menschlicher Geist, Natur und Kultur auf einer höheren Ebene miteinander versöhnt werden, die Marx mit wahrhaft mystischen Worten beschreibt.

Mit dem ungeheuren Anwachsen an kulturellem und historischem Wissen im 19. und 20. Jahrhundert entstanden viele brillante und geniale Systeme zur Betrachtung historischer Entwicklungsstufen, besonders wo sie die Phasen großer Zivilisationen beleuchten. Unter dieser Betrachtungsweise wurde ich selbst in die Geschichtsphilosophie eingeführt; während meiner Collegezeit schärfte ich meine intellektuellen Eckzähne an Arnold Toynbees *Der Gang der Weltgeschichte*. Ebenso wie Walter Schubart, Oswald Spengler, Nikolai Berdjajew und Pitirim Sorokin, zeigte Toynbee komplexe ausgedehnte Analysen der sich spiralförmig bewegenden Rhythmen, der Veränderungen und der regelmäßig wiederkehrenden Phasen in der Entfaltung des soziokulturellen Prozesses. Sie alle kamen zu überraschend ähnlichen Schlüssen über die zeitliche Abfolge der Entwicklung von Zivilisationen und kulturellen Supersystemen, wie die folgende Tabelle zeigt.[13]

Die Ähnlichkeit setzt sich fort, wenn diese Geschichts- und Kulturphilosophen beschreiben, was während des Stadiums, das ich die «Zwischenzeit-Periode der Menschheitsgeschichte» genannt habe, geschieht: die Zeit zwischen dem Verfall einer Hochkultur und dem Aufsteigen des Frühlings oder der Kindheit einer neuen Hochkultur. Spengler behauptet, daß in solch einer Zeit eine «zweite Religiosität» entsteht. Toynbee spricht von einer «universalen Kirche» oder einer neuen Religion, die in dieser Zeit geboren wird und die dann die psychologische Grundlage für die Kindheit einer neuen Zivilisation bildet. Zivilisationen existieren in einem Zyklus von Geburt und

Phasen der Zivilisation	Prototypen der Kultur
1. Die Phase des Wachsens oder des ‹Frühlings› oder der ‹Kindheit› bei Spengler und Toynbee	1. Sorokins ideenbildende, Schubarts asketisch-messianische, Berdjajews barbarisch-religiöse Prototypen
2. Die Phase der Reife oder des ‹Sommers›	2. Sorokins idealistische, Schubarts harmonische Typen, Berdjajews Mittelalter-Renaissance-Typen
3. Die Phase des Abstiegs und des Zerfalls. Die Phase des ‹Herbstes› oder des ‹Winters›, Spenglers Phase der Zivilisation	3. Sorokins sinnlich-wahrnehmende, Schubarts heroische oder promethische Typen, Berdjajews humanistisch-weltliche Typen

Tod, während die Evolution im spiralförmigen Aufsteigen der höheren Religionen, die aus dem Untergang einer Zivilisation entstehen, weitergetragen wird. Sorokin beobachtet, daß nach dem Niedergang des sinnlich wahrnehmenden Supersystems ein neues, ideenbildendes religiöses Supersystem vorherrschend wird.

Es besteht eine offensichtliche Übereinstimmung darin, daß zu diesen Zeitpunkten die Psyche in der Geschichte wiedersteht. Dies geht mit Wachstum und Wiederbelebung ethischer Werte und ethischen Verhaltens einher, wie auch mit der Vertiefung von psychologischen und spirituellen Ressourcen.

Seit der Jahrhundertwende hat ein bemerkenswertes Aufgebot von ausgezeichneten Tiefenpsychologen und Entwicklungsforschern unser Verständnis von der Entsprechung zwischen Geschichte und Psyche kraft des Lichtes, das sie auf die ontogenetischen Stufen menschlicher Entwicklung geworfen haben, ungeheuer bereichert. Freud verband seine eindrucksvollen Kenntnisse der Bedeutungen und Metaphern der Klassik mit seinem noch eindrucksvolleren Verlangen nach Aufdeckung der Ursachen und Entwicklungen von seelischen Krankheitserscheinungen und enthüllte damit eine Archäologie des Selbst, die zeigte, daß Abweichungen im menschlichen Verhalten ihre Wurzeln in frühen Kindheitserfahrungen haben oder in den heute mythischen Echos früherer Zeitalter kodiert wurden. Mit seiner schlüssigen Analyse der Phasen und Krisen der psychosexuellen Entwicklung des Menschen und seinen psychoanalytischen Beobachtungen der Kräfte und instinktiven Triebe, die das sich entwickelnde Ich bedrängen, schaffte Freud zusätzlich die Grundlage für ein weit komplexeres und umfangreicheres Verständnis des psychohistorischen Prozesses.

Freuds Schüler Erik Erikson bringt Geschichte und Psyche in seiner Theorie der epigenetischen Entwicklung sogar noch näher zusammen. Er setzt acht Stufen der psychosozialen Entwicklung als gegeben voraus, von denen jede einzelne charakteristische Bedürfnisse, Aufgaben und Verletzlichkeiten in sich trägt, die entscheidend für das Wachstum persönlicher Identität auf der jeweiligen Stufe sind. Jede dieser Stufen enthält eine altersspezifische Krise, deren Bewältigung oder Nichtbewältigung den zukünftigen Gang der Entwicklung beeinflußt. Da diese Stufen vieles mit der Dromenonreise psychohistorischer Wiederbelebung gemeinsam haben, will ich hier ihre Hauptmerkmale zusammenfassen.

Nach Erikson ist die erste Lebensstufe die des Säuglingsalters; ihre epigenetische Krise dreht sich um das Wachstum von Hoffnung und Urvertrauen. Durch Nichtbewältigung dieser Krise entsteht Mißtrauen, das die Persönlichkeitsentwicklung ernsthaft beeinträchtigen und sogar in die Psychose führen kann. Die zweite Stufe ist die der frühen Kindheit. Ihre epigenetische Krise konzentriert sich auf die Entwicklung des Autonomiegefühls und der Willenskraft. Ein Versagen an diesem Punkt hat einen lebenslangen Mangel an Mut, verbunden mit chronischen Gefühlen von Selbstzweifel und Scham, zur Folge. Auf der dritten Stufe, dem Spielalter, entwickelt sich ein Gefühl für Unternehmungsgeist und kreative Erforschung. Die Behinderung dieses Unternehmungsgeistes führt zu ständigem Beschäftigtsein mit Schuldgefühlen. Das Thema der vierten Stufe, der des Schulalters, ist die Entwicklung eines Sinns für Fleiß und des Vertrauens in die eigenen Fähigkeiten. Eine Fehlentwicklung auf dieser Stufe hat ein Gefühl von Minderwertigkeit und Unwirksamkeit zur Folge. Die fünfte Stufe, das Jugendalter (die Adoleszenz), umfaßt die Identitätskrise; Versagen auf dieser Stufe führt zur Identitätsverwirrung. Die epigenetische Krise der sechsten Stufe, der des frühen Erwachsenenalters, ist der Kampf zwischen Intimität und Isolation; ihre erfolgreiche Bewältigung führt zu der Fähigkeit, tief und beständig zu lieben. Die siebente Stufe ist die der Reife; ihre entscheidende Prüfung ist der Kampf zwischen Generativität und Stagnation. (Mit *Generativität* bezeichnet Erikson die verantwortungsvolle Begleitung beim Wachstum anderer und die Fürsorge und das Interesse für soziale Organisationen und andere Aktivitäten.) Auf dieser Stufe postuliert er außerdem eine neue Welle von Produktivität und Kreativität als Gegengewicht zu Depression und Frustration. Wenn die positiven Werte die Oberhand gewinnen, kann die reife Persönlichkeit «zu einer erstaunlichen oder überreichen Bewußtheit ihrer Identität» kommen. Die achte Stufe, die Stufe des Alters, ist die Arena für den Kampf zwischen weiser Integrität und bitterer Verzweiflung. Wenn der Mensch diese Krise vollkommen meistert, ist er wahrhaft in einem Goldenen Zeitalter, einem Zeitalter, in dem alle vorhergehenden Stufen sich in seinem Sein vollenden, und er weiß sich eins mit dem Selbst, seiner Umwelt und seinem Leben.

Wenn wir dieses Schema auf die historische Darstellung beziehen, erkennen wir, wie gehaltvoll und anregend Eriksons Thesen sind. Er macht selbst Beobachtungen darüber, wie die erfolgreiche Bewältigung einer epigenetischen Krise oder das Scheitern daran, insbesondere bei einem Individuum von welthistorischer Bedeutung, gewaltige Auswirkungen auf das Zeitalter haben kann, in dem die betreffende Person lebt. So zeigt er uns, wie Luthers Identitätskrise in der Adoleszenz zu einer religiösen Revolution und jahrhundertelangen sozialen und politischen Umwälzungen führte. Eine ähnliche Sichtweise hat er für Mahatma Gandhi und die Befreiung Indiens von der Kolonialherrschaft angeboten. Zugegeben, die psychohistorische Linse kann ebenso oft verzerren wie erhellen, aber es ist keine Frage, daß sie ein bemerkenswertes Werkzeug bei der Suche nach Sinn in Psyche und Geschichte bereitstellt.

In seinen eigenen tiefgehenden Untersuchungen der Seele sah C. G. Jung die großen Epochen als Überlieferungen, die als unbewußte, zeitlose und schöpferische Grundformen in der menschlichen Seele fortleben. Die Jungsche Methode erweckt diese Traditionen, so daß sie nicht mehr getrennt sind, sondern ineinanderfließen und als *Mythologeme* und symbolische Motive der Wandlung (Transformation) ins Bewußtsein emporsteigen. In seinen Theorien über das Wesen und die therapeutische Kraft der psychohistorischen Strukturen des Selbst legt Jung viel weniger Gewicht auf Stufeneinteilungen als Freud oder Erikson. Er glaubt, daß der Mensch bei seiner Geburt den Grundplan sowohl seiner individuellen als auch seiner kollektiven Natur mitbringt. Die großen prototypischen Lebenssituationen, die seit undenklichen Zeiten die gleichen geblieben sind, sind in unserem unbewußten Selbst als Erbe enthalten: Geburt und Tod, Väter und Mütter, Jugend und Alter. Viele der Hauptstrukturen der psychosozialen Entwicklung sind Gegebenheiten in der Tiefe der menschlichen Seele. Nur auf den existentiellen Ebenen des Bewußtseins erleben wir diese Dinge offenbar zum ersten Mal. Jung nennt diese angeborenen Muster *Archetypen* und sagt, daß sie mit einer Triebkraft ausgestattet sind, die älter als der Wille oder die Persönlichkeit eines einzelnen menschlichen Wesens ist, weil sich die Archetypen gemeinsam mit den Menschen weiterentwickeln. Sie sind allgegenwärtig in Raum und Zeit und zeigen bemerkenswerte Ähnlichkeiten, wo immer man sie findet:

Wahre Fundgruben von Archetypen sind die vergleichende Religions- und Mythenforschung und ebenso die Psychologie der Träume und der Psychosen. Die erstaunliche Parallele solcher Bilder und der durch sie ausgedrückten Ideen hat sogar häufig Anlaß zu den gewagtesten Wanderungshypothesen gegeben, wo es doch nähergelegen hätte, an eine bemerkenswerte Ähnlichkeit der menschlichen Seele zu allen Zeiten und an allen Orten zu denken. Tatsächlich werden archetypische Phantasieformen jederzeit und überall spontan reproduziert, ohne daß die geringste direkte Überlieferung auch nur denkbar wäre. Die ursprünglichen Strukturverhältnisse der Psyche sind eben von der gleichen überraschenden Uniformität wie diejenigen des sichtbaren Körpers . . .

Denn wie die körperlichen Organe keine indifferenten und passiven Gegebenheiten, sondern vielmehr dynamische Funktionskomplexe sind, die ihr Dasein mit unabweisbarer Notwendigkeit bekunden, so sind auch die Archetypen als eine Art psychischer Organe dynamische (Trieb-) Komplexe, welche das seelische Leben in höchstem Maße determinieren. Daher habe ich die Archetypen auch als *Dominanten des Unbewußten* bezeichnet. Die Schicht der unbewußten Seele, welche aus diesen allgemein verbreiteten dynamischen Formen besteht, nannte ich das *kollektive Unbewußte.*[14]

Jung betrachtete diese großen personenübergreifenden Strukturen als Sediment, das von der Seele im Laufe ihrer geschichtlichen Entwicklung zurückgelassen wurde, und er hatte das Gefühl, daß sie ihre Triebkraft aus dem Gegründetsein in Urereignissen beziehen. Aber sie neigten dazu, nur in Träumen, in der aktiven Imagination oder auch an anderen Schauplätzen aufzutauchen, an denen die Schichten der Seele durch neurotische Bedürfnisse oder durch den Anstoß schöpferischer und bildhafter Entdeckungen aufgebrochen wurden. Nach Jung bezeugen sie die unterirdische Kraft und andauernde Bedeutung der Geschichten, die weiterhin im Inneren wirken. Vergangene Zeitalter gehen in die zeitlose Matrix von Formen über, und die Stufen unseres eigenen individuellen Lebens bewahren ihre Errungenschaften in diesen Grundschichten auf. Dort existieren sie nebeneinander, die ontogenetischen und phylogenetischen Schichten unserer selbst, bereit, zu schöpferischen und evolutionären Zwecken einzeln oder gemeinsam für die Kanalisierung und Umwandlung neurotischer Energien angezapft zu werden.

Wofür die Toten keine Worte fanden, solange sie lebten,
Das können sie dir sagen, seit sie tot sind.
Die Toten sprechen
Mit feurigen Zungen, übertreffen der Lebenden Sprache.
T. S. Eliot, *Little Gidding*

T. S. Eliot ist das beste Beispiel für den Gebrauch des polyhistorischen Prozesses in der Dichtung. In *Das wüste Land* zum Beispiel erreicht er eine endgültige Zusammenfassung der gesamten Vergangenheit in der Gegenwart, und in seinen gesamten übrigen Werken erinnert er uns immer wieder an folgendes:

Jetzige Zeit und vergangene Zeit
Sind vielleicht gegenwärtig in künftiger Zeit
Und die künftige Zeit enthalten in der vergangenen.

Wir kommen schließlich wieder zu Gerald Heard zurück, der, wie gesagt, den ungewöhnlichen Gedanken faßte, auf diese psychohistorischen Spekulationen so zurückzugreifen, daß man fünf Hauptstufen der kulturellen und persönlichen Evolution des Menschen schöpferisch und therapeutisch einsetzt.

Im Laufe der Zeit fand ich in meiner eigenen Arbeit ununterbrochen Echos der Ideen von Gerald Heard. Schließlich entschloß ich mich vor einigen Jahren, ein experimentelles Dromenonseminar für Fortgeschrittene anzubieten, in dem ich einige Thesen aus *The Five Ages of Man* im Lichte meiner eigenen nachfolgenden Untersuchungen und Befunde überdenken wollte. Das Seminar folgte bis zu einem gewissen Grade den Grundzügen von Heards Hypothesen, ein größerer Teil aber entwickelte sich aus den Gedanken meiner eigenen Forschungen als Geschichtsphilosophin und Naturwissenschaftlerin. Dieses Buch ist aus diesen Seminaren heraus erwachsen. Es ist gleichzeitig ein Buch über Erfahrungen und über eine transhistorische Reise sowohl durch die kollektive Menschheitsgeschichte als auch durch unsere eigene persönliche Geschichte. Deshalb beginnt es als eine Suche nach den Pfaden, auf denen wir altes Wissen wiederentdecken und die zu neuen Möglichkeiten führen. Es beginnt als eine Suche nach dem Dromenon.

Wie wir gesehen haben, ist es ein alter Hut, daß die Ontogenese die Phylogenese rekapituliert. Dank unseres Wissens über den Prozeß, durch den der Fötus im Mutterleib in seiner Entwicklung die evolutionäre Abfolge vom einfachen Organismus über das Stadium der Fische und Reptilien bis hinauf zum Säugetier wiederholt, wissen wir, daß es möglich ist, die Forschungsergebnisse der Embryologie zu verwenden, um die fehlenden Verbindungsglieder in den Tabellen der fossilen Funde zu untersuchen. Ich meine, daß dies auch auf die kulturelle Evolution der Menschheit und die Evolution des Bewußtseins, in dem sich diese kulturellen Sequenzen niederschlagen, zutreffen könnte. Viele Kinderpsychologen, wie Stanley Hall und sein Schüler Arnold Gesell, haben die Ansicht geäußert, daß der einzelne Säugling, das einzelne Kind und der oder die einzelne Heranwachsende in ihren persönlichen Wachstumsphasen die vergangenen Epochen der psychosozialen Evolution der Menschheit wiederholen. Indem er diesen Gedanken weiterführte, kam Gerald Heard zu der Annahme, daß das Kleinkind, das sich in einem Zustand präindividueller Abhängigkeit und vollkommener Symbiose mit der Mutter befindet, uns dabei hilft, den präindividuellen Bewußtseinszustand des primitiven Menschen mit seiner symbiotischen Abhängigkeit und seiner Befangenheit im Stammesgeist zu verstehen. Das nächste Entwicklungsstadium, das des Kindes oder des protoindividuellen Menschen, dessen Proteste darauf abzielen, aus den bedrückenden Zwängen der Kinderzimmerkultur auszubrechen, kann aus der psychohistorischen Perspektive als eine Wiederholung des heroischen Zeitalters betrachtet werden, dessen wütende Attacken und Plünderungen in dem Wunsch nach mehr Selbstbestimmung die Mutterkultur zerschlugen.

Heard fuhr fort, daß die dritte Parallele in der menschlichen Geschichte das asketische Zeitalter sei, das der Adoleszenz als der dritten Stufe des Individuums entspricht. Auf dieser Stufe wiederholt der oder die Heranwachsende ein halbindividuelles Wachstumszeitalter des menschlichen Bewußtseins, das dann zu einem vierten Stadium der vollen Individualität führt, charakterisiert durch die gegenwärtige humanistische Epoche und die persönliche Stufe der ersten Reife. Sowohl das asketische als auch das humanistische Zeitalter sind durch entsprechendes Wachstum in der psychologischen Entwicklung, durch wachsendes Selbstbewußtsein und verstärkten Individualismus gekennzeichnet.

Eine fünfte Stufe wird projiziert – ein Zeitalter, in dem die Humanität stärker verwirklicht ist und das ich das Zeitalter des ökologischen Menschen genannt habe. Es entspricht der Stufe der zweiten Reife und der späteren Lebensjahre. Als ökologischen Menschen empfinde ich jemanden, der im gleichen Maße Subjektivität und Objektivität besitzt – ein in reichem Maße verwirklichtes Wesen, das in einem ökologischen Kontinuum mit den Tatsachen der inneren und äußeren Welt lebt und für das *Individualismus* nur eine Verpuppung ist, die zum Entstehen eines Selbst führt, das mit allen möglichen Wirklichkeiten verbunden ist und mit ihnen zusammenfließt.

Die folgende Tabelle zeigt etwas von dem Entwicklungsschema dieses Modells und vom Fortschreiten des Bewußtseins von einem Stadium und Zeitalter zum nächsten.

Dieses Buch ist als eine Reise der Wandlung zu lesen und zu erleben. Das Ziel ist das gleiche wie in den Seminaren – die psychohistorische Wiederbelebung des Selbst, die Verbindung der Breite der menschlichen Geschichte mit den Tiefen jeder unserer persönlichen Geschichten. Zuerst sind wir die Stufe, auf der sich das Drama entfaltet – wir werden zur lebenden Geschichte. Wir versuchen zu erfahren, was in entscheidenden Augenblicken historischer Epochen und in der Wiederholung dieser Epochen auf den Stufen unseres eigenen Lebens geschehen sein könnte. Mit speziellen Übungen und Lernerfahrungen, die sowohl auf die vergangene Epoche als auch auf die persönliche Lebensstufe abgestimmt sind, werden wir zu Therapeuten für die Geschichte und für uns selbst, die die Traumata vergangener und gegenwärtiger Zeitalter heilen, während wir die Krisen unseres eigenen sich entwickelnden Selbst lösen und heilen. Als Ergebnis könnten wir wiederfinden, was von den Hoffnungen und Möglichkeiten dieser historischen und persönlichen Zeitabschnitte vielleicht verlorengegangen ist, und es in einer Weise nutzen, die in der Vergangenheit nicht möglich gewesen wäre. So folgen wir also dem Ruf: «Befreit die Zeit. Gebt Raum der unentzifferten Vision im höheren Traum . . .»

Historische Stufe	Persönliche Stufe	Krise	Pathologie	Therapeia
Postindividuell: der planetarische, ökologische Mensch	reifes Erwachsenenalter	Annahme der Herausforderung	Altersdepression	das Mysterium der Lebensfelder: andere ermutigen, bedingungslose Liebe.
Individuell: der humanistische, selbstgenügsame Mensch	Erwachsenenalter	Dualismus, Entzweiung, Zusammenbruch von Sinn	Manisch-depressive Erkrankung	Das Mysterium des Feuers: die Integration und Vertiefung des Selbst.
Halbindividuell: der asketische, sich selbst anklagende Mensch	Adoleszenz	Rückzug und Selbstkasteiung	Schizophrenie	Das Mysterium der Luft: Korrektur des Antriebs zur Selbstkasteiung, Ausdehnung und Harmonisierung der Teile des Selbst.
Protoindividuell: der heroische, selbstbewußte Mensch	Kindheit	Protest, Trennungsdrang, Wut	Paranoia	Das Mysterium des Wassers: Milderung des Egoismus, Kommunikation mit der Natur.
Präindividuell: der gemeinschaftsbewußte Mensch	Kleinkindalter	Geburtstrauma, Verlassen des Stammes	Infantilismus	Das Mysterium der Erde: Heilung des Geburtstraumas, das Eine und das Viele werden.

Hunderte haben schon vor Ihnen mit anderen zusammen diese historische und persönliche Reise gemacht. Viele sind tiefgreifend verändert zurückgekehrt, mit der schöpferischen Freiheit und dem Mut, Fähigkeiten zu nutzen, von denen sie kaum wußten, daß sie sie hatten. Sie kehren zurück und werden nun nicht mehr von lange verkümmerten Prozessen ihrer menschlichen Entwicklung tyrannisiert oder von unabgeschlossenen Übergängen verfolgt. Wir alle leiden darunter. Wenn wir Übergänge nur zum Teil bewältigen, dann bleiben problematische Aspekte zurück, und dies sind dann die Teile, die uns immer wieder behindern und eine uns unbewußte Tyrannei ausüben. Mit der psychohistorischen Reise aber scheinen viele dieser Teile endlich erblühen zu dürfen. Während die fünf Zeitalter voll ausgetragen in den gegenwärtigen Augenblick unseres Lebens treten, erlangen wir eine Vollständigkeit an Identität. Durch diese Erfahrung scheinen die Menschen außerdem auf immer feinfühlig für den historischen Prozeß zu werden; und indem sie Verantwortung für diesen Prozeß übernehmen, fühlen sie sich nicht mehr machtlos gegenüber den raschen Veränderungen und den Verwicklungen der gegenwärtigen historischen Situation. Als Träger der Geschichte entdecken wir sowohl die Macht als auch die Möglichkeiten der Geschichte wieder. Wir werden uns gewahr, daß historische und persönliche Dimensionen keine unterschiedlichen Wirklichkeiten mehr sind; vielmehr sind sie miteinander verwobene Dimensionen innerhalb eines Realitätskontinuums, und so erschafft eine die andere. In dieser Wiedererschaffung ist die Energie für eine Neuerschaffung enthalten. Denn offensichtlich war das, was verlorengegangen ist, nicht die Energie selbst, sondern unser Wissen darüber, daß wir sie haben.

Um diese Energie zu erhöhen, brauchen wir wirkungsvolle Maßnahmen, und außer den Erfahrungen, die uns lehren, unsere verborgenen menschlichen Möglichkeiten zu nutzen, werden wir auf Methoden aus Mythen und alten Ritualen zurückgreifen, die das, was wir lernen, sehr viel wirksamer machen.

Wir müssen also damit beginnen, uns in Erinnerung zu rufen, daß in vielen Kulturen das Ritual und rituelle Übergangsriten die aktiven

Türen sind, durch die man in das umfassendere Leben schreitet. Ich spreche natürlich vom bestmöglichen und schöpferischen Gebrauch des Rituals. Nur zu oft ließen Kulturen es zu, daß es zu einem Engpaß statt zu einem Durchgang wurde, leeres Stroh, das neues Wachstum erstickt. Das Wort *rite* (Ritus) hat dieselbe Wurzel wie *art* (Kunst) und *order* (Ordnung). Wie alle wahre Kunst, wie die Bewegungen in heiligen Tänzen, schafft das Ritual eine organische Ordnung, ein Muster dynamischen Ausdrucks, durch das die Energie eines Ereignisses oder einer Folge von Ereignissen in einem evolutionären Prozeß hin zu einer größeren Bedeutung oder einer neuen Lebensstufe oder Lebensebene fließen kann. Es bietet uns Möglichkeiten an, durch die unsere Übergänge erhellt werden können. Wie oft haben wir den Durchbruch, die Einsicht und die Reife oder das Wissen darüber, daß wir uns von einer Stufe zur nächsten bewegen. Und wie oft in unserer modernen Welt, der es so sehr an der dramatischen und tiefen Anerkennung dieser Art von Bewegung mangelt, geht der Übergang verloren und fällt vom Zustand der Gnade in den der Entropie von Zufall und Chaos.

Mysterium und Ritual aber schaffen aus unbekannten Reichen heraus Sinn und Sensibilität. Sie dienen dazu, die genauen Übergangsschritte von einer Realität in eine andere deutlich zu machen, zwischen unserem gewöhnlichen Leben und einer tieferen bedeutungsvollen Dimension, die uns umgibt und doch ein Mysterium, ein Geheimnis, ist, weil unsere Augen sie nicht sehen. *Mysterium* kommt von dem griechischen Wort *musein,* was bedeutet «die Augen oder den Mund schließen»; «kein Wort darüber», sozusagen. Es ist das Paradoxe des Mysteriums, daß im Verlauf seines Durchgangsritus Auge und Ohr geöffnet werden, wie alle anderen Sinne auch, sowohl physisch als auch geistig. Die klassischen Anforderungen für diesen Übergang sind streng: Dienst, Verpflichtung, Anstand, Disziplin, Verfügbarkeit, um vom Tanz des Lebens getanzt zu werden – mit einem Wort, Kunst. Welche Bewußtseinsebene man im Verlaufe des Rituals auch immer betritt, das Bewußtsein bleibt aufmerksam, bereit, einen Blick auf die Einsichten und Erleuchtungen entlang des Weges zu erhaschen und sie sich zu eigen zu machen.

Während dieser Reise werden wir durch fünf solcher Mysterien gehen, wobei wir sowohl ihre klassischen als auch ihre modernen Gegenstücke verwenden und das alte und klassische Wissen sowie die allerjüngsten Entdeckungen über das Gehirn, das Verhalten und das Erwecken menschlicher Möglichkeiten in Anspruch nehmen.

Wie man dieses Buch benutzt

Dieses Buch soll Gruppen dazu befähigen, auf der gemeinsamen psychohistorischen Reise schöpferische Erfahrungen zu machen. Zusammen werden Sie sich auf fünf Mysterien einlassen – hier werden sie Dromena genannt –, und die Dromenongruppe, die zusammenkommt, um diese Erfahrungen zu machen, muß der Vorbereitung und Durchführung dieser Sitzungen größte Aufmerksamkeit widmen. Die folgenden Anmerkungen werden als Leitlinien für diese Dromenonsitzungen empfohlen.

DIE ART DER GRUPPE

Da diese Erfahrungen trivial oder tiefgehend sein können, ist es notwendig, daß das Vorhaben der Gruppe und ihrer Mitglieder von Anfang an klar ist. Die Gruppe sollte nur aus solchen Mitgliedern bestehen, die sich freiwillig zur Teilnahme entschlossen haben und die gut motiviert sind. Allgemein gesagt, sollten sich nur intelligente, geistig bewegliche Menschen auf diese Erfahrungen einlassen, Menschen, die reif genug sind und genügend Lebenserfahrung haben, um das historische und psychologische Ausmaß des menschlichen Dramas schätzen zu wissen, das zu durchschreiten sie aufgefordert werden. Kinder und Jugendliche haben gewöhnlich nicht die notwendige Reife und das Verständnis, um angemessen auf diese Erfahrungen zu reagieren; trotzdem können sie an einigen der Übungen (wie *Das Schloß der Zwänge* oder *Mea Machina, Mea Mandala*) teilnehmen – aber vorzugsweise in Situationen außerhalb der eigentlichen Dromenonreise. (Übrigens können die meisten dieser Übungen von einzelnen oder Gruppen auch alleine durchgeführt werden, und dabei wird sich zeigen, daß sie ihre eigene Wirksamkeit haben. Sie werden jedoch nicht den kumulativen Entwicklungseffekt der auf diesen Seiten beschriebenen Reise haben.)

Die Reisegruppe sollte vielleicht nicht weniger als fünf und nicht mehr als fünfundzwanzig Menschen zählen, obwohl ich schon Gruppen von über 150 Mitreisenden durch den gesamten Prozeß geführt habe. Es sollte auch eine ungerade Zahl von Teilnehmern sein, da einige der Übungen von Paaren durchgeführt werden, während ein Mitglied der Gruppe die Rolle des Leiters oder der Leiterin übernimmt.

Bei ihrem ersten Treffen sollte die Gruppe einzelne Mitglieder damit beauftragen, sich um die Beschaffung der Materialien und die Vorbereitung der Szenerie (drinnen oder draußen) für jedes einzelne Dromenon zu kümmern. Dies schließt ein, daß für die geeignete Musik, für Plattenspieler oder Tonbandgerät, für Mal- und Zeichenmaterial, für Musikinstrumente und andere Materialien und auch Essen für die Abschlußfeier nach jedem Dromenon gesorgt wird. Es sollte besonders darauf geachtet werden, daß es während der Sitzungen keine Eindringlinge gibt (streunende Hunde, neugierige Kinder, klingelnde Telefone). Das Setting des Dromenon muß als heiliger Raum behandelt werden.

Da die Gruppentreffen jeweils um eine besondere Stufe der psychohistorischen Erfahrung herum aufgebaut sind, ist es notwendig, daß vor jedem Treffen alle Gruppenmitglieder das entsprechende Material in diesem Buch lesen. Der Text sollte so gelesen werden, daß der Leser oder die Leserin mit ihm Zwiesprache hält und auf Bilder und Ideen achtet, die dabei auftauchen, so daß sie das Gruppengespräch um diese bereichern können. Das Gespräch über dieses Material sollte in den meisten Fällen Thema im ersten Teil des Treffens sein, um die Bedeutung seines Inhalts für das Leben und das Verständnis der Mitglieder zu erkunden. Die mit dem Text verbundene Absicht ist nicht, vergangene Zeiten zu beschreiben und zu analysieren, sondern eine tiefere Empfindung für historische und persönliche Muster zu erzeugen. Ein weiterer Teil des Gesprächs könnte dem Austausch von Gedanken über sich verändernde Muster in der Sichtweise und der Bewußtheit gewidmet sein, welche Teilnehmer bei sich selbst seit dem letzten Treffen beobachtet haben. Viele fanden es außerordentlich hilfreich, ein Reisetagebuch zu führen.

Nachdem das Gespräch beendet ist, sollte es eine Pause von mindestens fünfzehn Minuten geben, bevor die Gruppe wieder zusammenkommt, um auf der jeweils erreichten Stufe die folgenden Dromenonerfahrungen miteinander zu teilen. Dafür ist es gut, den Raum, in dem das Gespräch stattgefunden hat, zu verlassen und ihn nach einer Weile als einen heiligen Raum wieder zu betreten – still, in voller Bewußtheit der Verpflichtung, die Reise bedeutungsvoll zu machen. Jedes Gruppenmitglied verbringt einige Zeit damit, sich zu zentrieren und sein Bewußtsein in einen Zustand der Achtsamkeit für die Erfahrungen zu bringen, die vor ihm liegen. Jede/r sollte eine Art innerer Verpflichtung eingehen, Verantwortung für sich selbst zu übernehmen und gleichzeitig den Bedürfnissen anderer und der ganzen Gruppe Achtung entgegenzubringen.

DIE LEITERIN ODER DER LEITER

Anm. d. Übers.: Das englische Wort *guide* kann sowohl Leiter als auch Leiterin heißen. Da es im Deutschen ein entsprechend umfassendes Wort nicht gibt, haben wir uns dafür entschieden, als Grundbedeutung «Leiterin» zu sagen – vor allem, weil wir in Erinnerung an die Gruppen bei Jean Houston immer die Autorin als «guide» vor Augen und im Ohr haben. Da die Leitung dieser Gruppen aber selbstverständlich auch von Männern übernommen werden kann, taucht gelegentlich, wenn es die Lesbarkeit erlaubt, auch die männliche Form oder die seit kurzem im deutschen Sprachraum benutzte Doppelform «LeiterIn» auf. Da in den Gruppen, die wir bisher kennengelernt haben, immer mehr Frauen als Männer teilgenommen haben, gilt Entsprechendes für die Übersetzung des Wortes *participants* (TeilnehmerInnnen).

Im Idealfall hat die Leiterin die psychohistorische Reise schon in einer anderen Gruppe mitgemacht, aber das muß nicht so sein. Beim ersten Vorbereitungstreffen entscheidet die Gruppe darüber, wer die Leiterrolle übernimmt (es können auch mehrere sein) und darüber, wie gearbeitet werden soll. Die Leitung kann für alle Sitzungen von derselben Person übernommen werden, oder die Rolle kann wechselnd besetzt werden (Rotationssystem). Dromenongruppen müssen sich von der Vorstellung freimachen, daß «LeiterIn» gleichbedeutend mit «AnführerIn» oder «MachthaberIn» ist. Diese Rolle ist zu verstehen als die Rolle eines Menschen, der hilft, der etwas ermöglicht. Als ErmöglicherIn dient die Leiterin den Erfordernissen der Dromenonreise und damit den Bedürfnissen der Mitreisenden. Wer die Leiterrolle innehat, bereitet sich auf die Sitzung vor, indem sie oder er das historische und psychologische Material mit großer Sorgfalt liest und, wo immer möglich, zusätzlichen Stoff heranzieht (dafür gibt es Anregungen in der Bibliographie). Außerdem bereitet sich die Leiterin vor jedem Dromenon auf die bevorstehenden Aufgaben durch eine Zeit der Entspannung, durch tiefes Atmen und Meditation vor. Diese Meditation sollte insbesondere dafür genutzt werden, sich eigener egoistischer Bedürfnisse und möglicher Machtansprüche sowie aller anderen unangemessenen Haltungen oder Neigungen, die sich ausbeuterisch oder manipulativ auf die Dromenonreisenden auswirken könnten, bewußt zu werden und sie auszuschalten. Wer immer diese Rolle übernimmt, besinnt sich auf die eigenen Bedürfnisse und bereitet die Meditation entsprechend vor. Wir müssen uns daran erinnern, daß die Leiterrolle eine besonders ehrwürdige Rolle ist, die ihre vollendetste Ausprägung in den

HohenpriesterInnen der alten Mysterien fand. In dieser Tradition ist die Leiterin Hebamme oder der Leiter Geburtshelfer für die Seele, InitiatorIn von Wachstum und Wandlung. Wer diese Rolle übernimmt, tut dies in dem Bewußtsein, Teil einer Kontinuität zu sein, die Jahrtausende umspannt. Es ist ein Amt von größter Herausforderung und Verantwortung, und deshalb bekleidet man es mit dem Bewußtsein des Höheren Selbst.

Die Leiterin muß die Fähigkeit haben, gleichzeitig Teil der Erfahrung und Beobachterin der Fahrt der Reisenden zu sein. Sie muß in der Lage sein, feinfühlig das Ausmaß der Zeit einzuschätzen, das für jeden Abschnitt der Reise benötigt wird, und die Erfahrungen flexibel zu nutzen. Die in diesem Buch beschriebenen Erfahrungen sind nicht ein für allemal festgelegt und werden in jedem Fall durch Anregungen und Ergänzungen aller Beteiligten erheblich bereichert.

Vor dem Gruppentreffen sollte sich die Leiterin die Dromenonmaterialien mehrmals laut vorlesen, wobei sie – oder er – der Art der Reise nachspürt und Stimme und Zeiteinteilung auf diese Erfahrung einstimmt. Die Stimme darf nicht aufdringlich, kummervoll oder überdramatisch sein, sondern sie muß klar bleiben und der Erfahrung angemessen sein. Immer wenn Musik Teil der Erfahrung ist, muß die Leiterin diesen Teil so einüben, daß die Zeit des Vorlesens und die Musik sorgfältig aufeinander abgestimmt sind. (Dies gilt besonders für *Das Schloß der Zwänge*.)

Während des Bestehens der Gruppe werden immer einzelne oder mehrere «SeelenauffängerInnen» zur Verfügung stehen. Dies sind Gruppenmitglieder, die ausgewählt wurden, weil sie eine besondere Fähigkeit haben, sich in die Bedürfnisse anderer einzufühlen. Auch während sie selbst durch die Erfahrungen gehen, haben sie einen Teil ihres Bewußtseins verfügbar, um anderen zu helfen, wenn es erforderlich sein sollte. Es muß jedoch betont werden, daß ein wichtiger Teil beim Helfen möglicherweise darin liegt, zu wissen, wann man jemanden in Ruhe lassen und nicht unnötig in seine oder ihre Erfahrung eindringen sollte. Außerdem hat die Seelenauffängerin die Aufgabe, kurz nach Beendingung der Gruppe die Leiterin durch die Erfahrung zu führen, wenn diese es wünscht.

ZEIT UND RAUM UND ZWISCHENRÄUME

Das gesamte Dromenon mit seinen fünf Stufen kann über verschieden lange Zeiträume durchgeführt werden – sogar über den Zeitraum eines einzigen langen Tages, was manche allerdings als zu kompakt und intensiv empfanden. Andere wiederum empfanden diese verdichtete Abfolge wegen der unmittelbaren Kontinuität, die sie für alle Stufen dieses psychohistorischen Prozesses bietet, als außerordentlich wirksam.

Besser ist es vermutlich, so vorzugehen, daß man sich über einen Zeitraum von sieben Wochen einmal wöchentlich trifft. Wie schon erwähnt, dient das erste Treffen der Vorbereitung – es werden Verantwortlichkeiten verteilt und die Leiterrolle besetzt. Darauf folgen die fünf Wochen der Dromenonreise, und beim siebten Treffen denken die Reisegefährten gemeinsam über die Reise als ganzes und die Einsichten, die sie dabei gewonnen haben, nach. Dieses Muster von sieben Treffen kann auch auf sieben aufeinanderfolgende Tage übertragen werden.

Es ist äußerst wichtig, daß jedes Gruppenmitglied den anderen Gruppenmitgliedern gegenüber eine feste Verpflichtung eingeht, pünktlich zu sein und bis zum Ende der Reise dabeizubleiben. Plötzlich, etwa im Stadium der Adoleszenz oder im Zeitalter der menschlichen Entwicklung ca. 500 Jahre v. Chr., auszusteigen, würde bedeuten, sich weiteren Spaltungen und Enttäuschungen in der Ökologie des Selbst auszusetzen.

Zu Ende geführt jedoch, hat sich der Prozeß als eine höchst wirksame und aufschlußreiche *Therapie* erwiesen, die ein harmonisches Zusammenspiel all der dynamischen Kräfte ermöglicht, mit denen eine Verbindung zwischen der Struktur des Selbst und der Energie und dem Genius der menschlichen Vergangenheit geschaffen werden kann. Was zum Vorschein kommt, ist der mögliche Mensch als lebendige Realität, bereit und gewillt, in die nächste Spiralwindung der menschlichen Entwicklung einzutreten.

So gewarnt und vorbereitet, wollen wir anfangen. Wir werden gleich einen tiefgehenden experimentellen Blick auf die Feldtheorie der psychosozialen Entwicklung der Menschheit werfen. Es wird eine Erforschung in Vorwegnahme sein: Um die Zukunft zu gewinnen, versetzen wir uns zurück und entdecken die Vergangenheit wieder.

In alter Zeit riefen uns die Götter des Frühlings-Dromenons aus unserem Schlummer wach. Was uns heute wachruft, ist etwas Tiefer- und Weitergehendes, etwas Geheimnisvolleres, etwas, das verändert. Das heutige Dromenon ist die Evolution, die in die Zeit eintritt, die uns aufruft, als Bürger eines Universums zu erwachen, das größer ist als unsere Hoffnungen und reicher und umfassender als all unsere Träume. Es ist der Ruf zur nächsthöheren Stufe, der Tanz ins reichere Leben – oder, wie Christopher Fry es in *Ein Schlaf Gefangener* ausdrückt:

Das Menschenherz kann über alle Weiten
Bis zu Gott hinaufreichen.
Finster und kalt mag es sein, aber dies
Ist kein Winter jetzt. Das eingefrorene Elend
Von Jahrhunderten birst, kracht, beginnt sich zu regen.
Der Donner ist der Donner des treibenden Eises,
Der Schneeschmelze, der Flut,
Des Emporkömmlings Frühling.
Gott sei Dank leben wir in dieser Zeit, wo das Unrecht
Überall sich erhebt, uns zu begegnen
Und nicht mehr zu verlassen, bis wir endlich
Den größten Schritt
Der Seele tun, den Menschen je gewagt haben.
Die Dingen haben jetzt Seelenmaß,
Das Unternehmen
Ist eine Forschungsfahrt in das Innere Gottes.
Was ist euer Ziel? Es braucht
So viel Jahrtausende, um aufzuwachen.
Aber wacht auf, um der Barmherzigkeit willen.[15]

Eins

Die Wiege des Erwachens:
Die präindividuelle Gesellschaft und das Säuglingsalter

Eine neue Welt
Sowie die alte nun geoffenbart, verstanden
In der Vollendung ihres Teils an Seligkeit.

T. S. Eliot, *Burnt Norton*

Der Begriff ‹präindividuelle Gesellschaften› bezieht sich im großen und ganzen auf Gesellschaften, wie sie von Völkern sowohl des paläolithischen (Altsteinzeit) als auch des neolithischen (Neusteinzeit) Zeitalters gebildet wurden. Von den primitiven Sammlergesellschaften von vor 400 000 Jahren bis zu den ersten Ackerbaugesellschaften von 10 000 v. Chr. handelte es sich um Kulturen, die durch Jahrtausende hindurch an Bräuche und Rituale gewöhnt waren, die dazu dienten, ihre Kontinuität zu gewährleisten, seien es Bräuche für die Fruchtbarkeit der Erde oder der Frau oder magische Beschwörungen für die Jagd. Oft entstanden sie in einem Kontinuum von gemeinschaftsbewußter Teilhabe an allen, die Gruppe betreffenden Angelegenheiten, was Levy-Bruhl die *participation mystique* nennt.

Der Geist des einzelnen und der Stammesgeist waren in dieser *mystique* unteilbar. Die Stammesgruppe handelte gemeinsam und dachte gleich, und der Gemeinschaftsgeist wurde durch die einzelnen Mitglieder, die sich überhaupt nicht als von der Gruppe unterschieden empfanden, nicht in Frage gestellt. Statt dessen neigten sie allesamt dazu, in einer kollektiven oder Gesamtpersönlichkeit aufzugehen, und diese wiederum war Teil einer Kraft oder eines Geistes, die als überpersönlich und alles durchdringend verstanden wurde.

In einer solchen Gesellschaft ist das Bewußtsein, so wie wir es zu schätzen gelernt haben, eingeengt, oder es wird ihm jegliche Entwicklung innerhalb der rigiden sozialen Strukturen, die durch die Stammesältesten beherrscht werden, verweigert. Diese Einengungen oder Tabus machen die Moral der Gruppe aus und sind besonders streng in bezug auf Themen wie Tod, Sexualität sowie Jagen, Sammeln und andere Arbeiten. Schon die geringsten Anzeichen von Selbstbewußtsein, Selbstsicherheit und Egoismus werden unterdrückt. In präindividuellen Gesellschaften leben die Mitglieder in einer Einheit und besitzen in der Regel alles gemeinsam. Sie erleben Freude und Leid zusammen; ihre Seelenängste und Ekstasen, die Befolgung ritueller Vorschriften und rituelle Grenzüberschreitungen werden in Gemeinschaft erlebt; sie kommen zu gleichen gemeinsamen Entscheidungen und haben die gleiche Wahrnehmung von unsichtbaren Geistern. Gemeinsam verzehren sie ihr Totemtier, das ihre Substanz, ihr Sinnbild, ihren Gott, sie selbst überhöht verkörpert, und sie stärken sich in diesem Akt kollektiver heiliger Kommunion.

Es gibt gute Gründe anzunehmen, daß der frühe Mensch, der Vor-Neanderthaler, als Wesen existierte, das in Einklang mit der Ordnung der Natur lebte, eine bewegliche Pflanze in der alles durchdringenden Matrix der Natur. Seine Wahrnehmung war noch nicht zu einer Bewußtheit seiner selbst als unterschieden oder losgelöst von der ihn umgebenden Welt aufgestiegen. Er hatte eine undeutliche, wenig ausgeprägte Empfindung von einer Welt als Einheit, in der sein Leben mit dem Gefüge der Natur in enger Verbindung stand. Im Kontext der These dieses Buches werden die Mythen vom Leben im Paradies und der Vertreibung aus dem Paradies als die weitverbreitete Sehnsucht nach der heilen Welt der Kindheit des Menschen betrachtet.

Adam fällt aus der einheitlichen Welt des Gartens Eden in eine pluralistische, unzusammenhängende Welt. Denken wir an den Bericht der Genesis über den ersten Menschen, der aus der heilen Welt des Paradieses vertrieben wird, daran, was das für ihn bedeutet – und daran, was es in der Tat bedeuten wird, menschlich zu sein:

Und zum Weibe sprach er: Ich will dir viel Schmerzen schaffen, wenn du schwanger wirst; du sollst mit Schmerzen Kinder gebären; und dein Verlangen soll nach deinem Manne sein, und er soll dein Herr sein. Und zu Adam sprach er: dieweil du hast gehorcht der Stimme deines Weibes und gegessen von dem Baum, davon ich dir gebot und sprach: Du sollst nicht davon essen, – verflucht sei der Acker um deinetwillen, mit Kummer sollst du dich darauf nähren dein Leben lang. Dornen und Disteln soll er dir tragen und sollst das Kraut auf dem Felde essen. Im Schweiße deines Angesichts sollst du dein Brot essen, bis daß du wieder zu Erde werdest, davon du genommen bist. Denn du bist Erde und sollst zu Erde werden.

Diese Geschichte aus der Genesis schildert das Paradigma der Erfahrung des Urmenschen – nämlich, daß Arbeit, Wissen um den Tod und Beschränkung der sexuellen Aktivität (d. h. der Übergang von schamloser zu schamhafter Sexualität) das Verhaltensspektrum umfassen, das den Menschen vom Tier unterscheidet. Folglich empfindet der Mensch diese drei Bereiche als religiös, in dem Sinne, daß sie als Hintergrund seines Lebens seine gesamte Existenz durchdringen. Die Tabus, die diese Bereiche betreffen, werden zu den frühesten Formen religiöser Erfahrung. Was ist ein Tabu anderes als eine Art Verbot, das seine eigene Überschreitung zu enthalten scheint? Das Verbot wird erlassen, so daß es unter bestimmten Bedingungen überschritten werden kann.

Dann wird die organisierte Überschreitung des Tabus zu einer heiligen Überschreitung und verschafft den präindividuellen Gesellschaften einen offiziell erlaubten Zeitraum, in dem sie unterdrückten Trieben freien Lauf lassen und mit der gewalttätigen Ordnung der Natur eins werden können. Damit wird das Heilige zum Reich der üppigen und ungezügelten Natur – einer Natur, unberührt von Ordnung und Arbeit und beschränkter Sexualität. Die Werte der alltäglichen oder profanen Welt werden auf den Kopf gestellt. Und so entdeckt die menschliche Gesellschaft schon früh, daß sie sich aus einer weltlichen und einer heiligen Sphäre zusammenfügt. Sie ist definiert durch die Grenzen, die sie beschränken – aber auch durch das, was jenseits dieser Grenzen liegt. Dies mag erklären, weshalb Religion so oft auf Gefühlen von Schrecken und Furcht gegründet ist – auf einer Art Übelkeit und Schwindelgefühl, die Teil so vieler religiöser Erfahrungen zu sein scheinen, bevor sie zur Erleuchtung führen, bevor der Mensch seine Getrenntheit überwindet und eins mit dem Kontinuum des Seins wird. Der moderne Sucher ist also doch immer noch ein Grenzüberschreiter, in dem Sinne, daß er die Grenzen des Selbst überschreitet.

Angesichts der klaren Grenzen und ritualisierten Sicherheitsventile dieser Gesellschaften ist es nicht überraschend, daß sie dem Menschen im Rückblick als Goldenes Zeitalter erschienen, als ein Reich des Friedens unter der Herrschaft einer uralten Göttin, die dem Volk Leben und Fruchtbarkeit gab und seine Lebenskraft verkörperte. Eros und Empathie waren hier vermutlich die vorherrschenden Prinzipien, und es wird vielfach angenommen, daß die Sinnessysteme dieser Menschen in einem Grad entwickelt waren, den wir als ekstatisch bezeichnen würden und der vielleicht mit Freuds Begriff für infantile Sexualität als «polymorph pervers» beschrieben werden könnte. Diese geschärften Sinne waren überlebensnotwendig, denn sie gaben den Stammesmitgliedern die ausgeprägte Wahrnehmungsfähigkeit, die sie benötigten, um Nahrung und Gefahr aufzuspüren. Gleichzeitig bildeten sie die physiologische Grundlage für eine tiefe psychologische Symbiose – die *participation mystique* –, die den Fortbestand dieser Arten von Völkern über beinahe eine halbe Million Jahre sicherstellte.

Wie wir in unserer westlichen Tradition gesehen haben, spiegelt sich im Mythos von Adam und Eva unsere Sehnsucht nach dem Garten Eden wieder, nach der Zeit vor dem (Sünden-)Fall in unser rationales und diskursives Bewußtsein, nach der Zeit also, als wir ein gemeinsames Bewußtsein mit Pflanzen und Tieren und untereinander hatten und noch nicht vom Baum der Erkenntnis des Guten und Bösen gegessen hatten.

Jean Liedloff, die mit dem kleinen Rest eines Volkes dieser Art, den Yequana-Indianern im venezolanischen Dschungel gelebt hat, beschreibt sehr genau, wie großartig deren erfolgreiches Überleben im Vergleich zu unserem ist:

Etwa zwei Millionen Jahre hindurch war der Mensch – obwohl die gleiche Art Tier wie wir es sind – ein Erfolg. Er war vom Affendasein zum Menschsein evolviert als Sammler-Jäger mit einem wohl angepaßten Lebensstil, der ihm, wäre er beibehalten worden, sicher noch viele Millionenjubiläen beschert hätte. So wie es heute steht, sind sich jedoch die meisten Ökologen einig, daß seine Chancen, auch nur noch ein Jahrhundert zu überleben, mit den Ereignissen eines jeden Tages immer geringer werden. In den wenigen kurzen Jahrtausenden, seit er von der Lebensweise abgewichen ist, an die ihn die Evolution angepaßt hatte, hat er nicht nur die natürliche Ordnung des gesamten Planeten verwüstet, sondern er hat es auch fertiggebracht, das hochentwickelte sichere Gespür in Mißkredit zu bringen, das sein Verhalten endlose Zeiten hindurch leitete. Viel davon wurde erst kürzlich untergraben, als die letzten Schlupfwinkel unserer instinktiven Fähigkeiten ausgehoben und dem verständnislosen Blick der Wissenschaft preisgegeben wurden. Immer häufiger wird unser angeborenes Gefühl dafür, was am besten für uns ist, durch Mißtrauen abgeblockt, während der Intellekt, der nie viel über unsere wahren Bedürfnisse wußte, beschließt, was zu tun sei.[16]

Wenn wir dem dargelegten Muster des Zusammenhangs zwischen den Stufen der sich entwickelnden Kultur und denjenigen des menschlichen Wachstums folgen, könnte es sehr wohl sein, daß der Säugling nach der Geburt diese präindividuelle kulturelle Ära in etwa dreißig Monaten, die den vierhunderttausend Jahren dieser gesamten Stufe der Menschheitsentwicklung entsprechen, rekapituliert. So wie das Bewußtsein des präindividuellen Menschen auf symbiotische Weise mit dem Bewußtsein seiner Gruppe oder seines Stammes verbunden war, ist der Säugling symbiotisch mit seiner Mutter verbunden. Der Säugling kommt aus der totalen und vollständigen Symbiose im Mutterleib und setzt diese Symbiose außerhalb des mütterlichen Körpers fort. Diese zwei Phasen der Symbiose werden durch das umwälzende Ereignis der Geburt geteilt und unterbrochen.

Es wird vielfach angenommen, daß Wachstum und evolutionäres Verhalten ganz erheblich durch die schreckliche Prägung eingeschränkt werden, die mit dem sehr harten Durchgang, den fast alle von uns erfahren haben, beginnt. Es häufen sich Hinweise darauf, daß das Erlebnis einer schweren Geburt in unserem Gehirn, unserem Körper und unserer Seele offensichtlich Spuren hinterläßt. Eine der ersten diesbezüglichen Entdeckungen wurde im Jahre 1937 gemacht, als Isaac Shour vom Zahnmedizinischen Institut der Universität Illinois von Wachstumsringen an menschlichen Zähnen und davon, daß diese Ringe das Auftreten von Drüsenstörungen und anderen Krankheiten anzeigen, berichtete. Besonders interessant bei dieser Entdeckung war der Ring, den er neonatal nannte und der die Anstrengung der Geburt markieren soll.

Der Schrecken angesichts der Existenz, die grundlegende unspezifische Feindschaft zur Tatsache des Lebens, die viele empfinden, kann sehr wohl in diesen frühen Augenblicken des Lebens seinen Ursprung haben. Er durchdringt unsere Tage, wirft seinen langen Schatten über die Kräfte des Bewußtseins, hält unsere Initiative zurück, schränkt schöpferisches Reagieren ein und bringt eine Atmosphäre der Furcht und des Rückzugs in all unsere Ansätze zum Wachstum. «Ja, aber» wird zum Mantra unserer Seele. Das Schaudern angesichts der Existenz führt schließlich zum Abschotten unserer Sinne und der Klarheit unseres Geistes.

In unseren Philosophien läßt uns dieser Schrecken nur die Wahl zwischen dem agnostischen Reflex und den verschiedenen Formen des schmerzhaften Gnostizismus mit ihren bösen Ahnungen vom Menschen als Kreatur aus einer fremden Welt, die in die Welt des Fleisches und der Dunkelheit geworfen ist und sich nach der Rückkehr in die Heimat sehnt, sei es in die siebente planetarische Sphäre der alten gnostischen Erlösungsreligionen oder in das tausendjährige Reich der «Herrenrasse» des Dritten Reiches. Mit ihrem Festhalten am Versprechen auf ein Goldenes Zeitalter jenseits des Todes oder auf eine Heimkehr in einen Zustand vielgestaltiger, aber körperloser

Gnade in einem Nirwana, das durch asketische Übungen erreicht wird, sind viele Religionen auch nicht besser. Daß die höchsten Errungenschaften des Menschen durch Schreck- und Entfremdungsreaktionen in seinen Eingeweiden sowohl angespornt als auch gebrochen wurden, läßt uns innehalten.

Und so schlage ich vor, zu Beginn der Reise, die wir zusammen unternehmen wollen, unsere Geburtsverletzungen zu heilen und danach außerdem einige der historischen Traumata, die während des Zusammenbruchs der Stammesgruppe entstanden sind. Vorher jedoch müssen wir uns weiter mit den noch folgenden Geschichten über die traumatischen Verletzungen, die sowohl den Stamm als auch den Säugling gequält haben, beschäftigen.

Das neugeborene Kind, das aus dem vorpersönlichen, ungetrennten Leben im Mutterleib auftaucht, spürt unter dem Druck der fremden Situation zwei miteinander in Konflikt stehende Impulse. Der erste ist der Impuls, die Trennung dadurch aufzuhalten, daß es ein Gewebe von Abhängigkeitsverbindungen und Rhythmen der Verbundenheit mit der Mutter ausarbeitet und so in der Außenwelt eine Situation wie im Mutterleib schafft. Das entspricht den hochentwickelten und ausgeklügelten Regeln der starren Tradition des sich abschließenden Stammes, der sich in jahreszeitlich wiederkehrenden Riten und durch eine umfassende Serie von Leitlinien zu allen Aspekten des alltäglichen Lebens selbst bestärkt, so daß Neues zur Blasphemie wird und Erneuerung in den Bereich des Tabus fällt.

Der zweite Konflikt ergibt sich aus der Situation, daß das Kind aus dem Säuglingsalter herauswächst und dann seine Verbundenheit mit der Mutter als Fessel empfindet; und so beginnt es, ihr mit einem Impuls zum Protest Widerstand entgegenzusetzen und jegliches Abblocken seiner Impulse als Vergewaltigung zu betrachten. Geschichtlich gesehen, entspricht dies dem Drang zum Widerstand beim Protoindividuum, dessen Neuerungen verschmäht und dessen Herausforderungen der traditionellen Ordnung als etwas Böses betrachtet wurden, das zum Schweigen gebracht werden mußte.

Ádam ißt den Apfel aus Trotz gegen Gott, obwohl vordergründig Eva ihn dazu angestiftet und die Schlange alle Fäden in der Hand hat.

Junge Helden trotzen den Regeln der alten Ordnung. Die schlangengleiche Spirale des erblühenden Bewußtseins weckt in ihnen die Sehnsucht nach einer Welt jenseits des unergiebigen Gartens.

So kommt das Protoindividuum dazu, den traditionellen Stamm nicht mehr als nährenden Mutterboden, sondern als Gefängnis zu betrachten, aus dem es ausbrechen und das es vielleicht sogar zerstören muß. So finden wir, wie Gerald Heard es beschrieb, schon am Beginn des Bewußtseins unserer selbst die Spaltung der Menschheit in konservativ-reaktionäre und rebellisch-revolutionäre Individuen.

Insofern wiederholt das Baby auf seine eigene Art eine der ersten Krisen der menschlichen Geschichte, in der die Primärgruppe die Regeln weiter ausarbeitet und dabei das soziale Muster – die *participation mystique* mit wenigen, wenn überhaupt, Solo-Rollen – komplexer und verwickelter macht, während alle neuen werdenden Individuen heroische Revolten anzetteln und sich dabei im Babylon ihrer eigenen Siege verlieren.

Was würdest du machen, wenn du die Geschichte der Seele an diesem Punkt wiedererschaffen solltest? Ich glaube, daß wir die Traumata der Geschichte und der Psyche, der Geburt und des Zusammenbruchs der Urgesellschaft durch eine Reihe von Erfahrungen heilen können, die man am ehesten als therapeutische Mysterien und als Rituale der Versöhnung und des neuen Wachstums bezeichnen könnte. Es ist wichtig, die Kraft von Ritualen und Mysterien nicht als Atavismen, über die wir zugunsten von mehr «naturwissenschaftlichen» Methodologien hinauswachsen müssen, abzutun. Eine streng wissenschaftliche Therapie ist schlimmstenfalls ein begrenzter, linearer Versuch, Stück für Stück einen Sinn in der aus vielen Teilen bestehenden Gesamtheit, die über Logik weit hinausgeht und all unseren logischen Grundprinzipien Trotz bietet, zu finden. Bestenfalls wird therapeutische Arbeit zu einer Kunstform, die nicht auf Methoden, sondern auf der umfassenden Menschlichkeit des Ausübenden beruht. Die Rituale und Mysterien jedoch sind älter als die Vorzeit; sie sind tief im Wissen des Selbst und der Galaxie verwurzelt und stellen symbolische Kodierungen bereit, die unsere schlummernden Fähigkeiten wecken und unsere Übergänge erleuchten.

Das erste Mysterium handelt von der Erde, und seine zündende Kraft liegt in der Heilung des Geburtstraumas, sowohl des historischen als auch des persönlichen. Sein soziohistorischer Aspekt liegt in der Spaltung, die auftrat, als unsere prähistorische, im Gemeinschaftsbewußtsein lebende symbiotische Gesellschaft durch den Ausbruch unserer protobewußten heroischen Revolte zerschlagen wurde. Sein persönlicher Aspekt liegt im harten Durchgang und der noch härteren Ankunft, die die meisten von uns bei ihrer Geburt erlebt haben.

Die Mysterien setzen voraus, daß diese Ereignisse in Erinnerung gerufen und auf eine Weise wiedererlebt werden, die symbolisch ist für das, was vermutlich geschehen ist, und diesem vielleicht sogar ähnlich. Nachdem wir das Trauma noch einmal durchlebt haben, gehen wir ein zweites Mal durch diese Ereignisse, diesmal schöpferisch und im Lichte eines Wissens höherer Ordnung, das wir jetzt haben und somit in die Vergangenheit projizieren können, um die verwundeten Dimensionen unserer selbst zu heilen und wiederzubeleben. In diesen Erfahrungen wiederholt jede/r einzelne die menschliche Geschichte, sowohl gesellschaftlich als auch persönlich, in einer neuen Art von Drama – einer Art Meta-Spiel. Im Geburtstrauma wiederholt sich die prähistorische Krise, und die beruhigende Symbiose wird im Interesse einer sich entwickelnden sozialen Ökologie zerbrochen.

Das Dromenon für den präindividuellen Menschen:
Die Wiederentdeckung des Anfangs

Die Erfahrungen sind in vier Stufen geteilt. Auf der ersten Stufe erinnern wir uns an die hypnotische Symbiose und die tröstliche Sicherheit der frühen sozialen Gruppe mit dem ersten schmerzhaften Ausbruchsversuch einiger Mitglieder.

Auf der zweiten Stufe schließen uns die anderen in die Arme, und wir machen dort die schreckliche Geburt der Person und des Helden durch.

Auf der dritten Stufe wird die Geburt zu ihrer glücklichen Form erhoben, und wir erleben unsere eigene Geburt auf eine Weise wieder, wie sie am besten durch die Arbeit von Frédérick Leboyer bekannt wurde. Hier werden die Grausamkeiten der Geburt vermieden: Das Baby wird ohne Gewalt willkommen geheißen, mit Zartheit und liebevollem Verständnis behandelt, was es dem Kind danach ermöglicht, sich sofort zu einem Individuum zu entwickeln, das sowohl friedlich und heiter als auch schöpferisch ist. Im Verlauf dieses zärtlichen Willkommensrituals können Fähigkeiten, die bei der Geburt leicht blockiert werden, wieder gedeihen.

Zuletzt führen wir das klassische Mysterium der Erde auf, um ein starkes und kunstvolles Ende der alten und die Wiedergeburt in die neue Ordnung zu schaffen und auf diese Weise unser rituelles Übergangsdrama abzuschließen.

STUFE EINS

Die Erinnerung an die Urgemeinschaft

Bevor sie anfangen, legen die TeilnehmerInnen Schuhe, Ringe, Spangen, Brillen und ähnliche Dinge ab.

Die Gruppe teilt sich in zwei gleiche Untergruppen auf. Die Mitglieder der einen Gruppe sitzen einander zugewandt im Kreis und fassen sich an den Händen. Die Mitglieder der zweiten Gruppe setzen sich Rücken an Rücken mit denen der ersten Gruppe und verschlingen ihre Arme mit den Armen der rechts und links von ihnen sitzenden Paare, indem sie unter den Armen ihres Partners oder ihrer Partnerin hindurch nach hinten langen, so daß die ganze Gruppe zu einem gewebten Netz wird, das symbolisch der Verwobenheit der frühen Gemeinschaft auf allen Ebenen entspricht.

Alle schließen jetzt die Augen und singen gemeinsam die folgenden Töne:

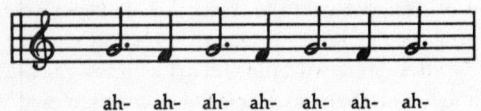

ah- ah- ah- ah- ah- ah- ah-

Die Leiterin bittet die TeilnehmerInnen, mit ihrem Bewußtsein vollkommen bei dem Klang zu bleiben, den sie selbst als Individuum erzeugen, und gleichzeitig bei dem Klang der Gruppe zu bleiben, bis schließlich ihr Bewußtsein eins wird mit dem Klang, der die Gruppe ist, und mit der Gruppe, die der Klang ist.

Nach zehn bis fünfzehn Minuten, in denen sich bei vielen ein Gefühl der *participation mystique* eingestellt hat, sagt die Leiterin den dabei weitersingenden TeilnehmerInnen, daß in Kürze die Köpfe einiger Gruppenmitglieder berührt würden. Die so Berührten sollen die Repräsentanten der Protoindividuen sein, die versuchen, aus dieser engen und verflochtenen Gemeinschaft auszubrechen.

Die Auserwählten sollen dann kämpfen, um auszubrechen, während die nicht Berührten – diejenigen, die in der Urgemeinschaft bleiben – versuchen, sie zurückzuhalten und sie am Weggehen zu hindern. Einige dieser Auserwählten würden vielleicht lieber im Kreis bleiben, während andere Nichterwählte lieber berührt worden wären, um den Weg in die heroische Revolte zu gehen. Diese ungewollte Wahl hat jedoch einen Sinn und ist Teil des Prozesses.

Die Leiterin sagt den Teilnehmern außerdem, es stünde ihnen frei, verschiedene Möglichkeiten auszuprobieren, wie sie – sobald der Bruch einmal stattgefunden hat – weiterleben wollen.

Dann geht die Leiterin um den Kreis herum und berührt einzelne am Kopf, entweder nach dem Zufallsprinzip oder auch abwechselnd, indem sie zuerst jemanden im äußeren und dann jemanden im inneren Kreis berührt – wobei sie jedoch darauf achtet, daß sie nicht beide Partner eines Paares berührt.

Jetzt beginnt der Kampf, in dem die werdenden Individuen versuchen, sich aus ihren Fesseln zu lösen, während die Primärgruppe darum kämpft, die Gemeinschaft aufrechtzuerhalten. Der Kampf kann verschiedene Formen annehmen, von denen die meisten möglichen Aktionen und Reaktionen eine Wiederholung dessen sind, was sich vermutlich in der frühen Gemeinschaft abgespielt hat.

Viele Mitglieder des übrigbleibenden Kreises versuchen vielleicht, sich mit noch größerer Intensität und Hingabe zusammenzuschließen. Einige Mitglieder der «Helden»-Gruppe feiern vielleicht ihren erfolgreichen Aufstand am Rande des Kreises und unternehmen vielleicht sogar einen Angriff gegen die innere Gruppe, mit dem sie versuchen, weitere Mitglieder wegzuzerren. Andere bilden vielleicht umherziehende Banden von Plünderern, die untereinander kämpfen und andere Banden angreifen. Wieder andere finden sich vielleicht zusammen und schaffen neue Primärgemeinschaften, die genauso sind wie die alten, die sie verlassen haben. Viele andere Szenarios sind möglich und kommen mit Sicherheit zum Ausdruck. Die Leiterin sollte jedoch über diese Möglichkeiten vorher nicht sprechen, sondern sie sich spontan aus den archaischen Tiefen menschlichen Verhaltens entwickeln lassen.

Wenn die Gruppe sich in verschiedene Untergruppen und Aktionen aufgelöst hat, ruft die Leiterin mit lauter Stimme: «Stop! Bleibt, wo ihr seid. Sagt mir, was mit euch geschehen ist und was ihr gerade erlebt.»

Die Gruppe berichtet dann über ihre Erlebnisse. Ich zitiere einige ziemlich typische Antworten:

«Ich war so glücklich in der Urgemeinschaft, daß ich nicht wollte, daß sie jemals endete. Ich fühlte mich warm und sicher und beschützt. Es gab keine Bedrohungen. So stelle ich mir das Leben im Mutterleib vor.»

«Ich fand es zuerst schrecklich, als wir alle miteinander verbunden waren und wie Zombies gesungen haben. Ich kriegte eine richtige Klaustrophobie und überlegte, wie ich da rauskommen könnte. Ich dachte sogar daran, mich frühzeitig rauszuschleichen und der Leiterin zu sagen, ich müßte aufs Klo. Aber dann, nachdem ich etwa zehn Minuten – oder waren es zehn Stunden? – mitgemacht hatte, spürte ich die Kraft der Gruppe durch mich hindurchgehen, wie eine große Welle, und es schien überhaupt keinen Unterschied zwischen mir und irgend jemand anders mehr zu geben. Und so gab es keinen Grund mehr, wegzugehen.»

«Als meine Partnerin sich von mir lösen wollte, hab ich Angst gekriegt. Ich wollte nicht, daß sie jemals wegging und verspürte eine Wut darüber, daß sie versuchte, mich zu verlassen und meine perfekte Welt kaputtzumachen. Dann verband ich mich mit anderen im inneren Kreis, und wir versuchten, unsere Gemeinschaft wieder neu aufzubauen, aber es war einfach nicht dasselbe.»

«Mein Partner klammerte sich richtig an mich, als ich versuchte, wegzukommen, und als ich endlich loskam, hatte ich solch ein Triumphgefühl, daß ich durch den Raum raste, herumsprang und Kriegstänze aufführte. Ich versuchte, ein paar andere dazu zu bringen, mit mir zusammen die ursprüngliche Gruppe anzugreifen, aber sie waren zu unorganisiert, und wir schafften es nicht zusammenzuarbeiten.»

«Wir haben versucht, eine neue Gemeinschaft von Helden zu schaffen, und ich glaube, in den letzten zehn Minuten unserer Diskussion haben wir die Gesetze des Rittertums neu erfunden. Sie waren genau so engherzig und kleinlich wie die Gesetze der alten Gemeinschaft.»

«Ich glaube, ich gehe zurück in den Mutterleib.»

«Ich hatte mir gewünscht, nicht zum Helden auserwählt zu werden. Ich hätte niemals freiwillig die ursprüngliche Gemeinschaft verlassen.»

STUFE ZWEI

Die Geburt als Trauma[17]

Gleich nach diesem Erfahrungsaustausch beginnt die Wiederinszenierung des Geburtserlebnisses, so wie es allgemein üblich ist. Mit ihrem Partner oder ihrer Partnerin aus der Urgemeinschaft suchen sich die TeilnehmerInnen einen Platz auf dem Boden und legen sich auf die Seite, wobei eine als mütterlicher Schoß die andere, die den Fötus verkörpert, eng umfängt.

Die Leiterin gibt die folgenden Anweisungen; dabei macht sie angemessene Pausen und läßt genügend Raum, damit sich die Erfahrung entfalten kann:

«Ihr, die ihr den Fötus spielt, und ihr, die ihr den Mutterschoß spielt, hört genau auf meine Worte, und folgt ihnen. Wir werden jetzt eure Geburt und das, was unmittelbar danach kam, inszenieren. Du, der Fötus, bist lange im Bauch deiner Mutter geschwebt und gewachsen. Nun beengen dich die Wände, weil du immer weiter wächst. Du protestierst und trittst mit den Füßen, doch dann geben die Wände nach, und du kannst dich wieder entspannen. Wieder drücken dich die Wände. Wieder protestierst du und kriegst Angst, und wieder lassen die Wehen nach.

Die Wehen gehen weiter, nun kommen sie häufiger und werden

rhythmischer. Sie quetschen dich zusammen, fallen dich an und erdrücken dich. Deine Welt ist zu einem Gefängnis geworden, sie ist verrückt geworden und fordert deinen Tod. Aber dein Gefängnis ist auch zu einem Durchgang geworden, und der Durchgang ist ein Tunnel. Der Herzschlag deiner Mutter steigert sich zum Crescendo, und dein Herzschlag folgt dem ihren. Und du versinkst – in einem Anfall von Schrecken – in der Hölle dieses Durchgangs.»

An dieser Stelle beginnt die Leiterin im Rhythmus des Herzschlags eine Trommel zu schlagen.

«Plötzlich verwandelt sich deine Angst in Wut. Zornig wirfst du dich gegen die Mauer. Du mußt da raus. Du bist gefangen zwischen dieser gewaltigen Kraft, die dich hinaustreibt, und dieser dunklen Wand, die dich zurückhält. Du schlängelst dich in einem immer enger werdenden Gang abwärts, machst eine halbe Drehung mit dem Körper, während du kämpfst, um dieser engen, einschnürenden Hölle zu entkommen. Du bekommst einen Schlag auf den Kopf, so daß er tief in deinen Brustkorb zwischen deine Schulterblätter geschleudert wird. Du kannst nicht überleben. Das ist ganz sicher die Todesstunde. Das Monster holt noch zu einem letzten Schlag aus – und plötzlich bist du frei.

Aber was für eine schreckliche Freiheit. Es gibt keine Unterstützung, es gibt keinen Halt, da ist nichts, gar nichts. Dann plötzlich ergreift jemand deine Füße und läßt dich mit dem Kopf nach unten über diesem Nichts baumeln. Während deine Wirbelsäule und dein Kopf herunterhängen, sich drehen und winden, schreist du – und die Welt explodiert. Die Schnur, die deine Mitte mit deiner Mutter verbunden hat, die dich mit Nahrung und Sauerstoff versorgt hat, wird plötzlich durchgetrennt.

Jemand klatscht dir kräftig auf den Rücken, und deine Lungen öffnen sich augenblicklich den stechenden Säuren der Luft. Blendendes Licht fällt in deine Augen. Du kneifst sie zusammen, aber sie werden gewaltsam geöffnet, und jemand preßt dir Tropfen einer brennenden Flüssigkeit hinein. Und dann wird dein kleiner Rücken, der bisher nur Wärme und Rundungen und Sanftheit gekannt hat, gestreckt auf den kalten Stahl einer Waage geklatscht.

Noch einmal wirst du an den Füßen hochgezogen, du pendelst in Schwindelgefühl und Schrecken, baumelst noch einmal in diesem Nirgendwo, in dem du angekommen bist. Dann wirst du in irgendwelche Tücher gewickelt und alleingelassen – weinend, mißhandelt und tödlich verwundet. Das ist deine Geburt.

Und so was nennt man eine gute Geburt. Keine Probleme, keine Komplikationen – einfach gute, hypermoderne, stahlkalte Effizienz. Was dies aber für deinen menschlichen Unternehmungsgeist und für deine Beziehung zur Welt bedeutet, ist nicht in Worte zu fassen.»

Die Leiterin gibt den TeilnehmerInnen noch etwas Zeit, um das Geschehene wirken zu lassen. Dann bittet sie die PartnerInnen, die Rollen zu tauschen, so daß der Fötus-Säugling jetzt zum mütterlichen Schoß wird und umgekehrt. Es folgt noch einmal die gleiche Inszenierung wie vorher.

Am Ende dieser zweiten «Geburt» verkündet die Leiterin:

STUFE DREI

Die glückselige Geburt

«Wir wollen jetzt unsere Geburtsverletzungen heilen und eine glückliche Geburt erleben, wobei wir den Vorschlägen von Frédérick Leboyer in seinem Buch *Geburt ohne Gewalt* folgen. Es kann sein, daß das eben Erlebte bei vielen von euch Sedimente von Erinnerungen und traumatischen Erfahrungen aufgerührt hat, die bei der schlechten Geburt entstanden sind. Ihr sollt wissen – und zumindest für die Dauer dieser Übung glauben –, daß wir möglicherweise unsere Verletzungen heilen und über unsere Angst hinausgehen können, wenn wir unsere Geburt noch einmal erleben, diesmal auf einem Weg in ein Leben von größerer Freiheit, Ganzheit und Initiative, den wir gleich kennenlernen werden.

Kommt jetzt bitte alle zusammen, legt euch auf die Seite, so daß eure Körper einander berühren oder streifen, ungefähr so, wie es Vögel in ihrem Nest erleben mögen. Entspannt euch jetzt... und entspannt euch noch mehr... entspannt euch so tief wie möglich.

Von nun an bist du ein Fötus und wirst im Leib deiner Mutter getragen. Es ist zwei Monate nach deiner Empfängnis. Du lebst in der ersten Hälfte, dem Goldenen Zeitalter im Mutterleib. Du bist winzig und schwebst im grenzenlosen Meer, das dich umgibt. Du kannst dich bewegen, ausgehend von deinem Leib, und allmählich breiten deine Bewegungen sich bis in die Gliedmaßen aus. Du spielst, agil und lebendig wie ein kleiner Fisch, der du auch tatsächlich bist, getragen von dem großen Wasser um dich herum. Soviel Freiheit und Zufriedenheit... solch grenzenlose Grenzen... Nur gelegentlich streifst du die Begrenzungen dieses goldenen Meeres, in dem du lebst, denn in dieser ersten Hälfte der Zeit, die du im Bauch deiner Mutter verbringst, wächst die Membran, die dich umgibt, schneller als du. Niemals fühlst du dich beengt.

Allmählich wächst die Membran langsamer, und du wirst immer größer; und während du weiterwächst, bleibt dein Zuhause gleich groß – das Goldene Zeitalter ist vorbei. Der grenzenlose Ozean ist nicht mehr da; überall stößt du an die Grenzen deines Königreiches.

Eines Tages geht deine Mutter spazieren, und du siehst die Sonne als einen goldenen Schein – ein diffuses Licht. Du hörst den Klang der Schritte deiner Mutter auf dem Weg, eine Autohupe und viele andere Geräusche, alle durch die Flüssigkeit gefiltert, in der du lebst. Der Klang wird verändert und verwandelt. Es gibt Autolärm. Sie beißt in einen knackigen Apfel, und du hörst ihr Verdauungssystem arbeiten. Du hörst ihre Gelenke, wenn sie sich bewegt, und den rhythmischen, beruhigenden Klang ihres schlagenden Herzens. Und du hörst die Stimme deiner Mutter, ihre Klangfarbe, ihre Betonung und ihren Ausdruck. Ihre Stimme wird dir ewig in Erinnerung bleiben. Deine Mutter sendet dir Liebesbotschaften.

Du wächst immer weiter und wirst immer größer und stößt an allen Seiten gegen die Wände. Und jetzt wird es so eng, daß der Leib deiner Mutter und die Biegung deines Rückens sich wie ein einziger

Organismus anfühlen. Du kämpfst und strampelst und protestierst; aber es wird immer enger. Du rundest den Rücken, beugst den Kopf und rollst dich zusammen, du machst dich so klein wie möglich.

Die Welt ist zu einem Gefängnis geworden, das dich plötzlich angreift. Es umschlingt dich in drückenden Umarmungen, die wieder nachlassen und ganz aufhören. Und allmählich verschwindet deine Angst, wenn die Umarmungen wiederkehren; jetzt erfährst du sie als spielerische, sinnliche Umarmungen. Du findest Gefallen daran, beugst und streckst genußvoll deinen Rücken und läßt das Pulsieren der Umarmungen wie Schauer durch dich hindurchgehen.

Diese Umarmungen kommen immer wieder, einen ganzen Monat lang, und du gewöhnst dich daran und findest sie bald ganz normal... Eines Tages wird aus dem sinnlichen Spiel plötzlich ein bedrohlicher Angriff, und was bisher zärtliche Umarmung war, wird zum zermalmenden Druck – wild und unberechenbar treibt es dich abwärts.

Deine Angst verwandelt sich in Wut, aber dann hältst du plötzlich inne und lauschst – mitten in ihren eigenen Wehen schickt deine Mutter dir Botschaften der Verbundenheit und heißt dich liebevoll willkommen. Dein Ärger legt sich etwas, du findest deinen Weg aus dem engen Durchgang, du bist geboren.

Du tauchst ein in eine Welt voller Ruhe und Dunkelheit, tiefem Frieden und zärtlichem Willkommen. Du, das heilige Kind, hast Einzug in die Welt gehalten. Alle Geräusche sind sanft. Die Zeit treibt dahin, um dich herum herrscht Freundlichkeit und Geduld. Du fühlst dich duch die Stille und die Dunkelheit getröstet. Du entspannst dich bei diesem freundlichen Empfang, im liebevollen Willkommen, im langsamen und ruhigen Tempo.

Wie anders ist dies als die Welt intensiver Bewegung, aus der du gerade kommst. Und in der Dunkelheit spricht deine Mutter zu dir: «Sei willkommen, ich liebe dich.»

Während du auftauchst – zuerst dein Kopf und jetzt deine Arme – spürst du, wie warme, starke Finger sich vorsichtig in deine Achselhöhlen schieben und dich hochziehen. Niemand berührt deinen Kopf. Man legt dich sofort in die Kuhle auf dem Bauch deiner Mutter, die dich wie ein Nest empfängt, das ganz genau nach deinen Maßen und deiner Größe geformt ist.

Dort ruhst du dich aus, empfänglich und aufnahmebereit. Die warme Lebendigkeit der Haut deiner Mutter fühlt sich genau so an wie deine eigene, und ihr seid noch immer über die Nabelschnur miteinander verbunden, die lebendig pulsiert.

Du spürst, daß es draußen anders ist, aber nicht allzu anders. Du fühlst die neue Trennung. Du fühlst mit Erregung deinen eigenen besonderen Lebensrhythmus. Wie du da so liegst und den Atemrhythmus deiner Mutter spürst, erlebst du, wie Blut und Sauerstoff durch den Nabel strömen, so wie es dir vertraut ist. Das geht so weiter über eine Zeit, die dir sehr lang erscheint, obwohl es tatsächlich nur vier oder fünf Minuten sind.

Während du weiterhin reichlich Sauerstoff durch die Nabelschnur bekommst, spürst du allmählich eine Veränderung in deinem Brustkorb. Der Blutstrom ändert seine Richtung und bewegt sich in deine Lungen. Deine Lungen füllen sich mit Blut, und dein Brustkorb, der bisher durch den Druck der Gebärmutter zusammengepreßt war, ist plötzlich frei und kann sich ausdehnen. Du atmest tief ein, doch die Luft brennt, und du stößt sie schnell wieder aus. Du schreist auf und hörst für einen Augenblick auf zu atmen. Aber es kommt nicht der übliche Klaps auf den Po, der dich zum Weiteratmen antreiben soll. Vielmehr läßt man dir Zeit, das Atmen in deinem eigenen Tempo weiter auszuprobieren. Ganz vorsichtig holst du noch einmal Luft, atmest mit einem kleinen Schrei aus, machst eine Pause und versuchst es noch einmal.

Während der Sauerstoff weiterhin durch die Nabelschnur zu dir kommt, kannst du die Welt des Atmens in deinem eigenen Tempo erforschen. Nun fühlst du dich sicher und fängst an, rhythmisch ein- und auszuatmen, ein und aus, ein und aus. Du bist in einer neuen Welt erwacht, während die Erinnerung an die Welt, die du gerade verlassen hast, würdevoll verblaßt. Du atmest jetzt voll, ungehindert und leicht. Du bemerkst kaum, daß sie die Nabelschnur durchschnitten haben und du von deiner Mutter getrennt bist. Zusammengerollt in der Kuhle auf dem Bauch deiner Mutter, fängst du an, die Rhythmen ihres Atmens aufzunehmen, und zwischen euch bewegt sich euer Atem hin und her und schafft eine tiefe Verbundenheit. Atemwellen durchströmen deinen kleinen Körper, bewegen sich von einer Seite zur anderen und vom Scheitel bis zum Steißbein.

Diese Bewegung bildet ein Muster für andere Bewegungen, ein Muster, das bis zu deiner Todesstunde zu dir gehören wird. Es beginnt, wenn du deinen rechten Arm ausstreckst, den Bauch deiner Mutter berührst und dann deine Hand wieder zurückziehst. Dann folgt deine andere Hand, und sie trifft auf keinerlei Widerstand in dieser weiten neuen Welt, von der du ein Teil bist. Vielleicht erinnerst du dich schwach an dein Leben in dem frühen Fruchtwasser-Ozean vor so langer Zeit, wo du dich in einer so weiten Welt bewegen konntest. Aber nein . . . das ist vergessen. Dann streckst du zaghaft einen Fuß aus und dann den anderen, mit ziellos flatternden kleinen Stößen.

Du fühlst die warmen Hände deiner Mutter auf dem Rücken, erst fährt eine Hand sanft über deinen Rücken und dann die andere, sie erinnern dich an die sinnlichen Umarmungen, die du im Mutterleib erfahren hast. Dieser langsame Rhythmus der Hände, die deinen Körper entlangfahren, beruhigt dich und gibt dir ein Gefühl von Sicherheit, während du diese neue Welt erforschst. Was noch von der Angst übriggeblieben ist, die du während des Durchgangs durch den Geburtskanal vor ein paar Minuten erlebt hast, wird durch die Zartheit der liebenden Hände wegmassiert. Die Hände regen dich zum Genießen an; und mit Genuß streckst und dehnst du dich jetzt immer mehr in die sinnliche liebende Welt hinein, die bereit ist, dich willkommen zu heißen: deine kleinen Arme und Beine, die sich in alle Richtungen bewegen, deine Haut, die lebendig und voller Empfindungen ist, deine Muskeln, die sich verzückt den zarten Wellen der massierenden Hände hingeben.

Und jetzt spürst du, wie starke Hände dich wieder anheben. Eine Hand liegt unter deinem Po, und die andere stützt ganz oben deinen Rücken. Wenn diese Hände dich auf die Seite drehen, vermitteln sie dir eine andere Art von Zärtlichkeit als die der sanften Hände, die dich weiterhin massieren. Starke Hände heben dich hoch und lassen dich vorsichtig in warmes Wasser gleiten, in Wasser, das genauso warm ist, wie es im Bauch deiner Mutter war. Du fühlst dich schwerelos und frei, und wieder kehren die tröstenden Erinnerungen an eine andere Welt zurück, und Freude steigt in dir auf. Was jetzt noch von Furcht oder traumatischer Erfahrung übrig ist, löst sich in diesem beruhigenden Element auf, das dir so vertraut ist.

Zum erstenmal öffnest du deine Augen ganz weit, mit einem Blick unendlicher Empfänglichkeit. Alles... alles, was dort draußen ist, ist bereit, in die tiefen und unendlichen Brunnen deiner Augen aufgenommen zu werden. Dein Kopf dreht sich von rechts nach links, und du nimmst die Huldigung dieser Welt entgegen, die dich liebt. Du hebst deine Hand aus dem Wasser und liebkost den weiten Raum der Welt voll Anerkennung. Deine Hand fällt ins Wasser zurück, und du hebst die andere Hand und spielst mit der Luft um dich herum, bevor auch diese Hand wieder ins Wasser zurückkehrt. Dann eine neue Entdeckung: Deine eine Hand geht nach oben und trifft auf die andere. Sie scherzen und spielen miteinander, wie ein Paar tändelnder Schmetterlinge. Manchmal ruhen sie sich zusammen aus und winken einander in spiegelnden Strömen ozeanischer Erinnerung zu.

Ein Füßchen tritt heftig nach vorn und stößt an den Rand der Badewanne, das andere folgt ihm. Dein Körper bewegt sich in der Wanne durch seinen eigenen Rückstoß. Was für ein herrliches Spiel! Dieser neue Raum ist voller Möglichkeiten – freie Bewegung, Wasser, Eigenantrieb, der Raum über dem Wasser, deine sich bewegenden Hände, dein sich bewegender Körper – und, die ganze Zeit über, die liebenden Hände.

Deine Händchen fangen an, dein Gesicht zu erforschen, gleiten über Nase und Mund und spielen mit den Lippen. Deine Zunge schnellt hervor, der Mund öffnet sich, dein Daumen gleitet hinein. Glückselig und entspannt führst du deine Entdeckungen fort und erforschst die Welt, bis du wieder zu deinem Mund zurückkehrst, wo du soviel Glück findest. Mit dem Daumen im Mund erfährst du eine vollständige Einheit: die Welt da draußen vereint mit der Welt hier drinnen.

Jetzt heben die starken Hände dich langsam aus dem Wasser. Du spürst die Schwere deines Körpers, schreist auf, und man läßt dich sanft wieder in das Element zurückgleiten, in dem du dich so sicher fühlst. Wieder und wieder wirst du aus dem Wasser gehoben und wieder hineingelegt, bis du dich ganz allmählich mit deinem eigenen Gewicht und in der Welt außerhalb des Wassers wohlfühlst. Man legt dich auf eine vorgewärmte Windel und wickelt dich in baumwollene und wollene Tücher. Nur dein Kopf und deine Hände bleiben frei, so daß sie sich weiterhin bewegen und miteinander spielen können.

Du fühlst dich jetzt warm und zufrieden und wirst auf die Seite gelegt. Du kannst Kopf und Hände und Beine leicht bewegen. Du spürst, wie sich dein Leib ausdehnt und wieder zusammenzieht, während du tief und frei atmest. Plötzlich merkst du, daß irgend etwas nicht stimmt. Die sich ständig verwandelnde und bewegende Welt steht still. Wieso steht die Welt plötzlich still? Sie war doch immer in Bewegung, drinnen, im Körper deiner Mutter, und auch draußen. Du protestierst mit Gebrüll. Wieder heben dich starke Hände auf und schaukeln dich, und die Furcht verschwindet, während du wieder die Bewegung spürst, die dir Sicherheit gibt. Man legt dich wieder hin – und wieder kommt die Furcht, die Panik. Aber immer wieder wirst du aufgehoben und gewiegt und geschaukelt, solange bis dich schließlich das Fehlen der Bewegung nicht mehr erschreckt. Du liegst ganz ruhig, öffnest die Augen und genießt die Ruhe. Allmählich empfindest du das Arbeiten deines eigenen Körpers im Innern als Bewegung, und alles, was draußen ist, als bewegungslos. Hier beginnt die Wahrnehmung und die Anerkennung deines inneren Lebens. Voller Bewegung und wach im Innern, fasziniert dich die Ruhe dort draußen, und du liegst da und läßt sie auf dich wirken.

Nach und nach fühlst du dich allen Herausforderungen, die auf dich zukommen, gewachsen. Du bist ausgeglichen, heiter und wirst von deiner Entdeckungsfreude vorangetragen. Deine Arme und Beine strecken sich weiter aus im Tanz einer Erforschung, die nie aufzuhören braucht. Das himmlische Königreich liegt innen. Das himmlische Königreich liegt außen. Du bist der kindliche König oder die kindliche Königin in diesem Himmel, das heilige Kind, das jetzt seinen Wohnsitz im Reich der Freiheit und der unbegrenzten Möglichkeiten einnimmt.

Die Verletzungen deiner Geburt sind geheilt. Deine ursprünglichen Möglichkeiten sind wiederhergestellt. Unsere Odyssee ist zu Ende.»

Vielleicht möchte die Leiterin eine sanfte Musik spielen und Schalen mit einfacher Nahrung in diesem Raum voller Neugeborener verteilen, damit sie sich gegenseitig füttern können.

Die Leiterin kündigt eine halbe Stunde Pause an und gibt jedem Teilnehmer und jeder Teilnehmerin eine Handvoll Ton. In der Pause sollen alle den Ton kneten, so daß er weich und formbar für die Masken wird, die sie in der letzten Phase der Übung herstellen werden. Nach einer halben Stunde kommen alle zurück, und die Leiterin kündigt die vierte Stufe an.

STUFE VIER

Das Mysterium der Erde

Die Leiterin bittet die TeilnehmerInnen, im Stehen gemeinsam eine traditionelle Anrufung zu singen, um sich auf die Rückkehr zu den Elementen Ton und Erde vorzubereiten. Die Anrufung wird in Altgriechisch gesungen.

Diese Anrufung wird in *Die Schutzsuchenden* von Aischylos überliefert, und man nimmt an, daß sie Teil eines Initiationsgesangs für eines der Mysterien war.

96

Ma ga, ma ga, bo-an pho-be-ron ap-po-tre-pe. *(Repeat)*

Nach einigen Minuten fordert die Leiterin die TeilnehmerInnen auf, die Augen zu schließen, wenn sie möchten, oder sie gerade so weit geöffnet zu lassen, daß sie sehen können, wohin sie gehen, und sich wie auf einer Reise nach innen durch den Raum zu bewegen, durch die labyrinthischen Tunnel, die sie immer tiefer unter die Erde führen. Hierbei kneten sie ihren Ton weiter, wobei sie sich vorstellen, ihr Leben zu kneten und es geschmeidiger und empfänglicher für kommende neue Formen zu machen.

Währenddessen kann die Leiterin – vielleicht mit Musikbegleitung – sanft in moll singen, vielleicht möchte sie aber auch die traditionelle Hymne singen, die Priester und Initianden während der großen Mysterien von Eleusis sangen. Von dem, was wir aus christlichen Kommentaren rekonstruieren können, wissen wir, daß der Initiand so etwas wie einen physischen und symbolischen Abstieg in die Unterwelt unternahm, um dort sein altes Selbst sterben zu lassen und in einem neuen Selbst und einer höheren Bedeutung wiedergeboren zu werden.

Diese Version von Pindar heißt übersetzt: «Glücklich ist, wer hinabsteigt unter die Erde, nachdem er diese Dinge erblickt hat; denn er kennt das Ende des Lebens, und er kennt den Zeus-gegebenen Anfang.»

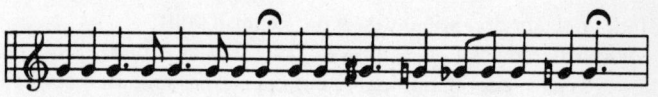

Oide men bio teleutan oiden de di-os-do ton archan.

Die Leiterin singt ungefähr während der nächsten fünf Minuten weiter, während die TeilnehmerInnen sich weiter durch den Raum bewegen und die Durchgangswege zur Unterwelt suchen. (Am besten ist es, zu diesem Zeitpunkt den Raum abzudunkeln.)

Nach diesem Abschnitt wendet sich die Leiterin mit folgenden Worten – entweder gesprochen, oder, wenn möglich, in einer Moll-Tonart gesungen – an die TeilnehmerInnen:

«Geht nach unten, geht nach innen, kehrt zurück zur Erde, ihr Initianden. Geht nach unten, geht nach innen, ihr Initianden, und bereitet euch darauf vor, die alten Mysterien der Wiedergeburt in der Erde zu empfangen. Geht nach unten, geht nach innen, bis ihr jenen Platz findet, der für euch der richtige ist, um zu Mutter Erde zurückzukehren und wieder ein Fötus in ihrem fruchtbaren Schoß zu werden, um dort zu sterben und die alten Hüllen des Ich und des unzulänglich geführten Lebens abzulegen ... dort von der falschen Identität befreit zu werden ... dort die Zeit wiederzugewinnen, in der das Eine sich von der Vielfalt löste und die Vielheit das Eine zerbrach ... dort die Gewebe von Zeit und Geschichte auszubessern ...

Legt euch jetzt hin, verteilt über eurem Gesicht den Ton, den ihr in der Hand habt, und formt ihn zu einer Maske. Dies soll eure Erdmaske sein, die irdene Form, unter der ihr begraben seid ... und unter der ihr frei und sicher sterben könnt. Laßt euren Körper jetzt ganz ruhig werden. Laßt euren Geist noch ruhiger werden. Laßt Ruhe einkehren, und bald werdet ihr sterben. Bald werdet ihr die narbigen Hüllen eures kleinen örtlich begrenzten Selbst lockern und loslassen und sie zu den Erdelementen zurückkehren lassen, wohin sie gehen müssen, um wieder neu geformt zu werden. Löst euch jetzt auf. Laßt los. Laßt euch sterben. Ich werde jetzt für einige Minuten aufhören zu sprechen.»

Nach ungefähr drei Minuten sagt die Leiterin sanft:

«Kehrt jetzt ins Leben zurück ... kehrt jetzt zurück, das Leben bewegt sich wieder in euch, aber ein Leben, das im Schoß der Erde verwandelt und verfeinert wurde ... spürt die Elemente des Lebens in euch zurückfließen, warme und lebendige Ströme, die Erde gibt euch eine irdische Hülle höherer Art zurück. Ihr werdet jetzt wieder-geboren, in diesem uralten Mythos von Tod und Wandlung.

Das Persönliche in euch weiß, daß ihr die Freiheit habt, am Leben des Vielen und am einzigartigen Leben des Einen teilzuhaben. Sie sind nicht mehr gegensätzlich, sondern ergänzen einander. Das Historische in euch hat das gleiche Wissen, und eure Verletzungen aus den großen Aufständen vieler vergangener Jahrtausende seit eurem Ausbruch aus der *participation mystique* sind damit geheilt. Ihr habt die Freiheit, sowohl das Einfühlungsvermögen der Gruppe als auch die Einzigartigkeit eurer eigenen Bestimmung und eures Werdens zu erkennen.

Und so erhebt euch jetzt, und haltet die Tonmasken als Zeichen eurer Initiation vors Gesicht. Steigt empor aus der Erde, der Höhle, dem Schoß, dem Grab, wie einst Persephone im alten Mysterium von Eleusis, und werdet in gewisser Weise Unsterbliche – Wesen, die wissen, daß Geburt und Tod zwei Namen für ein einziges Geschehen sind. Erhebt euch, und steigt jetzt empor, haltet die Masken vor euren Gesichtern fest, sorgt dafür, daß ihr Öffnungen für die Augen habt, und macht euch auf den Rückweg. Schaut die anderen Initian-den an, die auf dem gleichen Weg sind, und singt mit mir, wenn ihr mögt.»

Die Leiterin beginnt dann, den Eleusischen Gesang zu singen – aber sehr viel freudiger und feierlicher als zuvor. Dabei singt sie im gelegentlichen Wechsel den griechischen und den deutschen Text. Wenn Glocken und Flöten und Trommeln und Saiteninstrumente vorhanden sind – wenn es überhaupt irgendwelche Instrumente gibt, die vor Tausenden von Jahren hätten gespielt werden können – um so besser. Dies ist eine uralte Zeremonie, und sie gewinnt erheblich durch den Einsatz solcher Mittel.

Nach einiger Zeit bittet die Leiterin die TeilnehmerInnen, ihre Masken eine nach der anderen in die Mitte zu legen, so daß ein Turm von irdenen Masken entsteht, ein Turm von Antlitzen der Wiederge-burt. Wenn der Turm fertig ist, versammeln sich die TeilnehmerIn-nen nahe um den Turm herum, legen einander die Arme um die Schultern und singen das Eröffnungslied der Übung.

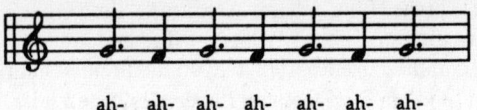

ah- ah- ah- ah- ah- ah- ah-

Alle sind eingeladen, ihre eigenen Variationen des Liedes zu singen, so lange, bis der Gesang zu einem Ausdruck der Variationen der Vielheit in der Einheit wird. Die Übung ist damit beendet.

Das hierauf folgende Mahl sollte einfach und traditionell sein, mit Früchten und Käse, gutem Brot und vielleicht etwas Rotwein – allerdings nur wenig, wenn die Teilnehmer gleich anschließend die nächste Stufe der psychohistorischen Wiederentdeckung des Selbst erforschen wollen.

Zwei

Die Stunde des Glanzes:
Der protoindividuelle Mensch und die Kindheit

Geh, sprach der Vogel, denn das Laub war voller Kinder,
Die sich erregt versteckten und ihr Kichern verhielten.
Geh, geh, geh, sprach der Vogel; die Menschen
Ertragen nicht sehr viel Wirklichkeit

T. S. Eliot, *Burnt Norton*

Nach ihrer Dauerhaftigkeit und Leistungsfähigkeit zu urteilen, waren die frühen symbiotischen Gesellschaften außerordentlich erfolgreich. Sie stellten eine ausgewogene – sogar homöostatische – Ökologie von Erfahrenheit und Können, Gemeinschaft und Glauben bereit.

In dieser lethargischen Mystik wurde selbstzufriedene Abhängigkeit von der unabänderlichen Ordnung zur psychologischen Grundhaltung der Mitglieder. Soziale Handlungen, die sich seit Tausenden von Jahren bewährt hatten, wurden nun als gottgegeben betrachtet und kristallisierten sich so zu monolithischen Formen, die keine Abweichung duldeten. Wenn alles sakrosankt ist, wird jedes Experiment zur Gotteslästerung, und Verschiedenartigkeit ist unmöglich. Der Leser und die Leserin, die an das wahrhaft reichhaltige Buffet von Wahlmöglichkeiten für soziale und individuelle Lebensstile der gegenwärtigen Mischmasch-Ära gewöhnt sind, werden sich schwer vorstellen können, wie schal und festgefahren die Ordnung des Sakrosankten ist.

Bewußtsein jedoch muß wachsen, und viele in der frühen symbiotischen Gesellschaft waren frustriert. Der wachsenden Seele blieb da nichts übrig als Tod oder Revolte. Fragen mußten gestellt, Abenteuer gesucht und Herausforderungen angeboten werden. «Und so wie der wachsende Same die Schale sprengt, brachen die Pioniere sich ihre Bahn nach draußen, und die leere Schale ihrer Gesellschaft fiel schließlich in sich zusammen.»

> Heard weist uns aber auch auf die langsame und schleppende Form hin, in der dieser scheinbar katastrophale Prozeß sich ereignete, das Protoindividuum erschien und die alte gemeinschaftsbewußte Ordnung zerbrach. Überreste der alten Ordnung erhoben sich wiederholte Male, um die kulturelle Seelenlandschaft wieder zu beherrschen, über die sie so lange Macht gehabt hatten.(Heard, a. a. O., S. 26)

Die Ilias, dieses eindrucksvolle Epos der Gewalt, erzählt uns viel über die seelischen Zustände und Verletzlichkeiten ihrer gesetzlosen Helden. Vieles in diesem Epos weist bei den Helden auf eine Verwirrung über die Herkunft ihrer Ordnung und ihrer Kräfte hin. Die Ilias kann als ein von Göttern gegebenes Dokument oder als ein prächtiger psychologischer Bericht über plötzlich entstehende Stärke und neue Lebenskraft verstanden werden, die der Empfänger noch nicht als sein Eigen annehmen kann.

Es gibt z. B. in der Ilias eine Passage, wo Athene während einer Schlacht die Brust ihres Schützlings Diomedes mit einer dreifachen Portion *menos,* einer Art vitaler Lebenskraft, füllt (Ilias V). Als der Held *menos* in seiner Brust oder «beißend in die Nase dringen» fühlt, spürt er neues Leben und Energie in sich aufsteigen: «Meine Füße unten und meine Hände oben fühlen Ungeduld.» (Ilias XV. Die beste Besprechung dieser psychologischen Zustände, soweit sie sich auf die heroischen Kulturen beziehen, findet sich in E. R. Dodds brillianter Arbeit.[18])

Hektor ist so besessen von einer Überdosis *menos,* daß er rasend wird, er hat Schaum vor dem Mund, und seine Augen glühen. Hier wollen wir ein wenig weitergraben, weil an dieser Stelle etwas sehr Bedeutendes in der Psychologie der menschlichen Geschichte passiert. Denn dies ist nicht einfach die Besessenheit und der Trancezustand der früheren Hypnokratien, sondern, wie ich behauptet habe, das Auftreten einer neuen und entscheidenden, wenn auch noch schwankenden Form des Bewußtseins, eine, die ihre Entsprechung in der knospenden Kraft des Kindes findet.

Unlängst las ich ein Buch, das mich durch seine Genialität und seine kuriose Beweiskraft für diese Hypothese erschreckt hat. Ich war mit den meisten Prämissen des Buches überhaupt nicht einverstanden. Die Ränder der Buchseiten sind buchstäblich mit meinen Fragen vollgeschrieben, mit gehässigen Angriffen und Bemerkungen, mit langen gekritzelten Kommentaren, die bis unten und um die Seiten herumkriechen, und mit wiederholtem, wütendem «NEIN!!!». Ich hatte nämlich ein verrücktes Buch gelesen, das in seinen Hauptprämissen wahrscheinlich falsch und exzentrisch ist, aber in seiner Gelehrsamkeit so brillant und selbstbewußt, in seiner Argumentation so klar leidenschaftlich, daß es jede Frage, die es behandelt, wie ein Kraftfeld auflädt und erhellt. Es handelt hauptsächlich von der Veränderung des Bewußtseins in heroischen Zeitaltern und heißt *Der Ursprung des Bewußtseins durch den Zusammenbruch der bikameralen Psyche*.[19]

Mit der Energie eines wirklichen Universalgelehrten verwebt der Autor, Julian Jaynes, Archäologie, Gehirnforschung, Literatur, Geschichte, Psychopathologie und eine Flut anderer Disziplinen miteinander, in dem Versuch, seine märchenhafte These zu beweisen, daß nämlich vor dem ersten Jahrtausend v. Chr. ein Bewußtsein, wie wir es kennen, nicht existierte. Der Mensch und die Gesellschaft (wie wir annehmen müssen, meint er hier insbesondere die frühen Gesellschaften des gemeinschaftlichen Bewußtseins) lebten unter der Autorität des Zweikammer- (bikameralen) Gehirns, worin alle Aufträge, Anordnungen und Willenskräfte und andere Aspekte des kulturellen Über-Ichs aus bestimmten Arealen der rechten Hemisphäre übermittelt und als auditorische Halluzinationen gehört wurden, die dem Menschen sagten, was er tun solle.

Natürlich wurden diese Halluzinationen des Zweikammergehirns als Ermahnungen der Götter empfangen. Dies brachte eine sehr andersartige Art von Kultur und Bewußtsein hervor, denn nach Jaynes gab es in der bikameralen Epoche «keinen privaten Ehrgeiz, keinen privaten Groll, keine privaten Frustrationen – es gab überhaupt nichts Privates, weil der bikamerale Mensch keinen inneren Raum hatte, in dem er hätte privat, also *für sich* sein können, und kein Analogon namens *Ich,* zu dem er ein Privatverhältnis hätte unterhalten können. Alle Handlungsinitiative ging von den Stimmen der Götter aus.»

Wenn man die fragwürdige neurologische Genauigkeit außer acht läßt, paßt Jaynes' Beschreibung zu den herrschenden Bewußtseinsmustern der frühen symbiotischen Gesellschaften. Wenn Jaynes so weit geht, zu behaupten, man müsse angesichts solch eines vorherrschenden Zustands bikameraler Benommenheit die Ilias als eine Geschichte «nobler Automaten, die nicht wußten, was sie taten» lesen, beginnt er sich auf seine eigenen Hypothesen zu fixieren. Der blinde Homer, der zornentbrannte Achill, alle handelten in einem Nebel, in dem das linke Gehirn nicht wußte, was das rechte tat. In dieser Interpretation war *menos* wirklich eine Gabe der rechten Hemisphäre an die linke, mit Athene als Verkörperung des rechten Gehirns.

Jaynes sieht den Zusammenbruch der bikameralen Psyche durch eine Serie von Naturkatastrophen ausgelöst, die mit dem Vulkanausbruch von Thera um 1470 v. Chr. begannen und zu Völkerwanderungen und Invasionen im ganzen östlichen Mittelmeerraum führten. Wirre Horden von Heroen zerschmetterten die bikamerale Psyche.

Das nachfolgende soziale Chaos und der Kulturaustausch, die Verbreitung der Schrift, das Zerreißen der Autorität und die verfallende Wirksamkeit der lokalen Götter führten zur Geburt der Subjektivität und des reflektiven Bewußtseins. Die zunehmende Schweigsamkeit der göttlichen Stimmen (im Gehirn) verursachte eine weitverbreitete Ängstlichkeit, wie in den Zeilen der Babylonischen *Theodizee,* die schmerzlich die hebräischen Psalmen ahnen lassen:

Mögen die Götter, die mich
verworfen haben, Hilfe geben.
Möge die Göttin, die mich
verlassen hat, Barmherzigkeit zeigen.

Jaynes' neuronale Theologie führt ihn zu manch wunderlichem Einfall, wie z. B. zu seiner Vermutung, daß die Geschichte vom Turmbau zu Babel eine «Erzählung von den sich überschlagenden halluzinierten Stimmen bei ihrem Verfall» sei. Um den Verfall und Niedergang überbrücken zu helfen, wandte sich der Mensch dem Okkultismus zu und suchte Zeichen und Sicherheiten in Omen und Orakeln, Anzeichen und Weissagungen. Überreste der alten neuronalen Ordnung blieben zurück, wie in den Besessenheitszuständen von rechtshirnig vergifteten Priesterinnen, Propheten und Sybillen. Poesie ist lediglich ein Rudiment der bikameralen Inspiration, die Musen sind nun «noch weiter hinaus in die Nacht der rechten Hemisphäre» gefegt worden.

Die Auswirkung all dessen auf mich war ein Zustand von aktiver neurologischer Ambivalenz. Ich entdeckte, daß ich in meinem rechten Gehirn *wußte*, daß er unrecht hatte, während ich in meinem linken Gehirn davon *überzeugt* war, daß er recht hatte. Beide Hälften kamen schließlich darin überein, daß das Buch beides ist: großartig und zugleich ein Monument der Überheblichkeit.

Denn ist es etwa keine Überheblichkeit, eine ganze Paläontologie des Bewußtseins auf einer Gehirnforschung aufzubauen, die noch in ihren frühesten und spekulativsten Phasen steckt? Und ist es etwa keine Überheblichkeit, anzunehmen, daß das Genie der Vergangenheit und seine Kunstwerke nur auf die Einfachheit des Bewußtseins und nicht auf eine Komplexität zurückzuführen sind, die weit entfernt von unserer eigenen ist? Man könnte viele Beispiele dafür bieten, zu beweisen, daß die Menschen der Antike Meister des Bewußtseins waren, in der Lage, sich entlang eines Spektrums von Bewußtheit selbst zu orchestrieren, um verschiedenste Aufgaben auszuführen. Die neuere Kulturanthrophologie ist voll von Beweisen für «primitive Völker», deren Geist so gegensätzlich und kapriziös ist wie unser eigener und kein Fünkchen Bikameralität aufweist.

Ich fürchte, Julian Jaynes verfällt dem Trugschluß einer simplen Position und eines simplen Dualismus – dies/jenes, hier/dort, innen/außen, rechts/links. Die Wirklichkeit ist wahrscheinlich viel komplizierter als das. Die Ökologie der Dinge legt nahe, daß wir uns nicht einfach nur in unserem Schädel befinden. Eher schon sind wir Organismus-Umwelt-Systeme und als solche in Symbiose mit einer größeren Ordnung der Natur. Diese Ordnung enthält vielleicht Götter *und* Gehirne und Julian Jaynes.

Aber wegen seines lebendigen Geistes, seiner gärenden Seele und der wunderbaren Art, die großen Fragen von Zeit, Geschichte und Bedeutung neu zu stellen, ziehe ich dieses Buch bei weitem den vorsichtigen Haarspaltereien von Gelehrten vor, die ihre Tage damit verbringen, das Gehirn eines Blutegels zu sezieren. Denn Jaynes hat den Themen, die die psychohistorische Entwicklung betreffen, sowohl Brennstoff als auch Format gegeben. Es gibt tatsächlich wenig neurologische Beweise, die nahelegen, daß die Beziehung zwischen den beiden Hemisphären des Gehirns sich plötzlich vor dreitausendfünfhundert Jahren änderte. Sein Werk läßt es glaubwürdig erscheinen, daß grundlegende Veränderungen des Bewußtseins, des Verhaltens und der Art, wie eine große Anzahl von Menschen über sich selbst nachdachte, offensichtlich auftraten.

In der Zeit des protoindivduellen Menschen erleben die verwirrten und verblendeten Helden in sich die Trennung von jenen Elementen der Persönlichkeit, die einst innerhalb der emphatischen, engen Verbindung der gemeinschaftsbewußten Gesellschaft ihren Platz hatten. Getrennt und fremd, mit gespaltenem Bewußtsein und ihrer Treue unsicher, lassen sie nun ihre Rache gerade an jenen Einheiten aus, die die Hauptstärken der Primärkultur gewesen waren. Sie verachten ihre überall vorhandene Erotik. Sie bahnen sich rücksichtslos ihren Weg und panzern sich gegen die Verlockungen ihrer Sinnlichkeit. Sie schänden jene Orte und Personen, die Zeugnis von der weiterbestehenden Verbindung zwischen sichtbaren und unsichtbaren Ordnungen ablegen, da sie ihnen Angst und Schrecken einjagen. Die heilige Seherin und Prophetin Kassandra wird vernichtet. Der Altar der Athene wird entweiht. Aus Angst, seine Abgegrenztheit zu verlieren, fürchtet der Held die Zärtlichkeit. Wenn er jemandem nahe kommt, dann nur, um ihn oder sie zu unterwerfen, sei es im Zweikampf oder durch Vergewaltigung.

Nach seinem Sieg wird er dann von Reue gepackt. Durch die

Exzesse seiner eigenen Anmaßung überwältigt und schockiert, verfällt er in tiefe Verzweiflung, denn er ist ja gefühlsmäßig immer noch an die symbiotische Gemeinschaft gebunden, die er erst kürzlich verlassen hat. Er macht zwar die Götter für sein irrationales Verhalten verantwortlich, hat aber den starken Verdacht, daß irgend etwas in ihm selbst wirksam ist, das, obgleich außerhalb seines Fassungsvermögens, dennoch sein eigen ist.

So schämt er sich und schwankt, da er nicht weiß, was oder wer sein Verhalten verursacht, zwischen paranoider Wut und einer Scham, die die volle Verantwortung übernimmt, hin und her. Angesichts solch einer inneren und äußeren Anarchie fühlt er sich häufig zum Selbstmord getrieben. Er hat sein Gesicht verloren, das Gesicht, das einst das vertraute Gesicht war, in dem sich alle anderen Mitglieder der gemeinschaftsbewußten Gesellschaft spiegelten, und das jetzt die Maske des hart erkämpften Ich ist. Ohne eine Tradition, die ihm hilft, dieses neue *Gesicht* zu vertreten und aufrechtzuerhalten, ohne Rituale, die ihm ermöglichen, sich von seinen Tabuverletzungen reinzuwaschen, gibt es keine andere Zuflucht als die Selbstvernichtung.

Der betrunkene Ajax metzelt eine Herde von Schafen nieder, weil er sie für bewaffnete Krieger hält. Aus Scham über den Irrtum seines trunkenen Bewußtseins gibt er sich selbst den Tod. Der Samurai und der Bushido in Japan, späte Vertreter heroischer Zeitalter in der Geschichte, werden von der gleichen Neigung zum Selbstmord befallen.

Um die Melancholie des geteilten Bewußtseins zu ertragen, sucht der Held oft Erleichterung im vorübergehenden Gefühl der geistigen Eintracht, die durch Drogen oder Rauschmittel erlangt werden kann. Nach dem Wüten auf dem Feld kommt die Trunkenheit des Abends. Nach den durch Scham hervorgerufenen Depressionen kommen die Beruhigungsmittel aus Wald und Feld, die pflanzlichen Narkotika, die die Sorgen vertreiben, welches die Bedeutung des Wortes *nepenthe,* der Droge der homerischen Helden ist.

Es gibt eine Reihe von Belegen für die Annahme, daß die protoindividuellen arischen Eroberer Indiens ca. 1500 v. Chr. die psychedelische Pflanze *Soma* aus Mittelasien mitbrachten. Die Pflanze nahm eine wesentliche Position im Mythos und in der Ritualstruktur der vedischen Religion ein. Sie wurde als Gottheit angesehen und rituell eingenommen, um den Andächtigen in einen Zustand göttlicher Heiterkeit und Identifikation zu bringen. «Wir haben Soma getrunken und sind unsterblich geworden», heißt es in der Lobpreisung eines frühen vedischen Autors. «Wir haben das Licht erlangt, die Götter entdeckt.»

Ich habe, ebenso wie andere, die Behauptung aufgestellt, daß es sich als schwieriger erwies, die Götter zu entdecken, als die Arier dann tiefer ins Landesinnere eindrangen, weil die Somapflanze, ähnlich wie guter Wein, sich schlecht verpflanzen ließ. Ich möchte sogar annehmen, daß die Übungen der Schule des Hatha-Yoga möglicherweise ein Versuch waren, die Lücke zu schließen, die das fehlende Soma hinterließ, und jenen physiologischen Seinszustand zu erreichen, der ähnliche Bewußtseinszustände fördert, wie sie durch die Einnahme der heiligen Pflanze herbeigeführt wurden.[20] Während das Soma von den arischen Helden wahrscheinlich konsumiert wurde, um das Bewußtsein anzuregen und zu vereinheitlichen, war der Verzehr der heiligen Pflanze und sein späterer Ersatz durch psychophysische Übungen zur Zeit der stabileren halbindividuellen Kultur das Vehikel zur Erreichung höherer und sogar mystischer Bewußtseinsstufen.

Mehr konnten Beruhigungsmittel jedoch nicht bringen, und der Held konnte nicht einfach ein einsamer Abenteurer bleiben. Nach einiger Zeit ertrug er sich selbst nicht mehr, denn er konnte nicht ohne Werte, Richtlinien und Leitbilder leben. Er benötigte eine Art Ehrenkodex, neue Formen von Gemeinschaftlichkeit. In den Sanskrit-Schriften *Mahabharata* und *Ramayana,* in großen Teilen der Genesis, im Buch der Richter, Samuel und im 1. Buch der Könige, in der *Ilias* und in der *Odyssee,* in der isländischen *Edda* und in so vielen anderen Epen und Sagen des heroischen Zeitalters finden wir das gleiche Phänomen: schnell von Scham erfüllte Krieger, die sich einem Kodex von Richtlinien verpflichtet fühlen. Lange Listen von «Du sollst nicht», Tabellen von Einschränkungen und die ständige

Ermunterung zu edlen Taten – dies sind die Muster, die den moralischen Hintergrund epischer Literatur bilden.

Das Resümee, das Gerald Heard in seiner Abhandlung dieses Zeitalters gibt, ist reich an erhellenden Metaphern:

Das Heroische Zeitalter war eine notwendige Phase in der menschlichen Entwicklung, einer Entwicklung, die sich seit dem Ende der präindividuellen Primärkultur sprialförmig weiterbewegte, ein Oszillieren zwischen äußerem Wissen und innerem Verstehen. Aber diese protoindividualistische Kultur war explosiv. Es hatte sie aus dem schützenden Binnenhafen des Stammes fortgetrieben, der an einem Meeresarm lag und durch Sandbänke blockiert wurde, so daß er zu einem abgestandenen See geworden war und keinen Zugang mehr zum äußeren Meer hatte. Diese sich zusammendrängenden Mannschaften, emporgehoben durch den Sturm ihres Protests, fanden sich als erschrockene Seefahrer wieder, über die Sandbank hinweggetragen und draußen auf hoher See. Dort fanden sie keinen anderen Hafen auf irgendeiner Insel der Seligen; nur die wüsten Wasser hießen sie in ihrer neuen Freiheit willkommen. Und für viele war das zu viel. Unfähig, mit dem Sturm in ihren Segeln und den Brechern auf ihren Ruderbänken fertigzuwerden, gingen sie im Sturm der entfesselten Leidenschaft unter und versanken in Paranoia. Sie wurden unfähig, irgend etwas anderes außer ihrem eigenen Ausdrucksbedürfnis zu begreifen. Hauptsächlich jedoch überstanden sie den Sturm mit Hilfe eines Treibankers, der das sich aufbäumende Schiff ruhig und seinen Bug im Sturm auf geradem Kurs hält. Solch ein Treibanker war die mäßigende Moral, die, wie uns die Sagas und Epen zeigen, ausgearbeitet wurde, um den prahlerischen und überheblichen Helden zu erziehen, bis er (wenn er nicht zu einem Seefahrer wie Odysseus wird) nach einem Muster von Ritterlichkeit geformt und temperiert wird, zum ehrenwerten Ritter, zum Beschützer der Schwachen.[21]

Nach Heard gibt es manchmal ein Wesen mit einem Übergangsbewußtsein, das in der Literatur der heroischen Epoche auftritt. Es wird allgemein als Fahrender oder Schwindler gesehen und gerät immer in Situationen, in denen es sich mit Hilfe seines Verstandes, mit Schlauheit und List durchs Leben schlagen muß und so die Melancholie und auch die Vorschriften seiner Zeit überwindet. Wie ein Kind wandert es durch eine Welt voller Wunder, von den gleichen Kräften verfolgt und geplagt, die das Bewußtsein seiner Brüder überwältigte und spaltete. Aber es scheint von einer weiteren Unterteilung des Bewußtseins besessen zu sein, einer Art dritten oder beobachtenden Bewußtseins, das es relativ immun gegen die Gefahren und Verlockungen beider Welten – der primären und der heroischen – macht, wo es häufig als Schiffbrüchiger landet.

Das bekannteste dieser Wesen ist natürlich Odysseus; und die Geschichte, die in der *Odyssee* berichtet wird (die eine spätere Bewußtseinsentwicklung widerspiegelt als die *Ilias*), handelt von einem Mann-Kind, einem Mann von vielen Listen, der es fertigbringt, sich der Moral seiner Zeit zu entziehen und durch eine phantastisch unterhaltsame Welt von Abenteuer zu Abenteuer zu wandern. Die Primärkultur, die an den Ufern der Wasser der Lethe wohnt, versucht, ihn zu locken, ebenso wie Circe und Kalypso und die Sirenen, die auf ihre eigene kuriose Art die verblassenden Überredungskünste der alten Kulturen der Muttergottheiten verkörpern. Bei seiner Begegnung mit dem riesigen einäugigen Zyklopen – ein meisterhafter Einfall, die geistige Verfassung des heroischen Zeitalters zu beschreiben – wird er beinahe umgebracht, wie seine Gefährten, aber er rettet sich durch einen Akt einfacher Täuschung und durch seinen Einfallsreichtum aus der so gut wie unlösbaren Klemme. Kurz gesagt, er ist wie die Morgenröte einer neuen Art von Bewußtsein, der beste Ausdruck der positiven Aspekte des schöpferischen Vergnügens und des Staunens der Kindheit, wie es dem sterbenden heroischen Zeitalter entspricht.

In der Entsprechung dieses historischen Musters zur persönlichen menschlichen Entwicklung ist es nicht schwer, zu erkennen, wie der Kind-Held aus der Symbiose mit der Mutter und der Abhängigkeit von ihr in eine Welt der Unabhängigkeit und des Unternehmungsgeistes ausbricht. Ebenso wie der Held sieht sich das Kind üblicherweise den Problemen von Anarchie, Wut und Furcht gegenüber. Diese mischen sich mit dem wachsenden Wunsch des Kindes, Widerstand zu leisten, zu forschen und neue Erklärungen hervorzubringen – die Welt nach seinem eigenen Bild zu bauen.

In seinem Aufsatz über den ‹Kind-Archetypen› schrieb Jung im Jahre 1940:

> ‹Kind› bedeutet etwas zur Selbständigkeit Erwachsendes. Es kann nicht werden ohne Loslösung vom Ursprung: die Verlassenheit ist daher notwendige Bedingung, nicht nur Begleiterscheinung. ... Es ist das Verlassene und Ausgelieferte und zugleich das Göttlich-Mächtige, der unansehnliche, zweifelhafte Anfang und das triumphierende Ende. Das ‹ewige Kind› im Menschen ist eine unbeschreibliche Erfahrung, eine Unangepaßtheit, ein Nachteil und eine göttliche Prärogative, ein Imponderabile, das den letzten Wert und Unwert einer Persönlichkeit ausmacht.[22]

Die Mythen und Märchen der Kindheit berichten fast immer von Trennung und Verlassenheit. Diese Motive symbolisieren ganz klar die Belastung der Trennung von der Kinderzimmerkultur und der warmen Symbiose mit der Mutter. Und so, verloren im Wald, ausgesetzt im Fluß, wandert das Kind umher und bemüht sich, eine Aufgabe zu bewältigen, die weit über seine Kräfte geht. Diese Mythen, Märchen und Rituale der Initiation der Kindheit zeigen uns deutlich, daß trotz des Elends und der Verlassenheit ein heroisches neues Bewußtsein im Entstehen ist, ebenso wie erstaunliche Energien und frühzeitig entwickelte Geschicklichkeit.

Die einzigartigen Muster sinnlichen Lernens und das leidenschaftliche, formschaffende Streben bei beinahe allen Kindern (selbst bei rigider und konformistischer Erziehung) ähneln genau der Triebkraft der Evolution selbst in ihrer Suche nach immer größerer Formenvielfalt. Auf diese Weise ist die Kindheit jener Kreuzungspunkt zwischen Biologie und Kosmologie. Diese enorme Kraft macht uns angst vor Kindern. Wir sind ambivalent und fühlen uns unbehaglich, denn etwas in uns weiß noch immer, daß evolutionäre Energie und morphologisches Formstreben im Körper-Geist des Kindes verdichtet sind.

Aus dieser Furcht heraus begrenzen, beschneiden, impfen und taufen wir Kinder. Vielleicht ist das auch der Grund, weshalb wir Körperverletzung an ihnen begehen, womit wir ihnen das moderne Gegenstück zu den Märchen von Verlassenheit und Einkerkerung zufügen, indem wir ihren Forschungsdrang beschneiden, ihre Nachforschungen stoppen und uns über ihr Zartgefühl lustig machen. Unsere Klassenräume sind zu Orten geworden, an denen die Lähmung institutionalisiert wird, wo der Genius und der Glanz der Kindheit systematisch beseitigt und durch die eingeschrumpften Erkennungszeichen der herrschenden Kultur und des herrschenden Bewußtseins ersetzt werden. Das ist Verrat an der Evolution und ein Einmauern menschlicher Möglichkeiten. In diesem Zusammenhang haben Sie vielleicht Interesse daran, sich Gedanken über eine negative Meditation zu machen, die ich einmal geschrieben habe und die vom Wesen dieser Katastrophe handelt. Ich nenne sie ‹Denken Sie an die Stradivari›:

Als Geburtsrecht werden wir mit einer Stradivari beschenkt, und wir spielen sie am Ende wie eine Plastikfidel. Denken Sie an die Stradivari. Denken Sie an das Kind – den Stern, der heller als jeder Stern ist, den der menschliche Geist sich vorstellen kann, dieser göttliche Stoff, der als Überschuß einer ungeheuren Fülle, derer wir uns größtenteils nicht bewußt sind, freigebig über uns ausgeschüttet wird. Diese grundlegende Göttlichkeit, die bei ihrer Ankunft einen unbeschreiblichen Glanz ausstrahlt, ist eigentlich eine Schöpfung von unschätzbarem Wert. Wenn man eine kosmische Waage benutzte und das kleine Kind in die eine Schale legte, so könnten alle kostbaren Juwelen der Welt in der anderen das Kind nicht aufwiegen.

Talente, die Millionen Jahre überdauern, sind der Hauptschatz seiner Moleküle. Sein Körper besteht aus Zellen voller Wunder, die unbegreiflich sind, und dennoch existiert er, reagiert auf alles, was ist, und ist daher das Behältnis und der aktive Kanal für alles, was ist. Es ist hier nicht notwendig, von der kommenden Evolution zu reden. Alle zukünftigen Einstellungen und Wendungen sind jetzt schon da, verborgene Gaben in dem Kind von einst und morgen.

Seine Arme und Beine treten in Zwiesprache mit dem Strahlen des Morgens. In seiner vollkommenen Klarheit erkennt es die Umrisse der Natur als sein eigen. Sonnenstrahlen, die Gräser formen, Bäume, die die Himmel teilen, Wasser, die über Felsen rauschen, dies sind die Spiegel und Vorläufer all seiner Bewegungen, die sichtbare Ähnlichkeit seines Lebens in Partnerschaft mit der Erde.

Dann kommt die Lehrzeit in der Gesellschaft. Man führt das Kind zum Wegweiser zu den wichtigen Dingen im Leben. Danach beginnt als ihm zugewiesene Lernaufgabe der Prozeß, das Kind über seine Kleinheit im Verhältnis zu dem viel Größeren zu informieren; seine Unwissenheit wird gemessen an großer Intelligenz, seine Unzulänglichkeit wird umfangreichen Fertigkeiten gegenübergestellt, seine Mängel im Gegensatz zur Vollkommenheit hervorgehoben, seine grundlegende Bedeutungslosigkeit in Zusammenhang mit «wichtigen Dingen» gebracht.

Alles Wissen von seiner eigenen göttlichen Herkunft wird allmählich ganz systematisch aus seinem Bewußtsein entfernt. Zuerst wird die Fülle der Natur beseitigt. Die Bäume werden ihm aus den Armen genommen, die rauschenden Wasser aus seinem Blut. Körper und Gehirn werden verbogen; in seine Muskeln werden Sperren eingebaut; sein Gehirn wird zu einer Festung gegen alle Unermeßlichkeit, als Sicherung gegen die Erinnerung an das, was es ist und woher es kommt. Wenn all das vollbracht ist, wird das Kind als annehmbar betrachtet.

Aber das ist noch nicht alles. Die innere Welt muß in die Flucht geschlagen werden. An einem Punkt, einem sehr ernsten Punkt, zeigt man dem Kind, daß das, was es sich vorstellt, nicht wirklich ist, und eine Kanüle in der Hauptschlagader wird aus der Nähe seines Herzens soviel Antriebskraft abziehen, wie notwendig war, seine Verpflichtung gegenüber den inneren Reichen aufrechtzuerhalten. Alles, was in der Vorstellung existiert, was eine Qualität von Gewichtigkeit hat, die sich nicht für physikalisch geeichte Waagen eignet, das sei nicht wirklich, sagt man, und das Kind wird sozusagen halbiert.

Wenn die Herzkanüle nicht vollständig wirkt, wird eine weitere in die Venen der Ellenbogenbeuge eingesetzt, und alles, was die Gesellschaft für unnütz hält, wird von der Ellbogenbeuge abgezogen. Leg dann noch ein paar weitere Kanülen an Körpernischen, die Achselhöhlen, die Leistenbeuge, die Kniekehlen und die bogenförmigen Kammern der Augenhöhlen.

Sag dem kleinen Kind, daß die Welt da draußen nur dies oder nur das ist, oder bagatellisiere sie einfach und laß es als nicht der Mühe wert erscheinen, von ihr Notiz zu nehmen. *Nur* ein Baum – und all die Bäume werden gefällt; *nur* ein kleiner See, und die Tiefen haben ihr Geheimnis verloren; *nur* dies und *nichts als* das, und die Herrlichkeiten der Natur verwandeln sich in kitschige Bühnendekorationen. Die Kanüle hat Sehnerven unter der Schädeldecke abgezogen und den Augen die volle Lebendigkeit des Sehens genommen.

Mach ein anderes menschliches Wesen klein, kategorisiere es mit einem Etikett, das sich auf seine Hautfarbe, auf seine Rasse, seinen Mangel oder sein Übermaß an akademischer Bildung, seine gesellschaftlichen Zugehörigkeiten bezieht; spieße dieses Wesen wie einen seltenen Schmetterling auf eine Nadel, damit das Kind ihn untersuchen kann, nachdem es all seiner Lebendigkeit, seiner wesentlichen menschlichen Göttlichkeit, seiner wahren Dimensionen beraubt ist; und schon hast du die schöpferische Kraft abgesaugt, die tief in die Lendengegend hinabreicht und die möglicherweise die Saat zur Erneuerung in die Welt gebracht hätte.[23]

Das höchste Privileg der Kindheit ist das Staunen. Wenn durch einen glücklichen Zufall die Fähigkeit zum Staunen der Eindämmung entgeht, kann das erwachsen gewordene Kind so umfassend und flexibel auf den hereinkommenden Informationsfluß reagieren, daß es fähig ist, aus dieser Information ganz neue Formen und Muster zu entwickeln. Ist es verwunderlich, daß so viele der großen Genies und Erneuerer zu denen gehören, die ihre Kindheit in sich lebendig gehalten haben? Das Staunen bewirkt eine lebhafte und heitere Einstellung und ein Gefühl, auf dem Gipfel des Glücks zu sein. Es ist gleichzeitig die Erwartung von Erfüllung und eine Vorfreude auf mehr, was noch kommen soll.

«Der Sinn für das Wunderbare ist das Kennzeichen des Philosophen», hat Sokrates einst gesagt. Das Ziel der kosmischen Fragen, die vom Kind und vom Philosophen gestellt werden, ist es, jenen auf alles zurückwirkenden Zustand des Vergnügens und der Resonanz zu erreichen, in dem man die Antwort entdeckt, die einem sagt, daß die Welt man selbst ist. «Ich werde, was ich sehe», sagte der Kind-Mann Walt Whitman, womit er die Erfahrung aller Kinder wiedergibt, wenn sie versuchen zu verstehen, indem sie die Welt darstellen.

Das sich engagierende, wachsende Kind ist in einem Zustand der ständigen Schöpfung wechselseitiger Beziehungen mit der Umgebung. Es ist in einem Zustand, den ich *Psychoökologie* nenne, womit ich sagen will, daß die Grenzen zwischen ihm selbst und der großen weiten Welt offen sind. Das Nervensystem eines Kindes fließt in alle Systeme der Natur hinein und ist in ständigem Austausch mit ihnen, und so wird die Natur sinnlich als Selbst und als Kosmos erfahren, wobei die Übergänge fließend sind. Wenn große Bereiche dieses Nervensystems abgeschottet werden – wie es tatsächlich in unserer aus Nordeuropa stammenden Erziehung und durch unser Verständis von Intelligenz geschieht, die eine ganze Hälfte des Gehirns diskriminieren, da sie dazu neigen, lediglich Schüler mit dominanter linker Gehirnhälfte zu belohnen, die gut auf verbale, lineare Erziehungsstile reagieren –, dann wird das Kind in seiner wichtigen Rolle als lebende Metapher für evolutionäres Streben verkrüppelt.

Wir sind so verschieden voneinander wie Schneeflocken; und jede/r von uns hat, besonders in der Kindheit, eine besondere Neigung für bestimmte Wege, unsere Welt zu erforschen. Um den Genius und das Entwicklungspotential der Kindheit zu erhalten, muß man ganz einfach dem Kind das Universum zurückgeben, und zwar in einer Form, die so reich und dramatisch wie möglich ist.

Wir haben herausgefunden, daß das Lernen über verschiedene Kanäle der Schlüssel hierzu ist. In den Lehrplänen und Programmen für Schulen, an denen wir mitgearbeitet haben, wird dem Kind beigebracht, sowohl in Bildern als auch in Worten zu denken, Rechtschreibung oder sogar Rechnen in rhythmischen Mustern zu erlernen, mit seinem ganzen Körper zu denken – kurz, den Lehrstoff der Schule und vieles mehr aus einem viel größeren Spektrum sinnlicher und kognitiver Wahrnehmungsmöglichkeiten heraus aufzunehmen.

Wenn also ein Kind Unzulänglichkeiten in einer bestimmten Form des Lernens zeigt – sagen wir in verbaler Ausdrucksfähigkeit –, lenken wir seine Aufmerksamkeit auf eine andere, wo vielleicht seine eigenen Systeme leichter angesprochen werden. Bei sinnlich-motorischen Übungen z. B. wird es vielleicht wach und findet zurück zum Staunen und zeigt dann als ganz natürliche Konsequenz eine größere Leichtigkeit darin, schneller und gründlicher und mit mehr Verständnis lesen und schreiben zu lernen.

Für einige Kinder wird der wachsende Umfang ihrer Welterforschung am besten durch Denken in Bildern vermittelt. Für andere geht es besser über Musik, Tanz oder Bewegung. In der klassischen Erziehung besteht eine starke Tendenz, dies zu hemmen, und dadurch werden häufig nicht-verbale Denker dazu veranlaßt, sich minderwertig zu fühlen, und dann in einen Prozeß des Verlassenseins und Mißerfolgs geraten, der ihr Leben lang anhält; denn der rettenden Dämon, die Fee oder der Engel, der das verlassene Kind sicher durch seine Reise über die symbolischen Wegstationen der «bösen» Kultur bringen könnte, wird durch allgemein übliche Ordnung rigoros ausgesperrt und verunglimpft.

In jahrelangen Beobachtungen habe ich nie ein dummes Kind kennengelernt, wohl aber viele selbstgerechte, dumme und schwachsinnig machende – und, jawohl, sogar gehirnzerstörende – Erziehungssysteme. Wie wir herausgefunden haben, kann ein Kind Mathematik als rhythmischen Tanz lernen, und zwar gut lernen, da die für Rhythmus zuständigen Bereiche des Gehirns den Regionen für Ordnungssysteme benachbart sind. Ein Kind kann so gut wie alles lernen und die Standardprüfungen bestehen – die moderne Entsprechung der Märchen-Prüfungen – wenn es, wie im Märchen, die Informationen tanzen, schmecken, berühren, hören, sehen und fühlen kann. In der Schule kann es, wie im Mythos, Vergnügen daran finden, weil es viel mehr Teile seines Körper-Geist-Seele-Systems nutzt, als die konventionellen Lehrformen im allgemeinen zulassen. All diese vielen Mißerfolge in der Schule und zu Hause entstammen direkt der Langeweile, die selbst wieder eine direkte Folge des noch größeren Versäumnisses ist, jene Wunder-Bereiche im Geist und in der Seele des Kindes zu stimulieren, die ihm so viel mehr Wege eröffnen, auf seine Welt zu reagieren.

Die sich verändernde Körperchemie in der Kindheit gibt den Anstoß zum Protest und sogar zur Wut, die das Kind wegen der Blockierungen spürt, die sein Los sind. Die erste Reaktion des kleinen Kindes auf diese Unterdrückung ist Wut; und diese Wutreaktion, dem stolzen Protest des Helden so ähnlich, steht in Zusammenhang mit dem besonderen Sekret – dem *Noradrenalin* –, das man in den Nebennieren des Kindes findet. Noradrenalin bewirkt nach außen gerichtete Wut, im Gegensatz zum Adrenalin, dem Drüsensekret, das eine nach innen gerichtete Wut oder Schuldgefühle bewirkt. Es ist interessant, daß chemische Untersuchungen bei Menschen, die unter Paranoia leiden, die häufig eine Regression in kindisches Verhalten einschließt, zeigen, daß übermäßige Mengen von Noradrenalin ausgeschüttet werden.

Die homerischen Helden, die sowohl der Paranoia als auch dem kindischen Verhalten anheimfielen, litten zweifellos unter einer Überdosis ihrer eigenen Noradrenalin-Ausschüttungen. Ob nun die Stimmung Hormonveränderungen herbeiführt oder Hormone die Stimmung verändern, ist gegenwärtig eine Frage vom Typ «war die Henne oder das Ei zuerst?»; aber die Psyche, die auf einer kindischen, heroischen Stufe festhängt, ist in einem Zustand psychophysischer Regression und erschöpft sich selbst durch ihre eigenen Exzesse. Es ist gar keine Frage, daß das Kind, ebenso wie der Held, die Motivation der noradrenalinen Ladung zur Entwöhnung vom Kinderzimmer und zur Lösung aus seinen Fesseln der Abhängigkeit braucht.

In ihren kreativen Aspekten treibt also die Chemie der Kindheit mit ihrer suchenden Neugier den Organismus zu evolutionären Bestrebungen. Aber während es sich immer noch auf der Stufe der Kindheit befindet, sieht sich das Individuum mit eben jenen Fragen konfrontiert, die das heroische Zeitalter mit solch einer Beschränktheit behandelt hat; Fragen, die in der Folge die weitere Entwicklung unserer Wahrnehmung und Ausübung von Freiheit lahmgelegt haben: Wie kann sich Unabhängigkeit entwickeln, ohne daß wir in Anarchie verfallen? Und wie können Abenteuerlust und Initiative wachsen, ohne daß wir in Verantwortungslosigkeit versinken?

Ein Teil der Antwort liegt sicher darin, dem Kind mehr anzubieten, was es tun und sein kann. Ein Teil des Problems bei den alten Heldenkulturen ist, daß diejenigen, die in ihnen lebten, in ihren Lebensmustern so beschränkt waren. Kampf oder Flucht, Ruhm oder Scham, Rohheit oder einengende Ritterlichkeit – dies waren die Dualismen, die die Möglichkeiten einschränkten und die begrenzte Auswahl des Protoindividuums festlegten.

Für das Kind gibt es jedoch immer die wunderbare rettende Gnade, daß es Meister darin ist, seine Vorstellungen in Szene zu setzen. Anders als Hunde oder Katzen kann das Menschenkind etwas spielen, was es nicht ist. Ein Hund oder eine Katze kann nicht muhen, krächzen oder wiehern. Das Kind kann und tut das. Sobald es Verstand und Vorstellungkraft erworben hat, lebt der Körper des Kindes – hochsensibilisiert durch gute Pflege, Berührungen und seine noch nicht verschlossenen Wahrnehmungspforten – in einem Zustand, in dem es ständig die psychologischen und physischen Entfernungen zwischen sich und dem Universum überbrückt.

Das Aufbauen einer Welt, sei es in Form von Kunst, Kultur, Industrie oder Kommunikationsnetzen, ist das natürliche Ergebnis dieser besonderen Sensibilität und des spielfreudigen kindlichen Genies. Diese Ausdehnungen werden zu Ausläufern unseres Selbst, die weitere Organisation der Stoffe der Natur, die die Bedeutung von Natur selbst transformiert. Dank unserer verlängerten Kindheit mit ihrem überreichen Spielraum für die Formbarkeit und das spielerische Wesen unserer Wahrnehmungen und Gedanken, sind wir in der Lage, zu Co-Evolutionären zu werden und neue Fäden in das Gewebe der Wirklichkeit zu weben. Insofern ist der Mensch die Evolution, die sich ihrer selbst bewußt wird; und in diesem bewußten Streben, unsere Kräfte mit denen des Universums zu verbinden, führen uns unsere Leidenschaft und unser Spiel dazu, uns selbst zu neuen Formen im Gitter von Raum und Zeit zu erweitern.

In den schöpferischen Erfahrungen von Co-Evolution können wir diese neuartigen Formen vielleicht als Entfaltung irgendeines großartigen Plans oder als machtvolle Zielgerichtetheit empfinden. Sie werden oft von einer Woge von *Entelechie* getragen – einer Art strukturierender dynamischer Energie, die aus einer Quelle aufsteigt, die alle Kodierungen enthält. Es ist die Entelechie einer Eichel, eine Eiche zu sein. Es ist die Entelechie eines Babys, zur Reife und darüber hinaus zu gelangen. Es ist Ihre und meine Entelechie, zu werden, was nur Gott weiß. Wenn sie, was häufig vorkommt, in religiösen, mystischen oder anderen Gipfelerlebnissen erfahren wird, liefert sie den Impuls zur Veränderung und entfaltet sich als schöpferische, transformierende Energie, die unser Leben mit Wachstum und Bedeutung erfüllt. Nach jahrelangen Untersuchungen und Beobachtungen solcher Erfahrungen schöpferischer oder religiöser Art bin ich zu dem Schluß gekommen, daß der Prozeß der Entelechie einer der Königswege ist, auf denen die Evolution in die manifeste Welt eintritt und sie mit Mustern befruchtet, die aus den Tiefenschichten der Wirklichkeit heraufkommen.

Das Kind ist die Entelechie des Erwachsenen. Das Erfinden von Welten ist letztlich die Suche nach höheren Ebenen der Synthese zwischen dem Selbst und der Welt, erwachsen aus der Erkenntnis, daß äußere und innere Welten eher wechselseitig voneinander abhängige Aspekte der Wirklichkeit sind als voneinander unabhängige Zustände. Dies steht im Einklang mit einer ganzen Menge fortgeschrittener evolutionärer Theorien, die unsere Körper-Geist-Systeme als Energiesysteme in der Evolution betrachten, als Prozeß, der unsere Individualität mit allen Bestrebungen der Natur in Richtung auf Variation und Formenvielfalt verbindet.

Bis jetzt war unsere Beteiligung an diesem Prozeß eher zufällig und größtenteils eine Sache des Glücks oder einer Krise, die zur Erneuerung führte. Angesichts der Vielschichtigkeit unserer gegenwärtigen Welt können wir es uns heute nicht mehr leisten, unsere evolutionären Sanktionen so sehr dem Zufall zu überlassen. Hier ist das Kind der Vater des Mannes; und der Genius des kindlichen Forschergeistes liefert uns – wenn er gefördert und vertieft wird – viele der Werkzeuge und Qualitäten von Geist und Körper, die wir benötigen werden, um einem so riesigen Unternehmen gewachsen zu sein. Denn wir befinden uns auf einer Stufe der Selbstreflexion, auf der wir in der Lage sind, den Genius unserer Kindheit zu fördern, wiederzubeleben und zu übertreffen.

In Erinnerung an die Welt sinnlichen Glanzes, wie sie Kinder kennen, schrieb Wordsworth in *Andeutungen der Unsterblichkeit in früher Kindheit:*

> Es gab eine Zeit, in der Wiese, Hain und Bach,
> Die Erde und jeder gewöhnliche Blick
> Mir erschienen
> Gekleidet, wie in Himmelslicht
> In Glanz und Frische eines Traums.

Dann beklagt er das spätere Nachlassen seiner Sinne und sagt:

> Es ist jetzt nicht mehr so wie damals, –
> Wohin auch immer ich mich wende,
> Bei Tag oder Nacht,
> Die Dinge, die ich früher sah, kann ich heute nicht
> mehr sehen.

Wordsworth *irrt* sich. Er *irrt* sich, wenn er ausruft, «nichts kann die Stunde des Glanzes im Gras, das Leuchten in der Blume zurückbringen.» Sie *können* wiederkehren, aber sie tragen einen anderen Glanz, ein anderes Leuchten. Die Wertschätzung, die wir empfinden, ist deutlicher, vielleicht ähnlich dem, was der verlorene Sohn fühlte, als er aus seinem freiwilligen Exil und nach der Zurückweisung seiner Heimat zurückkehrte. Als er zurückkam, wurde ihm alles geschenkt; sein Vater enthielt ihm nichts vor.

Und so ist es für diejenigen unter uns, die wir im reifen Alter zum Geburtsrecht unserer Sinne zurückkehren. Es ist so, wie es in den *Upanishaden* gesagt wurde: «Überfluß wird aus dem Überfluß geschöpft und doch bleibt Überfluß.» Es ist jetzt mehr da als damals.

Das Leuchten ist stärker, weil wir jetzt die Schatten sehen, was in der Kindheit nicht möglich war. In der Kindheit fehlt etwas, was denjenigen geschenkt wird, die sich auf die große Reise begeben.

Wenn nun die Verbindungen erneuert werden, werden sie stärker empfunden. Die Erregung durch Paradoxien wirkt als ständige Herausforderung zur Selbsttranszendierung, was in der Kindheit nicht möglich ist. Wirklichkeiten, denen wir zum zweiten Mal begegnen, haben Dimensionen, die wir vorher nicht wahrgenommen haben. Eros und ästhetischer Genuß, Leidenschaft und kontemplative Einsicht geben der Reife ihre Fähigkeit, sich an der Schöpfung von Welten zu beteiligen, die unserer inneren Vision dessen, was eine Welt sein kann, nahe- und immer näherkommen.

Wie können wir das innere Kind befreien und «den Glanz und die Frische» zurückgewinnen, jedoch auf einer Ebene von reifer und vertiefter Sensibilität? Gerald Heard stellte die Frage andersherum, als er fragte: «Wenn wir dem wütenden Kind, das jetzt in unserem unterdrückten Unterbewußtsein begraben liegt (genau über dem durch die Geburt verletzten Säugling), erlauben könnten, die aufgestaute Energie freizulassen, wie müßten wir – in modernen Begriffen – da vorgehen?»

Heard schlug vor, die Antwort in Metaphern und Praktiken zu suchen, die mit den alten Ritualen der Initiation durch das Wasser zusammenhängen. Wie wir in Kapitel Eins gesehen haben, lernt die Seele in der ersten Initiation durch die Erde und die Wiedergeburt aus ihr, wie sie aus dem Einklang, dem Unisono, in die Harmonie der Unterschiedlichkeiten hineingeboren werden kann. Die zweite Initiation soll die Seele lehren, «die übertriebene Reaktion zu korrigieren, die die Rasse und das Individuum immer noch» gegen die allzulange Zeit der Betreuung in der Mutterkultur oder im Kinderzimmer zeigt. Ich möchte hinzufügen, daß sie auch Erfahrungen einschließen muß, die uns lehren, wie wir unsere Energien orchestrieren können, um unsere Sensibilität zu erweitern, anstatt sie im verkrüppelnden Protest und darauffolgendem Rückzug zu blockieren.

Die ersten Erfahrungen in der Initiation riefen uns die gewaltsame Geburt in Erinnerung, die das Selbst und die Gesellschaft verwundete, und heilte diese dann durch eine friedvolle Geburt und den uralten Ritus der Rückkehr zur Erde und der Wiedergeburt aus ihr. Die zweite Initiation ist genauso alt und schließt eine Art Wasserprobe ein. In traditionellen Kulturen kann eine solche Probe so dramatisch sein, wie z. B. im Ritus der sibirischen Schamanen, wo der kindliche Anwärter zu einem zugefrorenen Fluß gebracht wird. Hier muß er oder sie durch ein Loch im Eis ins Wasser tauchen und unter dem eisigen Wasser schwimmen, um in einiger Entfernung durch ein anderes Loch im Eis wieder aufzutauchen. Das Kind muß dies insgesamt etwa neun Mal machen und ist dabei immer in Gefahr zu ertrinken. Wenn es die Prüfung besteht, wird angenommen, daß es aus dem eisigen Schoß mit der neuen Fähigkeit wiedergeboren wurde, die inneren und äußeren Kräfte zu beherrschen.

Die Disziplin und Koordination, die in dieser Wasserprobe notwendig ist, erfordert eine Mäßigung des eigensinnigen Geltungsbedürfnisses, das nur auf übermäßiges Kämpfen und Ertrinken hinauslaufen würde. Notwendig ist eine Umwandlung und Erweiterung der Persönlichkeit, so daß sie ihre Kräfte mit dem Element verbinden kann, in das sie eintaucht. Und in diesem geschickten Wechselspiel mit dem Wasser wird der Initiand oder die Initiandin nicht nur überleben, sondern ganz bewußt die enge Verbundenheit mit der Natur, mit dem Prozeß und dem Muster, das verbindet, erleben. Auf diese Weise wird das Ich im Wesentlichen verankert, und das Kind gewinnt die Gemeinschaft mit einer größeren Ökologie, die bewußt und selbst gewählt ist. Es ist ein Schritt über die nicht gewählte und unbewußte Ekstase jener Symbiose hinaus, die der Säugling erfährt.

Natürlich ist auch die Taufe eine Form dieser Initiation. Ein moderner Fundamentalist, für den die Taufe ein machtvolles, seelenerhebendes, Noradrenalin anregendes Ereignis ist, würde sich wahrscheinlich gegen Heards leichtes Abtun dieses Ritus wehren, der sagt, «da wir sie jetzt in einer traditionellen, verkümmerten Form konservieren, die lediglich darin besteht, ein paar Wassertropfen zu versprenkeln oder höchstens in einem kurzen Eintauchen, ist es natürlich schwer zu erkennen, wieso solch eine zartes

Anfeuchten als geeignet angesehen werden sollte, die Flammen des Zorns zu löschen oder die Verzerrungen der Wut zu besänftigen.»[24]

Mit seiner Darstellung der ungeheuren Bedeutung, die von den frühen Kirchenvätern der entscheidenden und verwandelnden Qualität der Kindertaufe beigemessen wurde, bietet James Hillman ein ausgezeichnetes Gegengewicht zu Heards Verwerfen der Taufe:

Wenn man die frühen Kontroversen wegen der Kindertaufe betrachtet, fragt man sich, welcher psychologische Gehalt diese ausgezeichneten kirchenväterlichen Geister so beschäftigte. Ihre Energie, die sie auf das Kind verwandten, ist der unsrigen vergleichbar, die wir in der modernen Psychologie der Kindheit zukommen lassen. Zunächst drängten sie (Tertullian und Cyprian) nicht auf die frühe Taufe, und Gregor von Nazianzua befürwortete einen gewissen Grad von geistiger Entwicklung vor der Taufe, etwa das Alter von 3 Jahren. Aber Augustinus war unerbittlich. Da der Mensch ursprünglich in Sünde geboren wurde, brachte er sie mit in die Welt, wie Augustinus selbst es mit seiner heidnischen Vergangenheit getan hatte. Nur die Taufe konnte diese Sünde vom Kind abwaschen. Augustinus war bezüglich des kindlichen Bedürfnisses nach Erlösung sehr hart und schrieb: «Diejenigen, die für die Nachahmung von Kindern plädieren, sollten nicht ihre Unwissenheit lieben, sondern ihre Unschuld!» (Enar. in Ps. XLIV, 1.) Und was ist unschuldig? «Es ist die Schwäche der kindlichen Fähigkeiten, die unschuldig ist, nicht die Seele.» (Conf., I, 7, 11.) Wie Freudianisch: Das Kind kann mit seinen noch zu jungen Fähigkeiten jene verborgenen Perversitäten in der Seele nicht ausüben. Die Seele enthält nicht nur die Sünde im allgemeinen, sondern die besondere Sünde des vorchristlichen, unchristlichen Impulses polytheistischen Heidentums, die Freud später entdecken und «polymorph pervers» taufen, und die Jung mit tieferem Verständnis als Archetypen beschreiben sollte. Die Taufe konnte die Seele von der Kindheit erlösen, von jener imaginären Welt einer Vielfalt archetypischer Formen, von Göttern und Göttinnen, ihren Kulten und den unchristlichen Praktiken, die sie festigten.[25]

Hillman lenkt die Aufmerksamkeit zu Recht auf die Furcht der früheren und ebenso der heutigen Menschen vor der Kraft des Phantasielebens des Kindes – vor der Entwicklung der bildhaften Vorstellungswelt und dem phantasievollen Geist, die der Welt der Wunder im Inneren die gleiche Bedeutung zumißt wie der von Wundern erfüllten äußeren Welt. Ebenso wie Augustinus betrachtete Freud dies eindeutig als regressiv («primärprozeßhaftes Denken»), während Jung diese Visionen als Vehikel willkommenhieß, mit denen der Erwachsene etwas von seiner Flexibilität der Seele in der Kindheit erfaßt, um eine umfassendere Individuation zu suchen.

Das Dromenon für den protoindividuellen Menschen:
Ich werde, was ich sehe

Wir werden uns jetzt den Erfahrungen und der Initiation unterziehen, die sowohl zur persönlichen als auch zur historischen Stufe dieser Entwicklung passen. Wir beginnen beim Heldentum und der Inszenierung des Protests, der den Noradrenalinspiegel anhebt, gehen dann über zu einer Wasserprobe und danach zu einem uralten machtvollen *zikkr* der Verbundenheit.

Wir schließen mit einer Übung, die unser Wissen darüber klärt, wie die Prozesse der Natur und wir selbst sich wechselseitig spiegeln und darüber, wie die Fähigkeit zum Staunen wiederbelebt wird, wenn wir dies einmal verstanden haben. «Ich werde, was ich sehe», und das Kind im Erwachsenen wird zum Partner der Natur in einer Resonanz, die neue Formen zum Blühen bringt.

STUFE EINS

Der Protest

Die folgende Übung sollte in einem Raum durchgeführt werden, der so groß ist, daß alle sich frei drehen und dabei ihre Arme schwingen können, ohne einander zu schlagen. Die Leiterin fragt die TeilnehmerInnen: «Was konntest du als Kind wahrnehmen, sehen oder tun, was du heute nicht mehr wahrnehmen, sehen oder tun kannst?»

Die TeilnehmerInnen antworten und sprechen vielleicht von den umfassenderen sinnlichen Fähigkeiten, die sie als Kind besaßen und jetzt nicht mehr haben; vielleicht auch von dem Mut, der Phantasie und Abenteuerlust, die ihr Kindheits-Selbst hatte. Sie haben etwa zehn Minuten Zeit, um hierüber zu sprechen und Vergleiche anzustellen.

Dann bittet die Leiterin die TeilnehmerInnen, aufzustehen und die Augen zu schließen, und sagt:

«Unsere Fähigkeiten, sowohl die inneren als auch die äußeren Welten zu erfahren, sind verkrüppelt und blockiert worden. Die meisten von uns sind unfähig, so gut zu sehen, zu tasten, zu schmecken, zu riechen und zu hören, wie sie es einst konnten. Schale, eingerostete Wahrnehmungsgewohnheiten und die dicke, schwarze Brille des begrifflichen Denkens haben sich unserer sinnlichen Wahrnehmung in den Weg gestellt. In ähnlicher Weise sind wir durch die Idole, an die wir uns durch die Erwartungen der Gesellschaft, durch gesellschaftliche und berufliche Anforderungen gewöhnt haben und nach deren Muster wir uns entwickeln sollten, von unserer Freiheit, zu sein, wie wir wirklich sind, abgeschnitten worden. Francis Bacon nannte diese Bilder einmal «die Idole des Stammes und des Marktes», und sie verkrüppeln uns auch heute noch in unterschiedlichem Ausmaß und auf unterschiedliche Weise.

Du hast jetzt fünf Minuten Zeit, und in dieser Zeit werden viele der Götzenbilder vor dir aufsteigen. Sie werden die Symbole der Kräfte sein, die dich hemmen, die dich in deiner Freiheit zu staunen, zu spielen und zu handeln, beschränken. Seit ihrer Entstehung in der Kindheit haben sie auf alle möglichen Arten gewirkt, um dich davon abzuhalten, zu dem zu werden, was du deinen Fähgkeiten nach sein könntest, und davon, dich an der schöpferischen Erforschung und am Aufbau der Welt zu beteiligen, was dein natürliches Recht ist.

Während diese Bilder aufsteigen, hebe sie mit einer wirklichen körperlichen Bewegung einen imaginären, aber sehr wuchtigen Vorschlaghammer mit einem langen Griff oder eine Keule auf. Während du dieses Gerät schwingst, wirst du toben, rasen und protestieren und die Götzenbilder in tausend Stücke schlagen. Schwing deine Waffe mit größter Kraft und laß den Ärger und die Energie, die du einsetzt, im Verhältnis zu deinem Bedürfnis stehen, diese Götzenbilder zu zerschmettern, die dich immer noch verfolgen. Es ist hilfreich, jedem Schlag mit einem Schlachtruf *Jaaah! Jaah!* Nachdruck zu verleihen. Bemühe dich, deine Nachbarn nicht zu schlagen, obwohl sie dich in der Hitze und in der Raserei des Kampfes vielleicht an deine Götzenbilder erinnern.

Während die Götzenbilder aufsteigen, und während du auf sie einschlägst und sie zerschmetterst, wisse gleichzeitig, daß du viel von ihrer Kraft, dich weiterhin zu beeinträchtigen, zerstören kannst. Und jetzt fang an.»

STUFE ZWEI

Die Initiation durch das Wasser

Für diese Stufe der Übung benötigt ihr ein großes Schwimmbecken und ein paar gute SchwimmerInnen, die bereitstehen, um diejenigen, die erschöpft sind, aus dem Wasser herauszuholen.

Die TeilnehmerInnen versammeln sich in Badekleidung um das Becken. Da dies ein uralter und machtvoller Initiationsritus ist, soll zu dem, was geschieht, kein Kommentar abgegeben und auch sonst nicht gesprochen werden. Die feierliche Stimmung, die die Beobachtung des Prozesses kennzeichnet, erleichtert es den Initianden im Wasser, die Prüfung durchzustehen. Die Gruppe wird in zwei Untergruppen von drei bis fünf Personen aufgeteilt. Im Wasser ist jeweils nur eine Gruppe; die anderen schauen zu. Dann wird den Gruppen gesagt: «Ihr werdet jetzt gleich an dem alten Ritus der Katharsis und Initiation durch das Wasser teilnehmen. Das wird ein sehr anstrengender Prozeß sein. Der Ritus muß mit großer Konzentration und Ernsthaftigkeit ausgeführt werden; setzt soviel Geschicklichkeit und Kraft ein, wie ihr irgend könnt. Es soll keine Angeberei oder Zurschaustellung von Verwegenheit sein, denn das wäre gefährlich.

Wenn ich das Startzeichen gebe, werden die Mitglieder einer Gruppe ins Wasser tauchen und so lange unter Wasser schwimmen, wie es ohne zu ersticken möglich ist, bevor sie wieder hochkommen und Luft holen. Dann werdet ihr wieder tauchen und unter Wasser schwimmend den Vorgang wiederholen. Das werdet ihr insgesamt neunmal machen, wobei ihr euch bemüht, dem Prozeß aufmerksam zu folgen und euch immer bewußt zu machen, das wievielte Mal es ist.

Jedes Tauchen wird symbolisch für ein Eintauchen in eure eigenen Tiefen sein, wo ihr eure Gewohnheiten und Begrenzungen, die euch beengen, erschöpft und wie Luftblasen losläßt. Wenn ihr müde werdet, kommt an den Rand des Beckens und ruht euch aus, bis ihr wieder weitermachen könnt. Während ihr unter Wasser schwimmt, seid euch bewußt, daß eure Persönlichkeit sich mit dem gemeinsamen Element verbindet und daß euer Wille sich ganz und gar der Disziplin dieser schwierigen und uralten Aufgabe unterwirft.

Laßt die Unterdrückungen eurer Kindheit sich im Ausdruck von Kraft und Bewegung auflösen. Wenn ihr feststellt, daß ihr an den nächsten Atemzug denkt, konzentriert euch statt dessen auf die Bewegung eurer rechten Hand und eures linken Fußes.

Dadurch sammelt und vergrößert ihr eure Bewußtheit und bekommt eine umfassendere Beziehung zu der Heiligkeit des Weges, anstatt auf das Ende der Übung zu hoffen.

Wenn ihr Hilfe braucht, seid nicht so stolz und heldenhaft, daß ihr nicht darum bitten könnt. Es wird jemand hineinspringen und euch zur Hilfe kommen. Wenn jemand nicht schwimmen kann oder vorm Wasser Angst hat oder sich aus irgendwelchen anderen Gründen einem so mühsamen Mysterium nicht unterziehen will, kann er oder sie eine modifizierte Version mit einem größeren Wasserbehälter ausführen – wobei jedoch die gleichen psychologischen Prinzipien befolgt werden, wie sie gerade beschrieben wurden –, d. h. der Kopf wird neunmal in den Wasserbehälter getaucht.

Wenn die Mitglieder jeder Gruppe die Arbeit im Wasser beendet haben, werde ich sie bitten, herauszukommen und still am Rande zu sitzen oder zu stehen, um die anderen durch ihre ruhige und feierliche Aufmerksamkeit zu ermutigen. Solange nicht alle Mitglieder einer Gruppe das Wasser verlassen haben, darf die nächste Gruppe nicht anfangen.

Und nun laßt uns mit dem uralten Mysterium des Wassers beginnen, und indem wir das tun, uns selbst zu gestatten, über das Ich hinauszugehen und mit dem Sein eins zu werden.»

Wenn die letzte Untergruppe den Prozeß beendet hat, lädt die Leiterin alle TeilnehmerInnen ein, zusammen ins Wasser zu kommen und sich auf dem Rücken treiben zu lassen. Hierbei sollen sie spüren, wie sie mit genau demselben Element, dem sie gerade zur Erweiterung und Erlösung übergeben wurden, verbunden sind und von ihm getragen werden.

STUFE DREI

Zikkr der Verbundenheit

Die Leiterin bittet die TeilnehmerInnen, sich am Becken im Kreis um sie herum zu versammeln und erklärt ihnen das Wesen eines *zikkr. Zikkr* (gesprochen: sicker) ist ein arabisches Wort und bedeutet eine Art Übung oder Gebet oder sogar eine Disziplin, die das Bewußtsein an seiner Wurzel anspricht. Der *zikkr* kann negativ sein, und viele von uns haben lange Perioden in ihrem Leben gehabt, in denen der negative *zikkr* unaufhörlich weiterging, durch unsere Tage dröhnte und einen riesigen Teil unseres Bewußtseins und unserer Energie aufzehrte.

Beispiele des negativen *zikkr* könnte eine dauernde Wiederholung irgendeines der folgenden Gedanken sein:

Ich möchte tot sein. Ich möchte tot sein. Ich möchte tot sein . . .

Wenn Willy doch da wäre! Wenn Willy doch da wäre! Wenn Willy doch da wäre! . . .

Wenn Willy doch weg wäre! Wenn Willy doch weg wäre! Wenn Willy doch weg wäre! . . .

Ich kann nicht. Ich kann nicht. Ich kann nicht . . .

Ich bin nicht richtig. Ich bin nicht richtig. Ich bin nicht richtig . . .

Ich bin das nicht wert. Ich bin das nicht wert. Ich bin das nicht wert . . .

Ich brauche, ich brauche, ich brauche . . .

Der negative *zikkr* gräbt sich so ein, daß er das Gehirn abstumpft, die Seele vergiftet, uns wie ein ungeheures fortschreitendes Krebsgeschwür amöbengleich besetzt, unsere Energien unterminiert und unsere feinsten Impulse durchkreuzt. Ein Großteil der persönlichen und kulturellen Zusammenbrüche und Entgleisungen ist möglicherweise auf dieses wiederholt einströmende, automatische Gift zurückzuführen. Menschen haben viele andere Namen dafür, sie versuchen, es auszumerzen und abzureagieren, es aus der Existenz wegzufluchen oder es wegzuschmeicheln; aber immer noch hängt es da herum, ein Zeugnis für die Kräfte der Entropie. Denn es hat zu lange in einem gelebt, wurde durch tägliche Wiederholung vielfach verstärkt und hat sich buchstäblich in jedem Nerv und in jeder Muskelfaser unseres Wesens häuslich eingerichtet.

Manchmal stirbt der *zikkr* einfach an Altersschwäche oder verschwindet angesichts einer schweren Krise oder Herausforderung.

Meistens bleibt er jedoch einfach da. Ich vermute, daß der Planet Erde eine Evolution in der Kultur und im Bewußtsein erleben würde, wie es sie niemals vorher gegeben hat, wenn wir einen Weg finden könnten, Menschen beizubringen, sich vom negativen *zikkr* in ihrem Leben zu befreien, denn dann stünden mehr als 75 Prozent bisher vergeudeter menschlicher Energie zum Gebrauch und zur Wandlung bereit.

Ich kenne nur eine einzige Möglichkeit, den negativen *zikkr* erfolgreich zu beseitigen oder erheblich zu schwächen. Es ist der positive *zikkr*. Traditionell hat dies die Form von Gebeten oder Mantras angenommen, die so dauerhaft und tief zu einem Teil des Bewußtseins des Ausübenden werden, daß der negative *zikkr* allmählich ersetzt oder sogar zerstört wird. Am bekanntesten sind das *Om* des Sanskrit oder das Mantra *Om Mani Padma Hum;* die fortlaufende Wiederholung des Arabischen Namens für Gott, Allah; das russisch-orthodoxe Herzensgebet: «Herr Jesus Christ, erbarme dich meiner»; das griechisch-orthodoxe Kyrie eleison und das jubilierende Halleluja! Das Beten des Rosenkranzes stellt eine Art positiven *zikkrs* dar, ebenso wie die Gesänge vieler religiöser Gruppen des Ostens. Sie alle basieren jedoch auf spezifischen Formen religiösen Glaubens und religiöser Verehrung und sind daher im allgemeinen nicht für Menschen geeignet, die sich dem Verständnis und der Praxis der größeren Dimensionen dieses Glaubens nicht verbunden fühlen, obgleich viele Menschen aus dem Westen recht erfolgreich bestimmte Sanskrit-Gesänge mit großer Wirkung als Meditationshilfe benutzt haben.

Es gibt einen *zikkr,* einen sehr, sehr alten, der heute über die Sufi-Tradition zu uns kommt und eine Praxis vorsieht, die keinen speziellen religiösen Glauben verlangt, aber dennoch durch seine Kraft und Schönheit Herz, Seele, Körper und Geist des Ausübenden anrührt. Der *zikkr* ist weder ein Wort noch ein Begriff. Es ist ein universaler Ton, der tief aus der Kehle kommt – ein Summen von Gemeinschaft und Zusammengehörigkeit: *hmmm hmmm hmmm.* Der Ton wird dreimal auf einen Atemzug gesummt und bringt eine große psychophysische Kraft mit sich. Denn es ist ein ähnlicher Klang, wie er entsteht, wenn ein Baby nuckelt, der Ausdruck der Wertschätzung, Verständigung, aller Arten von Freude – geschmacklich, ästhetisch, sexuell, mystisch. Es ist die höchste Anerkennung, und in Gegenwart seiner Kraft und Schönheit bleibt dem negativen *zikkr* wenig oder gar kein Raum.

Nachdem die Leiterin der Gruppe dies erklärt hat, sagt sie: «Wir werden jetzt mit der formalen Ausübung des *zikkr* beginnen, obgleich er in anderen Situationen auch ohne diese Formalität ausgeführt werden kann – beim Fahren, beim Sprechen mit anderen, bei der Beschäftigung mit irgendwelchen oder allen Aktivitäten des Lebens. Man sollte jedoch darauf achten, die Übung ab und zu auch ganz formal durchzuführen, um ihn in seiner heiligen und archetypischen Form zu verankern.

Setz dich auf den Boden in einer Haltung, bei der die Wirbelsäule aufrecht bleibt. Schließ die Augen und atme sehr tief, folge deinem Atem, beim Einatmen und beim Ausatmen. Beim Einatmen läßt du dich von Frieden und Licht erfüllen, beim Ausatmen schickst du Frieden und Licht in die Welt hinaus» (zwei bis fünf Minuten).

«Bevor wir anfangen, üben wir den *zikkr,* indem wir voll einatmen und bei der Ausatmung den Ton *hmmm hmmm hmmm* ganz tief unten in der Kehle summen. Während du diesen Ton machst, empfinde ihn als eine Verbindung mit Gott oder dem Sein, je nachdem, woran du glaubst, und laß die Süße und die Schönheit dieser Verbindung während des ganzen *zikkr* andauern. Der Klang ist als Resonanz und liebende Verbindung zwischen dir und Gott oder dem Wesen der Wirklichkeit zu verstehen. Übt jetzt mit mir zusammen den *zikkr.*

Wir werden jetzt einen Zyklus von dreiunddreißig Atemzügen (neunundneunzig *Hmmms*) beginnen. Versucht nicht, mitzuzählen; das werde ich für euch tun. Folgt wenn möglich meinem Atemmuster, so daß wir in unserem *zikkr* der Verbundenheit alle zusammen in Harmonie sein können. Am Schluß der dreiunddreißig Atemzyklen werde ich einmal auf den Boden klopfen und euch auffordern, einzuatmen und den Atem anzuhalten; dabei laßt die Süße der Verbindung durch euer gesamtes Sein fließen. Wenn ich wieder klopfe, werden wir ausatmen, wieder einatmen und gemeinsam weitere zehn Sätze des *zikkr* ausführen. Danach werde ich wieder klopfen. Wir halten dann wieder den Atem an und lassen das süße Gefühl der Verbundenheit in uns wirken. Laßt uns jetzt mit dem ersten Zyklus der dreiunddreißig *zikkrs* der Verbundenheit beginnen.»

Am Ende der Zyklen von dreiunddreißig plus zehn beendet die Leiterin den *zikkr,* indem sie sagt: «Nach der Tradition ist es üblich, Anerkennung und Ehrerbietung zu zeigen. Wenn du dies tun möchtest, verneige dich tief, wobei dein Haupt sich in Achtung vor Gott in den anderen zum Boden neigt. Richte dich wieder auf. Ein zweites Mal verneigst du dich, diesmal vor dem Gott in dir selbst. Richte dich wieder auf. Beim dritten Mal verneigst du dich vor dem Gott, der ist. Richte dich wieder auf. Und jetzt sitze eine Weile ganz still und meditiere in der Verbindung mit dem, was du erfahren hast.»

STUFE VIER

Ich werde, was ich sehe

Bis zum Beginn der nächsten Übungsstufe sollte mindestens eine halbe Stunde vergangen sein, da die TeilnehmerInnen Zeit benötigen, um ihre Erfahrungen zu integrieren und zu reflektieren.

Mit seinen unsterblichen Worten aus *Wie es Euch gefällt* schuf Shakespeare den Schlüssel für diese Übung:

> Dies unser Leben, vom Getümmel frei,
> Gibt Bäumen Zungen, findet Schrift im Bach,
> In Steinen Lehre, Gutes überall.

Während es noch im Zustand von Natur und Staunen ist, während es immer noch als Verbindungsstelle zwischen Biologie und Kosmologie dient, entdeckt das Kind zu seiner Freude das größte und hoffnungsvollste aller Mysterien: daß die Muster in der Natur uns die Linien und Windungen, das Knospen, die Blütezeit und das Sterben zeigen und dadurch in uns ein Erkennen ähnlicher Muster in unserem eigenen Leben bewirken und lebendig machen.

In der Welt des *Unus Mundus* sind wir, alles in allem – wir Felsen, Winde und Wasserfälle, wir Hans, Grete und Willi Shakespeares – Analogien von einander, angeordnet in einem Resonanzfeld, wo alles und jeder in allem und jedem enthalten ist. So kommt die Wahrheit in allen möglichen Verkleidungen daher, und alles ist bereit, dir den Weg nach Hause zu zeigen. Ihr könnt das gleich selbst ausprobieren, in einer Übung der Wunder und Abenteuer der Kindheit, die für den erwachsenen Geist neu entworfen wurde.

Versammle alle TeilnehmerInnen um einen absolut großartigen alten Baumstamm, ein wahrhaft vorschriftsmäßig verwittertes, uraltes Exemplar, einen Holzklotz, der wirklich wind- und wettererprobt ist und daher rundum alle möglichen Muster zeigt. Laß die Gruppenmitglieder spontan äußern, was sie in dem Holzklotz sehen – Augen, Eulen, Gesichter, Fische.

Bitte sie dann nach einer Weile, von einer tieferen Ebene ihrer selbst zu schauen und zu versuchen, mythische und symbolische Muster in dem Baumstamm zu erkennen. Viele werden sehen, daß sich Mythen entfalten: der meditierende Buddha, Christus am Kreuz, Heldenkämpfe, Götterversammlungen, Mandalas, Tod und Auferstehung, die Geschichte der Evolution, Abschiede, Übergänge und ähnliches. Dreht den Stamm um oder stellt ihn auf den Kopf und schaut, ob dies mehr oder andere Assoziationen hervorruft.

Laß schließlich die TeilnehmerInnen im Stamm nach Mustern und Möglichkeiten für ihr eigenes Leben suchen. Sie können entweder über ihre Entdeckungen sprechen oder sie für sich behalten, ganz wie sie möchten. Manche sehen vielleicht ihre eigene Lebensgeschichte. Die meisten werden die Drehungen und Wendungen, die Fehlstarts und Sackgassen ihrer persönlichen Geschichte entdecken. Und für einige wird der Stamm mythische Dimensionen für ihr Leben aufzeigen. Metaphern, die sie vom Persönlich-Besonderen zum Persönlich-Allgemeinen führen.

Die Gruppe teilt sich in Paare auf. Jedes Paar macht sich auf den Weg, um ähnlich aussagefähige Gegenstände in der Natur zu finden. Sie setzen sich davor und lassen sie auf sich wirken, während sie tief atmen. Dies führen sie mindestens zehn Minuten lang fort (die Leiterin kann einen Gong schlagen, um zu signalisieren, wenn diese Zeit vorüber ist). Hierbei lassen sie ihre Grenzen durchlässig werden, so daß sie ein Durchströmen und eine tiefe Verbundenheit mit dem natürlichen Gegenstand spüren. Nach und nach werden sie zu dem, was sie wahrnehmen.

Die Partner sprechen jetzt einige Minuten lang miteinander *als* dieser Gegenstand, mit der Weisheit und dem Wissen des Gegenstands, wobei sie das Pronomen *Ich* benutzen, um den Stein oder die Blume oder den Fluß zu bezeichnen, der oder die sie jetzt sind. Nach etwa zehn Minuten (wieder durch einen Gongschlag signalisiert), sprechen sie über ein besonderes Problem, eine Frage, eine Entdekkung oder Sorge in ihrem menschlichen Leben (es muß nicht das gleiche Thema sein), aber nur in Begriffen der Muster, die sie in dem Gegenstand sehen, zu dem sie gerade geworden sind. Hierbei sehen sie nicht einander an, sondern nur den Gegenstand, wobei sie abwechselnd sprechen und darauf achten, nicht in eine «hilfreiche» Diskussion hineinzugeraten oder einander dazu zu verleiten, sondern dafür sorgen, daß ihr Bewußtsein die Verbundenheit mit dem Gegenstand aufrechterhält, so daß Bedeutungen entdeckt und Lebensmuster enthüllt werden können.

Die Leiterin gibt hierfür etwa eine halbe bis eine Stunde Zeit und ruft dann die TeilnehmerInnen mit einem dreifachen Gongschlag zurück.

Wenn alle zurück sind, sprecht über die Erfahrung, insbesondere im Hinblick darauf, wie kindliche Sichtweisen der Realität mit tieferen und reiferen Erfahrungsebenen verbunden werden können. Am Ende des Gesprächs teilt die Leiterin den TeilnehmerInnen mit, daß sie das therapeutische Mysterium der Kindheit abgeschlossen haben und weiterhin so viele Einsichten und Erfahrungen wie möglich in ihrem Alltag nutzen sollten, um das Heldentum oder den Rückzug zu überwinden und zu größerer Kraft und stärkerer Verbundenheit zu gelangen.

Drei

Die Suche nach dem Gral:
Der halbindividuelle Mensch und die Adoleszenz

Den ganzen Weg im dunklen Wald, im Dickicht
Am Rande des Morasts, wo der Fuß keinen Halt hat
Bedroht von Irrlichtern und Ungeheuern, ausgesetzt
Böser Verzauberung.

T. S. Eliot, *East Coker*

Die Helden ließen sich schließlich nieder und vereinigten ihre Kräfte mit der alten Agrarkultur, vermählten ihre väterlichen Himmelsgötter mit den seßhaften mütterlichen Göttinnen und erhoben ihren Anführer zum heiligen, von den Göttern erwählten König. Langsam entwickelte sich die Zivilisation: in Ägypten, Sumer und im alten China wurde der Stadtstaat allmählich zum Königreich, dieses wiederum zum Kaiserreich, das zum Modell der Welt wurde.

Der Priesterkönig wurde als liebender Vater gesehen, als guter Hirte (man denke an den Hirtenstab des Pharao), Beschützer aller und Personifizierung des gesamten Volkes. Er mußte gerecht und ohne Tadel sein, andernfalls hätte das Volk leiden müssen. Wir sehen Auswirkungen dieser Forderung im klassischen griechischen Mythos, in dem König Ödipus unwissentlich Inzest begeht und das Volk von Theben mit der Pest geschlagen wird. Das hört erst auf, nachdem Ödipus seine Schuld entdeckt hat, sich selbst blendet und ins Exil geht.

Der Mythos und die rituellen Strukturen im Nahen Osten des Altertums setzten den heiligen König als höchsten Repräsentanten und als Personifizierung des Lebens des sozialen Organismus ein. Seine Aufgabe war es, für das Volk die großen kosmischen Dramen vom Töten des Drachens des Chaos, von der Erschaffung der Welt und von der Heiligen Hochzeit zu inszenieren, die die Erneuerung des Landes und die Fruchtbarkeit des Volkes und der Vegetation sicherstellen sollten. Er war es, der die heilige Zeit und den heiligen Raum verkündete, indem er den Tempel gleichzeitig zum heiligen Ort, zur Verbindungsstelle zwischen Menschen und Göttern machte, und zu dem Ort, an dem die großen Ereignisse der Schöpfung in der mit dem Wechsel der Jahreszeiten ewigen Wiederkehr des kosmischen Dramas von neuem erstmalig geschehen.

Durch diese Akte ritueller Wiederholung der großen Schöpfungsmythen entstand das Gefühl, daß die Welt in die ewige Gegenwart des heiligen Raumes und der heiligen Zeit eintritt. Im psychischen und religiösen Leben des alten Nahen Ostens glaubte man, daß rituelle Wiederholungen notwendig seien, um die Welt zu erhalten, und man lebte in dem Glauben, die Substanz der Natur würde sich erschöpfen, wenn keine Verbindung zur primären archetypischen Ordnung hergestellt und damit die Ordnung des örtlich begrenzten Raumes und der örtlich begrenzten Zeit erneuert wird.

Die Stabilität der großen Reiche sicherte für eine Weile die Kontinuität eines Übergangsbewußtseins, das im sozialen Mikrokosmos und im heiligen Königtum wurzelte. In gewisser Weise hatten die alten Mutterkulturen in der komplexeren und stärker untergliederten Symbiose der großen Stadtstaaten und Imperien gegenüber den heroischen Kulturen Genugtuung erfahren. Das knospende kindhafte Bewußtsein der früheren heroischen Zeitalter wurde im statischen Netz dieser riesigen Bürokratien gefangen und gebändigt. Für die kommende nächste Stufe zum Selbstgewahrsein war eine andere Art von Herausforderung und Krise notwendig; und mit Beginn des achten Jahrhunderts v. Chr. ergab sich eine solche Herausforderung durch das zweischneidige Schwert weitreichender geologischer Veränderungen und des Zusammenbruchs großer Reiche in Ost und West.

Was letztendlich dabei herauskam, war die Demokratisierung der Seele, die Verinnerlichung von Formen, die ursprünglich zum heiligen Königtum oder zur ausschließenden und abgeschlossenen Priesterschaft gehört hatten. Die Menschen fingen an, Verantwortung für die Herrschaft über ihren eigenen Geist zu übernehmen. Das innere Leben von Geist und Seele wurde allmählich auch unabhängig von den gemeinschaftlichen Feiern von Katharsis und Erneuerung gepflegt. Wertschätzung wurde mit persönlicher Tugend und Rechtschaffenheit verbunden. Hochgeachtet waren nicht mehr die Könige, sondern die Weisen und die Erleuchteten. Pythagoras, Buddha, Lao-Tse, Zarathustra, Konfuzius und Christus ersetzten Pharao und seinen Stamm. Und so wurde die Leitfigur in der neuen Form des Mythos und des Rituals der rettende und erlösende göttliche Mensch, mit dem man sich identifizierte.

An diesem kritischen Punkt begann der Mensch, sich nicht mehr am Modell und den Mythen der Natur zu orientieren, sondern an der Analogie einer transzendenten Wirklichkeit, die auch in ihm selbst zu finden ist. Macht und Herrschaft wurden nun degradiert, besonders in der jüdisch-christlichen Tradition. Das Zentrum menschlicher Erfahrung kehrte sich von außen nach innen. In dieser Entmythologisierung von allem und jedem wurde auch die Natur selbst entheiligt und entgesellschaftet. Die Götter verließen ihre Schlupfwinkel in Wiesen, Bächen und Bäumen. Der große Pan war tot. Der heilige Tempel wurde ein Haus wie jedes andere und trug weder Heiligkeit noch kosmogonische Macht in sich, es sei denn, sie wurde ihm vom Menschen verliehen.

Lassen Sie uns jetzt einige der Wege betrachten, wie Ost und West mit dem in überstürzter Hast nach innen gerichteten Bewußtsein und Selbstgewahrsein umgingen.

In Indien verwandelte sich um das achte Jahrhundert v. Chr. das vedisch-arische weltbestätigende Feiern der Naturkräfte und -prinzipien in Mißtrauen gegenüber der äußeren Welt und führte zur intensiven Beschäftigung mit inneren Zuständen.

Angesichts der tiefgreifenden klimatischen Veränderungen, die in dieser Zeit stattfinden, kann man der Welt da draußen nicht mehr trauen. Die Monsune sind heftiger geworden. Die Wüste hat auf die grüne Welt übergegriffen und sie zerstört. Das Klima ist entkräftend. Die Welt ist nun zu *maya* geworden, einem Trugbild von Illusionen, die den Menschen in Versuchung führen, nur um ihn zu enttäuschen.

Es gibt intensive philosophische Spekulationen, was an der Entwicklung der *Upanischaden* (700–300 v. Chr.) zu sehen ist, einer faszinierenden Mischung aus alten Opfer- und Gebetsformeln der brahmanischen Riten und dem neuen spekulativen Bewußtsein. Die Hauptfragen, mit denen sich die Upanischaden beschäftigen, sind: Was ist Wirklichkeit? Was drückt sich im Universum aus? Ist es in sich selbst wirklich? Oder ist es lediglich eine Erscheinung oder sogar eine Illusion?

Ebenfalls in Indien forderte das Gesetz des *Karma* einen hohen Tribut – das Gesetz, wonach alle Gedanken, Worte und Werke des Menschen eine Auswirkung darauf haben, wie er sein Schicksal für zukünftige Leben beeinflußt. Viele, die sich mit der sozialen und religiösen Geschichte Indiens beschäftigt haben, glauben, diese Auffassung eines unausweichlichen kausalen Zusammenhangs habe lediglich dazu gedient, das Kastensystem mit seiner spirituellen Lohnskala zu stärken. Auch der offensichtliche Mangel an Interesse für soziale Gerechtigkeit und menschliches Wohlergehen wird als Produkt der Karma-Psychologie angesehen, insofern als unter den Gesetzen des Karma kaum etwas übrigbleibt, das zu dem Wagnis verlocken könnte, sich in der Welt heimisch zu fühlen.

Bedenken Sie aus dieser Sichtweise die Hoffnungslosigkeit, die entsteht, wenn Sie Ihre Vergangenheit und Ihre Zukunft als ein Rad von Wiedergeburten betrachten, das sich außerhalb Ihrer selbst dreht – tausend Millionen von Wiedergeburten, die durch jede Ihrer Handlungen beeinflußt werden. So sind Sie vielleicht gut in diesem Leben – Sie könnten ins nächsthöhere aufsteigen – und finden sich im dritten als eine Sumpfratte wieder, die sich glücklich schätzen kann, wenn sie es wieder zum Leben eines Unberührbaren oder Aussätzigen bringt.

Dies führte zu dem, was Radhakrishna, ein ehemaliger indischer Präsident, den Kontinent der Circe nannte, ein Kontinent von Krankheit, Armut und Fatalismus, mit – zumindest im Verständnis der westlichen Welt – geringen sozialen Veränderungen oder geringem sozialem Bewußtsein. Daher die große schreckliche Klage: «Oh, könnte ich doch von der Macht meines Karma, das über mich herrscht, befreit werden. Könnte ich doch meinen Weg in einen Seinszustand finden, wo das Elend ein Ende hätte und nur die Freude bliebe.»

Wohlgemerkt, westliche Kritiker haben das Gesetz des Karma in den schwärzesten Farben gemalt, und viele hinduistische und buddhistische Apologeten haben für eine notwendige Korrektur und ein tieferes Verständnis der Konsequenzen des Karma gesorgt. Sie betonen z. B. die psychologische Freiheit, die aus dem Wissen darüber erwächst, daß man Kontrolle über das haben kann, was man tut, und daß das, was man tut, auf die Natur der Dinge erheblichen Einfluß hat. Sie betonen außerdem, wie sehr die große Kultiviertheit im Verständnis innerer Zustände und in der Psychologie von Wachstum und Wandlung der Persönlichkeit – eine evolutionäre spirituelle Psychologie, für die der Westen keine vergleichbare Entwicklung hat – die natürliche Folge einer Aufmerksamkeit für die eigenen psychospirituellen Zustände ist, die sich aus der Berücksichtigung karmischer Beziehungen ergibt. Dennoch läßt sich nicht leugnen, daß sich das Gesetz des Karma für viele in einen weltabgewandten Fatalismus verwandelte, aus dem zweifellos ein Weg der Erlösung gefunden werden mußte. Der Ausweg des Ostens zeigte sich in einem Anstieg von Askese und religiösen Philosophien. Die Ankunft des Buddha und die Verbreitung der buddhistischen Philosophie der Achtsamkeit, des Nichtanhaftens und der mitfühlenden Existenz schaffte eine solche Form, ebenso wie die späten hinduistischen Yoga-Systeme, die buddhistische Sichtweisen einschlossen und die Doktrin von der moralischen Erwünschtheit der Bedürfnisauslöschung übernahmen, um sich so auf den endgültigen Eintritt ins Nirwana vorzubereiten. Vier Wege der Befreiung aus dem kumulativen Karma der Existenz, vier Heilswege, wurden entwickelt.

Der erste ist als *Karma Yoga* bekannt – der Weg der Werke. In seiner profanen Form war er der Heilsweg des Schwerarbeiters, ein methodischer, aber fröhlicher Weg, auf dem Riten und Zeremonien vollzogen und Pflichten erfüllt wurden, die als Verdienste und günstiges Karma angerechnet wurden. Dieser Weg wurde jedoch extrem dogmatisch und schrieb – besonders seit der Einführung des Manu-

Codes – eine alles umfassende Folge von Riten und Verhaltensweisen für jeden einzelnen Abschnitt im Leben des Menschen vor.

In seiner anspruchsvolleren Form sah der Weg der Werke ein Empfindungsvermögen vor, aus dem heraus tätige Menschen sich dafür entscheiden, ihre Aufgaben im Geiste eines selbstlosen Verzichts auf Belohnungen und auf die Früchte ihrer Arbeit zu erfüllen. Diese Selbstzucht durch Verzicht befreit den Menschen von der falschen Ansicht, es gebe ein besonderes Ich, in dessen Interesse Werke zu vollbringen seien. Die Ergebnisse der Arbeit des einzelnen müssen der letzten Wirklichkeit gewidmet werden. Das Leben Gandhis könnte ein Beispiel für den tieferen Sinn des Lebens sein, das nach den Geboten des *Karma Yoga* gelebt wird.

Der zweite Pfad, der *Jnana Yoga* oder der Weg des Wissens, wurde für Menschen entwickelt, deren Interessen vorwiegend im intellektuellen und kontemplativen Bereich lagen. Er betrachtet Unwissenheit *(avidya)* als das große Hindernis für die Erleuchtung *(moksha)*. Der nicht-sehende und nicht-erwachte Zustand ist dabei die Wurzel fast allen menschlichen Elends und Übels. Es gibt im Hinduismus viele Hinweise darauf, worin diese Unwissenheit besteht. Der wichtigste findet sich in den Upanishaden: die Ansicht, daß unser Problem darin liegt, daß wir uns selbst für abgetrennt und unterschieden halten und dabei vergessen, daß wir in Wahrheit Brahma-Atman sind – wir sind nichts anderes als eine besondere und vorübergehende Manifestation des Seins.

Im *Jnana-Yoga* werden zahllose Analogien für die Beziehung zwischen dem Teil und dem Ganzen angeboten: Wellen, die sich aus dem Meer erheben und wieder hinabsinken, ein Tropfen Salzwasser, der für einige Augenblicke über die Oberfläche des Ozeans fliegt, ehe er sich mit der Ganzheit verbindet, von der er ein Teil ist. Die Freiheit des Menschen entsteht ausschließlich aus dem rechten Verständnis dieser Tatsache; und wenn dieses Verständnis sich einstellt, löst sich der Knoten im Herzen, alle Zweifel verschwinden, und das Karma endet. Aber der Glaube an die Vereinigung muß zu einem tiefen und absoluten *Wissen* von der Vereinigung werden, und dazu kommt es häufig durch eine ekstatische, blitzartige Gewißheit während einer tiefen Meditation. Der *Jnana-Weg* bietet seinen Anhängern ein strenges Programm zur intellektuellen und spirituellen Entwicklung, um das menschliche Werkzeug darauf vorzubereiten, ein aufnahmefähiges Vehikel für seine Rückkehr in die Einheit zu werden.

(Ähnlich streng ist der Weg des Wissens und der Erziehung, der in der griechischen Welt von Platon beschrieben wurde, besonders in *Der Staat,* wo ein hochentwickeltes und systematisches Erziehungssystem den Geist aus einer Höhlenwelt finsterster Unwissenheit in die lichte Welt des absoluten Wissens führt.)

Der dritte Pfad ist der *Bhakti Yoga,* der Weg der Liebe und Hingabe. Dieser Weg ist für Menschen geeignet, in deren Persönlichkeit Gefühle und Emotionen an erster Stelle stehen. Er ist durch warme, liebende und oft leidenschaftliche Hingabe an einen persönlichen Gott oder eine Göttin oder auch einen Guru als Weg zur Erlösung gekennzeichnet. Wenn der Aspirant sich dem Göttlichen vollständig hingibt, so wird angenommen, daß er selbstsüchtiges Begehren und Egoismus überwinden und alles, was er ist oder hat, dem Gott opfern wird, bis aller Egoismus in der Vereinigung mit Gott beseitigt ist. Der persönliche Gott wird zum Strom oder Fluß, der ihn zu Brahma und zur Einheit mit allem Sein führt.

Die erste literarische Anerkennung des *Bhakti Yoga* findet sich in der *Bhagavad Gita* oder dem *Gesang des Erhabenen.* Es ist eines der großen klassischen Werke, nicht nur der religiösen Literatur, sondern auch in der Geschichte der Entwicklung des Bewußtseins. Der soldatische Held Arjuna zieht keine Befriedigung aus dem üblichen Prestigedenken und ist todunglücklich bei dem Gedanken an das Blutbad, in das er in der Schlacht bald verwickelt werden soll. Sein Wagenlenker, der in Wirklichkeit der große Gott Krishna ist, lehrt ihn den Weg der Liebe und der Pflicht und verschafft ihm Zugang zu den asketischen Formen der Meditation und der psychophysischen Übung, um ihn die umfassenderen Muster hinter der Bedeutung der Existenz erkennen zu lassen. (Wiederum findet auch der Weg der Liebe seine Entsprechung in der griechischen Welt bei Platon. Im *Symposium* rufen der/die Liebende und der/die Geliebte ineinander eine Entwicklung wach, die sowohl zum Wissen als auch zu einer gemeinsamen Schöpfung des Guten und Schönen führt.)

Der vierte Pfad, *Hatha Yoga,* bereitet den Körper darauf vor, ein verfeinertes Vehikel für den Geist zu werden. Hierzu entwickelten die psychophysisch orientierten Philosophen des Sanskrit außerordentlich ausgefeilte Systeme physischer und psychologischer Techniken, um Bewußtseinszustände zu erlangen, durch die sie Körper und Geist auf eine Weise einstimmten und konzentrierten, die den Schüler dazu veranlaßte, seinen örtlich begrenzten Zustand zu transzendieren und Erleuchtung in der Einheit des Brahma zu finden.

Während in der Welt des Ostens viele dazu neigten, den inneren Pfad der intensiven asketischen Erziehung zu beschreiten, fand die Selbstbewußtheit im Westen in einer offeneren und öffentlicheren Form ihren Niederschlag. In Griechenland begann es mit der bemerkenswerten Interaktion zwischen dem appollinischen Weg der Ordnung und den dionysischen Festspielen der Ekstase. Ordnung und Ekstase verbanden sich und schufen eine der glänzendsten Errungenschaften des menschlichen Geistes – die antike griechische Tragödie.

Hierbei handelte es sich nicht nur einfach um Theaterschauspiele. Es waren in Wirklichkeit religiöse Festspiele, an denen die gesamte Bürgerschaft teilnahm und in denen Sinn, der im täglichen Leben der Aufmerksamkeit entging, gefunden und die verborgene Ordnung der Dinge verstanden wurde. Dabei brachte die Vermählung von Ordnung und Ekstase die Philosophie und die dialektischen Fragen hervor, die das Wesen des westlichen Geistes für die folgenden zweieinhalb Jahrtausende grundlegend verändern sollten.

Mit Hilfe der Mythen und Symbole der alten Heldenkultur ermöglichten es die Tragödien den Menschen, indirekt über ihre eigenen Probleme nachzudenken und die Fragen nicht zu unterdrücken, die von der sich vorübergehend nach innen wendenden Seele gestellt wurden. Auf eine von den quietistischen Meditationen der Menschen im Osten sehr verschiedene Weise beschäftigte sich die kraftvollere Psyche des hellenistischen Griechen damit, in einer Art öffentlichem Psychodrama Fragen nach Macht und Furcht zu stellen:

«Ist das Universum andersartig als ich? Was sind die Grenzen menschlicher Macht? Ist es möglich, wenn schon nicht glücklich, wenigstens furchtlos zu sein? Das *agon* des Dramas projizierte die Agonie der Seele, wobei die schrecklichen Verwundungen der großen tragischen Helden das Zerbrechen der vertrauten alten Ordnung von Seele und Gesellschaft und die Geburtsqualen der neu entstehenden Psyche des halbindividuellen Menschen reflektierten.

Alle großen tragischen Dramen handelten von den Mythen und Charakteren des vergangenen heroischen Zeitalters, aber sie gaben diesen eher unbewußten Rohlingen und Tyrannen Seele. Sogar der plumpe, ungeschlachte Ajax, dieser archetypische Kämpfer, wird im Schmelztiegel des tragischen Dramas zu einer tief nach innen schauenden Seele, die das Wesen ihres eigenen Elends reflektiert. Klytemnästra, die in den alten Mythen eine Kraft des Bösen und des Chaos verkörperte, wird im Drama die Vertreterin der tiefen Subtilität und Raffinesse, derer die Seele fähig ist. So verwandelte sich die Derbheit der alten Helden in psychische Beweglichkeit, wobei die wachsende Komplexität des Selbst die Wandlung der westlichen Persönlichkeit spiegelt und das Agon des Dramas und der Seele die alten Mythen mit der transformativen Kraft des Pathos auflädt.

Sophokles' Behandlung des Ödipus-Mythos erhellt die Stadien des Übergangs vom proto- zum halbindividuellen Menschen. Zuerst sehen wir Ödipus, wie er in der skrupellosen Wirklichkeit der alten heroischen Zeit verwurzelt ist und sich der schrecklichen Ursünde seiner eigenen heroischen Natur ergeben hat. Ihm war prophezeit worden, er würde seinen Vater töten und seine Mutter heiraten. Um diesem Schicksal zu entgehen, kehrte er nie wieder zu seinen Adoptiveltern zurück. Das Unvermeidliche geschah trotzdem. An einem dreifachen Scheideweg traf er einen Mann, schlug ihn nieder und tötete ihn, ohne zu wissen, daß dies sein wirklicher Vater war. Hier sehen wir die Übertreibungen der alten heroischen Ordnung und der Kindheit, dieses Übermaß an noradrenaliner Wut und die Überreaktion angesichts eines Konflikts. Kurz danach erfüllt Ödipus sein tragisches Schicksal, indem er eine liebenswerte ältere Frau heiratet, wobei beide nicht wissen, daß sie Mutter und Sohn sind – die schlimmste Schande und das Ergebnis unbekümmerten Heldentums. Im Verlauf des Sophokles-Dramas wird der Held zum intellektuellsten aller tragischen Idole, das mit vollkommener, streng rechtlich denkender Logik dem Geheimnis seiner eigenen Identität nachgeht.

Man sieht im Verlauf des Stückes die Entwicklung der deduktiven logischen Schritte und der gründlich forschenden Untersuchungen, die zum Kennzeichen des griechischen Logos und der griechischen Philosophie wurden. Ödipus bewegt sich vom unerschütterlichen Vertrauen, das die letzte Behauptung heroischen Erfolges ist, über inneres und äußeres Suchen, sich vertiefende Nachdenklichkeit und verwirrende Wendungen zu der Entdeckung, daß er selbst – und damit der heldische Seinsweg – schuldig und am Ende ist. Nicht ein Gott, sondern Ödipus selbst übernimmt dann die moralische Verantwortung und die Initiative, sich zu bestrafen.

Mit dem Dramatiker-Philosophen Sophokles wurde das Antworten und die Verantwortung des Menschen mehr nach innen gerichtet und damit auf einzigartige Weise zu etwas Eigenem, das von den Gesetzen der Natur oder den Aufträgen der sozialen Ordnung unabhängig war. So sticht sich Ödipus in einem zutiefst symbolischen Akt selbst die Augen aus, so daß er jetzt in der inneren Welt leben kann. Viele Jahre lang wandert er blind durch Griechenland, begleitet von seiner jungen Tochter Antigone, bis er zum Hain von Colonus kommt. Dort wird er von Theseus, dem jungen König von Athen, willkommen geheißen, der ihn ehrerbietig für das anerkennt, was er war und was er durch seine Wanderungen jetzt geworden ist. Theseus, der die Entwicklungsstufe nach Odysseus repräsentiert (ebenso schlau und listenreich wie Odysseus, wußte er, wie man dem Ariadnefaden durch das Labyrinth folgen mußte, um den Minotaurus der alten Ordnung zu töten), weiß die hart erkämpfte Weisheit und die psychische Tiefe des Ödipus zu schätzen.

Blind im Labyrinth der Nebenstraßen Griechenlands, hat Ödipus die Hauptstraßen seiner eigenen Seele gefunden und übergibt der aufnahmebereiten und willigen Seele des Theseus – und damit den Athenern – das Wissen und die Weisheit seiner Reise nach innen.

Mit dieser Gabe wird Athen zum Symbol des *Unus Mundus,* dem Ort der westlichen Welt, wo äußere Ereignisse in den Tiefen innerer Ereignisse gegründet sind. Mit diesem Mythologem gibt uns Sophokles mit außergewöhnlicher Kraft und Einsicht eine Vorstellung davon, wie das Selbst und die Gesellschaft umgestaltet werden können, um die Grundlage für eine Blüte von Kultur und Bewußtsein zu schaffen, wie sie die Welt kaum je gekannt hat.

Aber dieses Goldene Zeitalter Griechenlands dauerte nicht an; und als es starb, wurde die Seele sogar noch tiefer auf sich selbst zurückgeworfen. Die äußeren Formen, die die innere Reise notwendig machten, waren hoffnungslos und chaotisch. Euripides, der zu jener Zeit von Pest, Krieg und Zusammenbruch schrieb, sagt es am besten:

> Aber die heimliche Hoffnung
> Heiliger Ordnung
> Wankt mir, wenn ich die Leiden und Taten
> der Menschen betrachte:
> Alles im ewigen Wechsel!
> Leben, im ewigen Wandel
> Unstet getrieben.[26]

Dies ist die wandernde Seele, die ihre Heimat nicht mehr kennt, das Aufsteigen innerer Tiefen, die nicht mehr in gesellschaftlichen Formen verankert sind. Der Klagechor bei Euripides erzählt die Geschichte eines ganzen Zeitalters. Seine kurzen Zeilen sind ein Mikrokosmos des sozialen und spirituellen Chaos des späten fünften Jahrhunderts v. Chr. Poet und Polis gleichermaßen sind vereint im Sterben ihres Vertrauens in die alte Ordnung.

Das perikleische Versprechen eines Goldenen Zeitalters, das sophokleische *telos* oder der Sinn für Ziele, die Vision des Bürgers von einer Welt, die durch menschliche Intelligenz verstanden und durch göttliche Zweckgerichtetheit kontrolliert wird, sie alle sind zusammengebrochen unter den Schrecken des mörderischen Peloponnesischen Krieges, unter der Korruption, dem Anwachsen des

Intrigantentums, und dem grausamen Elend einer Pest, unerwartet und unerklärlich, die mehr als die Hälfte der Einwohner Athens dahinraffte. Anarchie wird vergöttlicht. Die Götter selbst werden als ungeeignet fallengelassen. Das Universum wird nicht mehr als ein Kosmos, eine Ordnung, empfunden, die entweder durch Gottheiten oder entdeckbare Naturgesetze regiert wird, sondern es entpuppt sich als ein hoffnungsloses Chaos, im ewigen Wechsel, im ewigen Wandel unstet getrieben und ausschließlich durch die Schrecken blinden Zufalls und einer daraus emporsteigenden Seele regiert, die ihre Form nicht kennt.

Bei Thukydides erscheinen die Berichte von Leben und Krieg von 431 bis 404 v. Chr. als eine Chronik der *kinesis*. Dieser Historiker beschreibt die Bewegung ständiger Umbrüche, die in Qualität und Quantität des Unglücks, das sie über Griechenland brachten, ohne Parallele waren:

> Nie wurden so viele Städte erobert und entvölkert . . . nie gab es so viele Verbannungen, so viel Blutvergießen, sei es im Krieg selbst, sei es in den Parteikämpfen. Was man früher nur vom Hörensagen kannte, in der Wirklichkeit aber nur selten bestätigt fand, das erschien jetzt nicht mehr unglaublich: Erdbeben, die weite Landstriche mit ungeahnter Stärke heimsuchten, Sonnenfinsternisse, die in dichterer Folge eintraten, als es von früher her berichtet wurde, außerdem an manchen Orten gewaltige Dürre und in der Folge dann Hungersnot und schließlich, der härteste Schlag, ja zum Teil auch die Vernichtung: die Pest – all das brach im Gefolge des Krieges herein. Es eröffneten ihn die Athener und Spartaner durch den Bruch des dreißigjährigen Vertrages, den sie nach der Einnahme von Euboia geschlossen hatten.[28]

Die Form sollte bald in Entwicklungen gesucht werden, die den Grundstein für den modernen westlichen Geist legten. Nachdem er den dialektischen Betrachtungen des Sokrates gelauscht hatte, verbrannte der junge Dramatiker Platon seine Stücke und suchte die Erklärung für den Sinn des Lebens mehr in einem inneren Drama von Geist und Seele. Sein Schüler Aristoteles machte es ähnlich, brachte aber wieder die ionische Naturphilosophie in diese inneren Fragestellungen ein und verband so Physik und Metaphysik. Der Geist der Tragödie und der Zusammenbruch der Kultur schufen die psychischen Bedingungen, in denen Philosophie zur Notwendigkeit wurde. Philosophische Spekulation jedoch war im allgemeinen auf Menschen mit besonderen sozialen und bildungsmäßigen Vorteilen zugeschnitten. Das parallele Drama und die Suche der Massen waren genauso radikal und tiefgehend und schufen – stärker als die Philosophie – die vorherrschenden Formen des halbindividuellen Bewußtseins.

Wir müssen uns daran erinnern, was in der westlichen Welt im Anschluß an die Eroberungen Alexanders des Großen, die Ausbreitung des Diadochenreiches und die Expansion des Römischen Reiches geschah. Der Zusammenbruch der alten Reiche des Mittleren Ostens, der Verlust der Unabhängigkeit des Reiches Israels und der hellenistischen und syrischen Stadtstaaten, die Bevölkerungsumschichtungen, die Vertreibungen, Versklavungen und die Unterdrückung regionaler Kulturen und Religionen, sie alle reduzierten Männer und Frauen auf ein Gefühl von Machtlosigkeit gegenüber den Vorgängen ihres Lebens und auf einen extremen Zustand von Verlorenheit im darauffolgenden weltweiten Tumult intellektueller, kultureller und spiritueller Desorientierung.

Der Verlust von Sinn, der aus dem Zusammenbruch von Institutionen, Zivilisationen und ethnischen Bindungen resultierte, machte es für viele notwendig, die Wiedererlangung und das Verständnis des Sinns der menschlichen Existenz in Begriffen innerer Erfahrungen zu suchen. Zusätzlich führte die politische Entwurzelung und die Kolonisierungspolitik unter Alexander zu einem kosmopolitischen Bewußtsein und sogar zur Unbewußtheit.

Der allmähliche Wegfall politischer Grenzen innerhalb des Römischen Reiches bewirkte eine relative Bewegungsfreiheit. Ägypter konnten sich in Griechenland niederlassen, Syrer in Rom; Bewohner Kleinasiens konnten in Gallien siedeln, und Afrikaner zogen nach Spanien. Man war nicht mehr Einwohner einer örtlich begrenzten Stadt oder eines Stadtstaates *(polis);* man war nicht mehr *polites* oder

Bürger, sondern war nun *cosmo-polites* und hatte die Freiheit, den spirituellen und psychologischen Wahrheiten anderer Kulturen nachzugehen.

Nun, da sie nicht mehr an Staats- oder Regionalkulte gebunden waren, gewannen allgemeine religiöse Prinzipien ein Eigenleben und entfalteten ihren tieferen Sinn. Archetypen und eine universal resonante Symbolik konnten sich entwickeln. In der kosmopolitischen Wirklichkeit wurden jetzt Religionen, die aus den alten Staatsreligionen entstanden waren, unendich viel interessanter, mannigfaltiger und psychologisch anregender, als sie es in ihren provinziellen Ausprägungen je gewesen waren.

Nachdem sie hellenisiert und liberalisiert worden war, wurde z. B. die babylonische Staatsreligion zu einer außerordentlich vielschichtigen Religion, die sich mit archetypischen Symbolen und astrologischer Forschung befaßte. In anderen Entwicklungen wurden die Mythen und Bilder orientalischen Denkens mit dem griechischen begrifflichen Denken vermählt und brachten die seltsamen Geheimnisse der gnostischen Religionen hervor. Ebenfalls innerhalb des Gnostizismus wurden die Bereiche orientalischer Magie in die Sprache stoischer Kosmologie übertragen, und persischer Dualismus wurde in platonische Gedanken eingekleidet. Als die sinnliche Bildersprache und die Symbolik orientalischen Denkens in den Schmelztiegel griechisch rationalen Bewußtseins gelangte, entstand eine neue Form von Metaphysik und archetypischer Psychologie, eine Form, in der die Reiche des Inneren einen ebenso hohen ontologischen Stellenwert bekamen wie die äußere Welt.

Vielleicht lag der tiefste und befriedigendste Aspekt dieser synkretistischen und kosmopolitischen Beschäftigung mit privater Erlösung in der Ausbreitung östlicher Mysterienkulte über die gesamte hellenistische und römische Welt. Es waren ekstatische Formen von Frömmigkeit, die zwar auf die frühen Mutterreligionen zurückgriffen, aber jetzt durch den hellenistisch-römischen Geist in dramatische innere Reisen voller Qual, Schmerz, Verlust, Erlösung, Freude und Ekstase umgeformt wurden. Die Mysterienreligionen boten dem entfremdeten Individuum, das sich in den namenlosen Massen des Römischen Reiches verlor, eine vertraute Umgebung und eine Gemeinschaft der Erretteten, in der es als wirkliche Person zählte und zu einer tieferen Identität fand. Indem es sich mit dem Gott-Menschen des Mysterienkults identifizierte, starb sein altes Selbst, und es wurde zum ewigen Leben und zur persönlichen Verklärung wiedererweckt.

Und dennoch erfüllte ein eher diffuses Gefühl für ihren Platz in der Welt das Selbstbild vieler Menschen. Erinnern wir uns wiederum daran, daß die Mehrzahl der Bewohner des Hellenistisch-Römischen Reiches keine Möglichkeit hatte, an der Regierung des Staates teilzuhaben oder in irgendeiner Weise darauf Einfluß zu nehmen, wie es in der attischen Demokratie in Griechenland oder in der römischen Republik möglich gewesen war.

In den großen Städten und Gemeinden des gesamten Mittelmeerraumes ging das Individuum in der großen Menge unter – verloren, ein namenloses Nichts in der einheitlichen Masse. In allen gnostischen und asketischen Liturgien finden wir Ausrufe wie: «Ich wurde in diesen Sumpf geworfen, gestoßen, geschleudert.» Das primäre Erleben in der Welterfahrung des gnostischen halbindividuellen Menschen war die Erfahrung der Welt als fremdem Ort, wohin er sich verlaufen hat, ein Gefängnis, aus dem er ausbrechen wollte. Daher das ständig anhaltende Flehen dieser Zeit: «Ich bin ein Fremder in dieser Welt, und diese Welt ist mir fremd. Wer hat mich in die böse Finsternis gebracht ... Erlöse uns von der Finsternis, in die wir geworfen wurden.»

Der halbindividuelle Mensch in diesem Drama der Entfremdung ist voller Schuldgefühle und verzehrt von der Sehnsucht nach Erlösung. Er weiß, daß er mit seinem Körper und seinem Seelenleben in die Ordnung dieser Welt gehört, und seine einzige Hoffnung ist es, dieser Situation des Geworfenseins und diesem fremden Ort zu entfliehen. Was ihn zur Befreiung treibt, ist sein unsterblicher Geist. Der Kampf um die Erlösung erfordert folglich eine strenge Zucht seines Verstandes und seines Körpers und gleichzeitig die Sammlung und Befreiung der Kräfte des Geistes, als Weg, um über die alte Welt hinaus in eine neue Welt hineinzugelangen.

Mit dem Aufstieg und der Ausbreitung der christlichen Religion der Transzendenz, die aus vielen dieser Bewegungen der hellenistisch-römischen Welt entstand und diese sich einverleibte, wuchs die Forderung nach Askese und wurde klarer organisiert. Es wurden streng disziplinierte klösterliche Gemeinschaften gegründet, um den Heilserwartungen halbindivdueller Männer und Frauen Raum zu geben und sie zu unterstützen. Eine große Zahl von Menschen wurde zum Mönchstum hingezogen, aber viele von ihnen gehörten dort eigentlich nicht hin. Und dies führte unvermeidlich dazu, daß sich die Ordensregeln lockerten und dazu, daß der Versuch, durch Enthaltsamkeit Ansehen zu gewinnen, an Glaubwürdigkeit verlor.

Der Staat jedoch lernte aus diesen Ordensregeln. Er machte sich in seinen Armeen jene Energien zunutze, die durch Unterdrückung, durch Propaganda, Drill, Übungen und Uniformen entstehen, die das Selbstbewußtsein des einzelnen unterdrücken und es dann durch Ausnutzung der vorhandenen Schuldgefühle wirksam zur Loyalität bringen können. So erwuchsen einige der Exzesse moderner militärischer Staatskunst aus dem Pathos und der Pathologie der weltentsagenden Ausprägung des halbindividuellen Menschen.

Wie rekapitulieren wir nun im Jugendalter diese Stufe des halbindividuellen Menschen? Die jugendliche Innerlichkeit wird durch wachsende Veränderung in der Körpergröße und in der Körperchemie in Gang gesetzt. Die Komplexität der physiologischen Veränderungen, die in der Pubertät auftreten, ist mit Sicherheit ähnlich dramatisch und vielschichtig wie das, was beim Wachstum in den ersten drei Lebensjahren geschieht. Mit diesen umfassenden Veränderungen und mit den stärker werdenden sexuellen Gefühlen wendet sich die Bewußtheit des Jugendlichen nach innen auf sich selbst und zerbricht so die selbstverständliche Verbindung des Kindes zwischen der Welt und dem Selbst. Während das Kind zu dem wird, was es sieht, steht der Jugendliche abseits. Die Verbindungen mit der Natur sind zerbrochen worden, so wie die Verbindung mit der Natur durch den Aufstieg der historischen Dramen, der Religionen und der nach innen gerichteten und auf Transzendenz zielenden Philosophien während der entsprechenden historischen Ära zerbrochen wurde.

Das freie Spiel des Kindes mit seinem formschaffenden Streben wird in der Adoleszenz zum Wett- und Kampfspiel und zum Sport, die für eine sehr rauhe und asketische Kontrolle der knospenden inneren Prozesse sorgen. Daher ist es vielleicht nicht ratsam, Kinder unter zehn die Spiele ihrer jugendlichen Brüder und Schwestern allzu genau imitieren zu lassen. Allzuviel scheinbar unschuldiges Fußball- oder Baseballspielen brutalisieren den Geist und das wichtige schöpferische Spielen in der Kindheit. Der Heranwachsende braucht die Ordnung, die Logik, sogar den Logos dieser hochstrukturierten Spiele, um die steigende Intensität des Eros zu mildern und zu zerstreuen. In den meisten Kulturen finden wir dieses frühe komplexe Spielen nicht vor der Pubertät. Tatsächlich sind hochstrukturierte Spiele oft Teil der Mysterien, in die man kurz nach den Pubertätsriten eingeführt wird.

Häufig haben Jugendliche das Bedürfnis nach Unterweisung und Unterwerfung, nach strenger Schulung und Uniformen und danach, sich selbst in der Anonymität der Gruppe zu verlieren. Dieses Verlangen entspringt ihrer Ambiguität in bezug auf sich selbst, während ihr wachsendes Bewußtsein sich auf sich selbst richtet – wie es auch bei den sich nach innen wendenden Kulturen geschah. Solange diese Schulungen und Übungen als Methoden zur Milderung und zum Abschleifen dienen, können sie das Wachstum lenken und die Formen der entstehenden Individualität des Jugendlichen ausprägen. Wenn diese Schulungen jedoch allzu einschränkend und autokratisch sind, führen sie dazu, daß die Brücken abgebrochen werden, der Jugendliche beginnt den langen Prozeß der Unterdrückung und Veralberung dessen, was er wirklich ist. Wenn jedoch die Beschäftigung des Jugendlichen mit sich selbst zur Selbstenttäuschung führt, wie es zumeist geschieht, und wenn dies zwanghaft wird, kann daraus eine Zerrüttung der Nerven und ein von Schuldgefühlen geplagtes Suchen nach Leiden um des Leidens willen entstehen.

Jugendliche werden Meister darin, sich in Situationen zu begeben, die mit Sicherheit Demütigung und Leiden bei ihnen hervorrufen. Das Leiden wird geradezu gesucht, um das Gefühl der Sünde zu betäuben. Vielleicht ist das der Grund, weshalb die Spiele so heftig sind und oft wirklich zu körperlichen Verletzungen führen. Deshalb ist das Suchen aus einem Gefühl der Demütigung heraus so abwegig. Und natürlich findet der Heranwachsende oft eine äußere Autorität, die dem Leiden und der Demütigung feste Regeln gibt, sei es der Feldwebel, der Trainer, der beste Freund oder die Bande. Die beiden letzten sorgen für reichlich Gelegenheit zur Demütigung, nicht nur für den Körper, über dessen Begierden Jugendliche Abscheu empfinden, sondern auch für die Intelligenz, die Neugier und den Willen, deren Anwachsen ihnen Angst macht. (Setzen Sie sich mal zwischen halb vier und sechs in ein MacDonalds-Restaurant in der Nähe einer Schule und hören Sie sich an, wie die Teenager ihre Litanei der Abscheu anstimmen.)

Vergleichen Sie das sinnliche Vergnügen und die allgemeine Erotik des Kindes mit der Muskelgewalt des Jugendlichen. Beobachten Sie, wie Kinder einander in einer sehr allgemeinen und spontanen Art berühren, und vergleichen Sie dies mit den vorsichtigen und äußerst begrenzten Berührungen, die zwischen Heranwachsenden stattfinden. Sein eigenes Schuldgefühl ist der Hauptgrund für die innere Überzeugung des Jugendlichen von seiner Sünde. Dieses Schuldgefühl ist vielleicht das Korrektiv der Natur für das Zuviel und den ausgeprägt genitalen Charakter sexueller Gefühle.

Die Palette der Natur hat weitaus mehr Farben als die eine oder zwei, auf die Jugendliche allzu oft fixiert sind. Wenn man Verwüstungen im Körper, im Gehirn und im Nervensystem anrichtet, dann fühlt man sich vielleicht durchaus zu Recht schuldig.

Da dieses gleiche Schuldgefühl anscheinend in allen Kulturen auftritt und auch in sehr gewährenden Gesellschaften, kann es sehr wohl sein, daß die Natur uns damit auf die Notwendigkeit hinweist, in der Adoleszenz ein größeres Spektrum geistigen und physischen Gewahrseins wiederherzustellen. Soziale Sanktionen allein sind sicherlich nicht die einzige Ursache des Schuldgefühls. Es könnte sehr wohl die Ökologie der Dinge sein, die versucht, sich selbst ins Gleichgewicht zu bringen.

In Kulturen des halbindividuellen Menschen liegt das Ziel des Lebens häufig im Jenseits, wo man nicht mehr von menschlichen

Bedürfnissen gequält wird. Sei es die östliche Angst, im Rad des Schicksals wieder in diese Welt zurückzukehren, oder der westliche Schrecken davor, eine Ewigkeit physischen Leidens in der zukünftigen Welt aushalten zu müssen, beide drücken die Furcht der heranwachsenden, halbindividuellen Kulturen angesichts der Ambiguitäten und der Qual des Lebens im Körper aus.

Bedenken Sie den Erfolg stark vereinfachender Religionen und esoterischer Sekten bei Jugendlichen. Das Auftauchen der Jesus-Freaks und verschiedener Formen ekstatischer fundamentalistischer Bewegungen, die Anhängerschaft eines Reverend Moon oder eines indischen Jungen im Teenager-Alter als «der perfekte Meister» – dies sind die Folgen einer stark vereinfachenden Esoterik und eines verzweifelten Suchens nach Autorität. Sie führen nach meiner Beobachtung häufig zu Hochgefühlen und zu der Überzeugung, «die Wahrheit» gefunden zu haben – zum Nachteil der neuen ekstatischen Möglichkeiten des Jugendlichen, auf die weitere Umgebung einzugehen. Er verhält sich, als ob er sich einer psychologischen und sozialen Lobotomie unterzogen hätte. Wir könnten auch die quasi-religiösen ekstastischen Effekte bestimmter elektronischer Rockgruppen betrachten, die den Geist Jugendlicher durch Lärm abstumpfen. Wenn sie Teil des gemeinschaftlichen Gefühls der elektronisch verstärkten Umgebung geworden sind, sind sie nicht mehr vereinzelt und auch nicht mehr schuldig.

Was ist, wenn eine Kirche daherkommt und Unfehlbarkeit, Allgemeingültigkeit und die Alleinherrschaft über die Moral beansprucht? Ein Teil des Erfolgs der kommunistischen Ideologie war ihre Übernahme solcher kirchlicher Ansprüche, ohne die theologische Komponente. Indem die kommunistische Ideologie sich an asketisch fixierte Menschen wandte, erfüllte sie die drei Bedürfnisse des asketischen Typs – äußerste Anonymität, die Zwangsläufigkeit und Zielgerichtetheit des historischen Prozesses und schließlich seine Auflösung in weltweiter Gültigkeit. Hier sehen wir wieder die Zwänge, die sowohl religiöse Bewegungen als auch die Kommunistische Partei auszuüben versuchen, die im großen asketischen Zeitalter 1. den Menschen, der sich selbst anklagt, seine eigenen Handlungen öffentlich rügt und andere verrät, 2. den Gewissensprüfer und spirituellen Richter und 3. die einzige absolute und endgültige Offenbarung hervorbrachten.

Die Form der Verrücktheit, die dies annimmt, ist nicht die Paranoia des Kindes und des heroischen Zeitalters, sondern die Schizophrenie, die die jugendliche und asketische Persönlichkeit heimsucht, eine Spaltung zwischen Geist und Körper, die durch die beschriebenen Zwänge hervorgerufen wird. Die geeignete *therapeia* wäre eine ganzheitlichere und menschlichere psychophysische Entwicklung – ein nicht nur starker, sondern ein beweglicher Körper und ein nicht nur fester, sondern eigenwilliger und elastischer Geist – und würde einen Zustand allgemeiner Zartheit und gemilderter genitalisierter Erotik anstreben.

Sinnliche Unbefangenheit und Zärtlichkeit sollten während der Pubertät unterstützt werden, um die tragische Spaltung zwischen Geist und Körper zu vermeiden, die in dieser Zeit so häufig auftritt. Der Jugendliche sollte so erzogen werden, daß er den Sinnesapparat, den er als Kind hatte, weiterhin entfalten kann, so daß er die Welt der Natur und die Welt der anderen aus einem größeren sinnlichen Spektrum heraus wahrnehmen und achten kann. In ähnlicher Weise könnte dem Jugendlichen eine spielerische sinnliche Beschäftigung mit Ideen nahegebracht werden, wobei er lernen könnte, begriffliche Realitäten vermittels seiner sinnlichen Wurzeln zu betrachten.

Das Dromenon für den halbindividuellen Menschen:
Das Schloß der Zwänge

Das Erdbegräbnis erlaubt die Wiedergeburt der Seele in eine kooperative einfühlsame Gesellschaft der Einheit und der Vielheit hinein. Die Katharsis durch das Wasser ist der Weg, sich über das von Wut aufgeblasene kindisch heroische Ich hinaus- und in ein Ich hineinzubewegen, das zu dem wird, was es sieht. Ebenso veranlaßt die Therapie mit dem Luftelement den asketischen und heranwachsenden Menschen, seinen Drang nach Selbstkasteiung und seine Absage an das Leben zu korrigieren. In ihren verschiedenen Formen zeigte die Therapie mit dem Luftelement dem Suchenden immer, daß er nicht verdorben war, daß in ihm der lebende Atem wohnte, daß er aber aufgrund seiner neuen Individuation und seines neu entstandenen Selbstbewußtseins seine *Inspiration* verloren hatte und dadurch anfällig für Illusionen und Rückzugsneigungen war. Wir werden deshalb ein Epos der Adoleszenz und des halbindividuellen Menschen aufführen, das ein Mysterium der Luft ist und zugleich ein Weg, um das Schloß der eigenen Zwänge zu überwinden.

Alle großen Erzählungen über den halbindividuellen Menschen berichten von der Reise der Wandlung, auf der man am Ende der Welt nach Freiheit und Sinn sucht und zunächst auf die Kennzeichen und Metaphern seiner eigenen Zwänge stößt. Das Königreich, das den Gral bewahrt, der Weg zu der kostbaren Perle, der Ort, nach dem sich das Herz sehnt, sie alle sind verborgen in öden verlassenen Gegenden, von Dämonen bewacht und in Kerkern verschlossen. In den Prüfungen, die die Suche begleiten, wird man im Inneren des Schlosses, das die eigenen Zwänge beherbergt, gefangen, um sich dort durch seine Trägheiten und Vergiftungen hindurchzuarbeiten, bis man fähig ist, zu Freiheit und Offenbarung fortzuschreiten.

Wir beginnen mit dem Ruf, der Verlockung, der lockenden Kraft zum Werden. Was lockt dich vorwärts zur evolutionären Reise? In zeitgenössischer Sprache: Was ist dein *Tropismus?* Pflanzen sind tropistisch gegenüber dem Sonnenlicht und wenden ihre Wedel und Blütenblätter zu den himmlischen Feuern. Wurzelsysteme sind tropistisch gegenüber dem Wasser. Lachse, dem Ende ihres Lebens nahe, spüren einen machtvollen Tropismus, flußaufwärts zu schwimmen, um in ganz speziellen Gewässern zu laichen. Parzifal war tropistisch gegenüber dem Gral, Artus gegenüber dem vollkommenen Hof, Buddha gegenüber der inneren Freiheit und der mitfühlenden Bewußtheit. Mein Vater hat den Tropismus, Leute zum Lachen zu bringen; mein Hund hat einen nicht zu unterdrückenden Tropismus, hinter Frisbee-Scheiben herzujagen. Margaret Mead hatte einen Tropismus für neue Erfahrungen und dafür, die Welt zum Funktionieren zu bringen. Der Tag ist tropistisch gegenüber der Nacht, und die Nacht dem Tag gegenüber.

Tropismus ist die natürliche Bewegung zur Entelechie hin und von den Kräften der Entropie weg. Ohne Tropismus wäre der Planet ein toter runder Stein, verloren im Raum, und wir wären überhaupt nicht da. Tropismus gibt den Anstoß zu allem Werden und die Leidenschaft, einer umfassenderen Wirklichkeit zu folgen, die unser Herz kennt, auch wenn der Kopf noch nichts davon weiß. Tropismus ist das Geschenk der Evolution an die aufsteigende Menschheit.

STUFE EINS

Den Tropismus finden

Die Leiterin erklärt:
«Um dich für den Ruf deines Tropismus empfänglich zu machen, fang damit an, dich mindestens fünf Minuten lang zu schütteln. Folge dem Schütteln deines Körpers, von zarten Schauern bis hin zu großem Beben und wieder zurück, und probiere dabei viele verschiedene Atemmuster aus. Laß deinen Atem schnell, tief, langsam und wieder schnell werden, und laß dann die Schüttelbewegungen des Körpers das Atemmuster bestimmen. Mach nach einiger Zeit auch Töne dazu, wenn du magst.

Setz dich dann hin und hebe deine Arme langsam wie Zweige empor, wobei deine Finger zu Ranken werden, die den Tropismus suchen. Frag dich: «Was ist mein Tropismus?» Spüre ihn als eine zarte, kaum merkliche Bewegung in den Fingerspitzen, in den sich bewegenden Händen, eine Metapher für die Übermittlung eines Wissens, das tiefer ist als dein Verstand und mächtiger als deine Träume. Laß den Tropismus von den Fingerspitzen und den Händen zum Herzen wandern und von da aus zum Kopf.

Während Bilder oder Gedanken auftauchen, laß die tropistische Bewegung deiner Hände nach der «Richtigkeit» des Bildes suchen und laß sie, wie die Blume, sich wegbewegen von den Schatten falscher Ziele (falls sie dich beschäftigen). Laß dich vom Sonnenlicht jener Ideen anziehen, die den tieferen Tropismus in sich tragen.

Auf diese Weise findet ein einzigartiges und aufschlußreiches Feedback zwischen dem Wissen des Körpers, der Weisheit und der Seele statt, und du erhaschst einen Schimmer von den Wurzeln und auch von den Wipfeln deiner evolutionären Möglichkeiten.»

STUFE ZWEI

Im Kerker des Schlosses der Zwänge

«In der Welt der Seele können wir Zeit und Raum verkürzen und uns so schnell zu anderen wichtigen Stufen der Reise bewegen. Nach dem Ruf beginnt die Suche, doch sie scheitert schon kurz darauf, du bist gefangen in den Verwirrungen und Gefängnissen, die du selbst geschaffen hast. Für diese Stufe schließe die Augen und folge deinem Atem. Während du einatmest und ausatmest, höre genau auf meine Worte.

Du findest dich jetzt eingeschlossen im Kerker des Schlosses der Zwänge. Es ist ein dunkler, feuchter, ganz und gar erbärmlicher Ort, mit kalten, feuchten Wänden, einem gräßlichen Gestank und einer Atmosphäre voller Sinnlosigkeit. So schrecklich dieser Ort auch ist, weißt du doch, daß dieses Gefängnis deine eigene Schöpfung ist. Jede Eisenstange ist ein Symbol für die Blockierungen, die Sackgassen und die falschen Ziele in deinem Leben; sie halten dich davon ab, frei in der Welt zu handeln. Denke für die nächsten paar Minuten darüber nach, was dich in diesem Kerker festhält. Vielleicht siehst du sogar in jeder Stange einige Bilder von dir selbst, die dich einkerkern.» (Zwei Minuten.)

«Es gibt eine Legende, die wahr sein soll und die davon erzählt, daß ab und zu, in großen Abständen, dem Bewohner dieser Zelle ein großer, wunderbarer Kuchen überreicht wird. Wenn du dich umsiehst, wirst du sehen, daß dieser Kuchen in deiner Zelle angekommen ist. Irgend etwas sagt dir, da in dem Kuchen eine Feile verborgen sein könnte. Überleg dir, ob du deine Hand in den Kuchen stecken und die Feile herausholen willst, um dir den Weg nach draußen freizusägen. Entscheide dich in den nächsten Minuten: Werde dir der Bedeutung, die diese Entscheidung für deine persönliche Freiheit haben kann, vollkommen bewußt.

Wenn du dich dafür entschieden hast, dir den Weg aus diesem Kerker freizusägen, fang an, die erste Stange oder Sackgasse durchzufeilen. Bewege deinen Körper, als ob du wirklich feilst, feile mit all deiner Kraft und feile immer nur an einer Stange zur gleichen Zeit.

Nimm all deine Kraft zusammen, während du mit vollem körperlichen Einsatz arbeitest, atme tief durch und stimme deine Atmung auf diese körperliche Anstrengung ab – rufe gleichzeitig soviel geistige und emotionale Leidenschaft auf, wie du nur kannst, um aus dem Gefängnis herauszukommen. Wenn Ängste und Furcht in dir aufsteigen, drücke weiter, feile und erobere dir deinen Weg nach draußen. Du wirst sehen, daß diese einst unbezwingbaren Ängste vielleicht mit weggesägt werden, während du die Stangen durchsägst.»

Hierbei beobachtet die Leiterin die TeilnehmerInnen genau und gibt ihnen soviel Zeit, wie sie brauchen.

«Wenn du es geschafft hast, so viele Stangen wie nötig durchzusägen, stoße ein letztes Mal kräftig zu und krieche oder gehe durch die Öffnung, die du geschaffen hast.

Steh jetzt auf und wisse, daß du freier bist als je zuvor. Mit dem Durchfeilen der Gefängnisstäbe haben sich dir neue Möglichkeiten eröffnet und dich freier und vollständiger gemacht, als du es jemals vorher warst.

Aber du bist noch nicht frei genug, denn der Kerker führt in einen Raum, der von Wand zu Wand und vom Boden bis zur Decke mit einem ungeheuren Spinnennetz ausgefüllt ist, es ist Symbol für weitere Zwänge, die deine Freiheit und deine Entwicklung behindern.»

STUFE DREI

Das Spinnennetz

Während dieser Übung spielt die Leiterin ein Musikstück, das den Kampf im Spinnennetz und schließlich den Triumph untermalt.

(Eine ausgezeichnete Aufnahme, die hierfür benutzt werden kann, ist Jean Michel Jarrés *Oxygène,* Seite 1.)

«Es gibt keine Möglichkeit, durch diesen Raum zu kommen, ohne sich in dem Netz zu verfangen, und du wirst sehen, daß du bald in seinem Zentrum festhängst. Es gibt viele starke Seile, Taue und Fäden, die dich auf unterschiedliche Art behindern oder kontrollieren, und du siehst, daß sie von deinem Körper weg nach außen führen. Diese Taue, die dich vielfältig umfangen, dich verkrüppeln und deine Freiheit beschränken, sind alle symbolische Formen für Personen und Ereignisse aus der Vergangenheit, die immer noch großen Einfluß auf dich haben.

Ich möchte aber, daß du weißt, daß du dich von diesen Kräften nicht kontrollieren lassen mußt – daß du die Möglichkeit hast, wirklich frei zu sein und daß einige der Taue dieses Netzes wirklich nur ganz wenig Kraft haben. Sie waren einmal stark, aber jetzt können sie dich nur behindern, weil du dich daran gewöhnt hast und ihre Macht nicht wirklich in Frage stellst. Und während du dich auf dem Spinnennetz durch den Raum bewegst, folge einigen dieser schwächeren Fäden bis zu ihrem Ursprung in Menschen oder Ereignissen oder sogar in dir selbst. Zieh mit einem kleinen Ruck, und sie werden sich lösen. Wenn du auf starken Widerstand stößt, halte inne, atme tief durch und spüre, wie deine Kräfte wachsen, während deine tiefen Atemzüge dich ins Gleichgewicht bringen und dich zentrieren. Dann zieh nochmal an dem Faden. Mach eine Weile weiter so, zieh diese schwächeren Fäden heraus, die deine Freiheit fesseln; und tanze, wenn du Lust hast, den *Tanz der Befreiung von den niederen Fäden,* während die Musik spielt.» (Zwei Minuten.)

«Achte sehr sorgfältig auf meine Worte, während du weiter diese Fäden herausziehst. Wisse, daß du die Freiheit hast, alles, was gleich gesagt wird, zu akzeptieren oder zurückzuweisen, und daß du alles, was für dich annehmbar und richtig ist, in dein eigenes Wertsystem aufnehmen kannst, in dein allerinnerstes Wertsystem auf jeder Ebene deines Geistes, deines Körpers und deiner Seele.

Und wisse nun, daß du grundsätzlich die Freiheit hast, deinen Körper als Instrument deines eigenen schöpferischen Willens zu benutzen, solange du diesen Körper in einer Weise benutzt, von der du weißt, daß sie ethisch ist und andere Lebewesen achtet. Du hast die Freiheit, die ungeheuren Möglichkeiten deines Körpers zu entwickeln. Du hast die Freiheit, seine Fähigkeiten zu vollkommener Gesundheit und seine reichlich vorhandenen Energien freizusetzen und zu nähren. Du hast die Freiheit, seine Sinne, seine Fertigkeiten und seine Fähigkeit zur Heilung zu erweitern. Du hast die Freiheit, ihn nicht länger als einen armseligen kreatürlichen Klumpen zu betrachten, auf dem du die Bestrafungen und Zurückweisungen ablädst, die du und andere auf ihn projizieren.

Und auch dein Geist ist frei. Du hast die Freiheit zu denken, was auch immer du denken möchtest, und alle Erfahrungen, die du möchtest, in der Phantasie oder in der Realität zu machen. Du hast die Freiheit, mit den ungeheuren Kräften deines eigenen und der Inspiration des alles umfassenden Geistes zu träumen, dir etwas auszumalen und zu erschaffen. Du hast die Freiheit, deine wachsende Intelligenz anzuerkennen und anzunehmen, und niemand hat das Recht, dein Gefühl für deine geistigen Fähigkeiten anzugreifen und herabzusetzen. Niemand hat ein Recht, diktatorische Kontrollen über das auszuüben, was du mit deinem Geist tust, und niemand darf dich wegen deiner Gedanken beschuldigen oder bestrafen. Das einzige, woran du gebunden bist, ist deine eigene ethische Verantwortung für ein bewußtes Leben.

Du hast die Freiheit, deine eigenen Leistungen anzuerkennen und zu feiern. Und wenn du hierbei ein Gefühl der Verwirrung spürst und sie verleugnen möchtest, dann zieh die Fäden der Verwirrung und Verneinung heraus – aber denke daran, daß alle Aktivitäten in unserem Universum ineinanderfließen und zusammenlaufen und die Aktivitäten und Leistungen jedes einzelnen miteinander zusammenhängen und selbst wiederum die Saat für weitere Werke anderer sind.

Wir inszenieren ein Drama der Befreiung von Irrtümern. Wir ziehen jene Fäden heraus, die vor so langer Zeit von uns selbst und anderen gesponnen wurden und die zu Selbstverurteilung und geringer Selbstachtung geführt und unsere Freiheiten verkrüppelt haben.

Und jetzt wirst du die Natur dieses Netzes verstehen, in dem du dich verfangen hast. Es ist hauptsächlich ein Ergebnis solcher Irrtümer und Verwirrungen. Während du dir in diesem Moment deiner Fähigkeit zur Freiheit stärker bewußt bist, wage dich jetzt an die stärkeren fesselnden Taue, die immer noch an dir hängen. Und du wirst jedem einzelnen dieser dich verkrüppelnden Seile folgen, bis du zur Quelle, zum Ausgangspunkt des jeweiligen Fadens kommst. Dann wird dir der Ursprung klar werden, die Personen und Erfahrungen, was immer auch geschah, um diesen besonderen Faden erstmalig hervorzubringen. Und von der starken Position deiner jetzigen Reife aus wirst du zu jener Quelle vordringen, gehend oder tanzend, und du wirst mit großer Kraft und Stärke das Tau ergreifen und es herausziehen. Setze soviel geistige, emotionale und körperliche Kraft wie nötig ein, um jedem dieser Fäden zu folgen und ihn herauszuziehen.

Indem du diese Ursprünge, diese ursprünglichen Personen und Ereignisse entdeckst, erkennst du vielleicht, daß es dein eigener Irrtum war, der den verkrüppelnden Einflußfaden hervorgebracht und dich seitdem immer an die Vergangenheit gefesselt hat. Oder du entdeckst vielleicht, daß dir tatsächlich jemand Unrecht getan hat, und daß es, wenn es so ist, wichtig und nützlich ist, jetzt zu vergeben, entweder dieser anderen Person, die dir Unrecht getan hat, oder deinem vergangenen Selbst, das dir Unrecht getan und dich verkrüppelt hat. Wenn du dies tust, wird die Vergangenheit nicht mehr mit dem Groll und anderen starken negativen Gefühlen belastet sein, die dich gefangen halten.

Du wirst so oft wie nötig zu diesen Ursprüngen gehen und die Fäden herausziehen, wobei du nach Möglichkeit versuchst, dich selbst vollkommen aus dem Netz zu befreien. Du wirst auf jeden Fall durch diese symbolische Handlung viel freier, vollständiger und menschlicher, als du es jemals zuvor warst. Du hast ungefähr zehn Minuten Zeit, diesen Tanz und dieses Drama der Freiheit zu vollenden. Mach alles, was nötig ist – zerre, reiße, tanze, trotze, vergib – bis du endlich frei bist.»

STUFE VIER

Im finsteren Wald

«Du hast dich aus dem Raum mit dem Spinnennetz befreit. Jetzt steig die Stufen hinauf und genieße es, eine Weile, durch die großen Hallen des Schlosses zu wandern.» (Zwei Minuten)

«Geh jetzt in den Schloßhof und genieße das Gefühl und das Wissen von der Befreiung, die du erreicht hast.

Und doch gibt es an diesem Ort eine letzte Schranke zur Freiheit, symbolisch für die noch übriggebliebenen Kräfte, die dich behindern – das ist der finstere Wald, der das Schloß der Zwänge umgibt. Hier hausen die Drachen der Eifersucht, die ihre giftigen Dämpfe ausstoßen, die faszinierenden Blumen des Bösen, der Schlamm der Erosion, der Treibsand der Verzweiflung. Dämonen auf dem Weg werden dich dort erwarten; sie versperren dir den Weg, verspotten deine Kraft zur Liebe, untergraben deinen Willen zum Weitergehen. Aber – obwohl dies eine gefährliche Reise ist – denke daran, daß du gerade zwei Prüfungen im Schloß der Zwänge bestanden hast und jetzt viel freier und beweglicher und deshalb kreativer und phantasievoller als zu Beginn dieses Abenteuers bist.

Dennoch möchtest du den finsteren Wald nicht ohne besondere Vorbereitung betreten; und all die großen Geschichten und Sagen von fahrenden Rittern und weisen Frauen berichten uns, daß du am Rande des Waldes Rast machen und einen inneren Akt der Katharsis ausführen mußt, eine Verbannung deiner eigenen inneren Formen von Selbsthaß und Selbstzerstörung, die dir bald als Dämonen im Reich des finsteren Waldes begegnen werden. Dadurch, daß du diese kraftvollen inneren Verbannungsprozeduren ausführst, wirst du nicht so leicht überwältigt werden von dem, was du im finsteren Wald antriffst.

Fang also an, setz dich mit geschlossenen Augen am Rande des finsteren Waldes nieder und öffne deinen Mund so weit du kannst. Dann entdecke, daß du ihn noch weiter öffnen kannst. Atme sehr tief ein, bis tief hinunter zum Beckenboden. Spüre, wie du dabei mit deiner Atemkraft die Verneinungen und Vergiftungen, die dich plagen, umfängst. Bring sie bei der Ausatmung mit weit offenem Mund und mit dem Ton *ahhh* nach oben, und sei dir dabei ihrer Bewegung auf jeder Stufe bewußt. Atme sie aus, in vollem Bewußtsein dessen, was es ist und wie es sich anfühlt. Manchmal ist es etwas Bestimmtes, manchmal nicht.

Mach weiter damit, atme tief ein und umfange dasjenige in dir, was du vertreiben möchtest, mit deiner Atemkraft. Und befreie dich beim Ausatmen auf *ahhh* mit weit offenem Mund von diesen inneren Dämonen, wobei du das Fortschreiten der Katharsis vom unteren Leib, durch den übrigen Körper hinauf und raus aus dem Mund aufmerksam verfolgst.» (Zwanzig bis fünfzig Mal.)

Dies ist ein sehr kraftvolles Vorgehen und kann für einige TeilnehmerInnen zu stark oder ungeeignet sein. Die TeilnehmerInnen sollten im voraus darüber informiert werden, was auf dieser Stufe geschieht, damit sie selbst entscheiden können, ob sie sich in der Lage fühlen, durch diese Prozedur zu gehen oder nicht. Die Belastung ist nicht nur seelischer, sondern auch physischer Art, und die Hyperventilation, die dazu gehört, ist nicht für Menschen geeignet, die unter verschiedenen körperlichen Störungen, besonders solchen des Herzens oder der Lunge, leiden oder die zu Anfällen neigen.

Jetzt schließ deinen Mund und atme normal durch die Nase, laß dein ganzes Wesen ruhig werden. Sei dir einer neuen Dimension deiner Freiheit bewußt, einer Freiheit, die eine ritterliche und liebenswürdige Qualität hat und die es dir jetzt ermöglichen wird, den Kräften im finsteren Wald mit einem anmutigen und vielleicht sogar heiteren Geist zu begegnen. Schließlich sind diese Kräfte lediglich Energiekonstellationen, die in die Irre gegangen und mit ihrem Los wahrscheinlich nicht sehr glücklich sind.

Vielleicht findest du Frösche, die geküßt werden müssen, um sich in Prinzen zu verwandeln, kriechende Greuel, auf die man Hände voll Salz werfen muß, damit sie sich in die Erde hinein auflösen und sich zu höheren Prinzipien umformen können, kleine Gespenster und Kobolde, Poltergeister, Gorgonen, Zombies und Minotauren, Zyklopen, Vogelscheuchen und Nachtmahre, und sogar ein verirrtes Irrlicht oder ein Baumknarren oder zwei. Sie sind da, um erschlagen oder gestreichelt oder geküßt oder gesalzen oder anerkannt oder sogar verwandelt zu werden. Mit einigen wirst du kämpfen müssen, einige wirst du besiegen, einige wirst du vielleicht sogar töten. Die meisten wirst du überlisten, lieben, umwandeln. Jetzt kannst du in den finsteren Wald gehen und den Dämonen auf dem Weg begegnen.»

An diesem Punkt spielt die Leiterin die passende Musik für das Durchwandern des finsteren Waldes. Es ist nicht nötig, sich Sorgen darüber zu machen, daß irgend jemand nachhängen könnte; die sich aufbauenden Kadenzen in der Musik helfen, das Abenteuer zu durchstehen. (Zwölf bis fünfzehn Minuten.)

Eine ausgezeichnete Aufnahme für diesen Zweck ist Vangelis' *Heaven and Hell,* Seite 1, Stück 2. (Die Erfahrung des finsteren Waldes und des Königreichs sollte so strukturiert werden, daß sie solange dauert, wie dieses Musikstück – ca. 15 Minuten. Natürlich kann die Leiterin auch ihre eigene Musik auswählen.)

«Du hast den dunklen Wald jetzt hinter dir und hast das Königreich betreten, das Reich vollkommener Freiheit. Im Königreich zu leben bedeutet, in den erweiterten Lebensfeldern zu leben, auf den Feldern des Herrn zu spielen. Schau um dich auf die Schönheit und den Überfluß und auf den Reichtum der verfügbaren Wirklichkeit. Dies ist der Ort der Liebe und des Lichts, der Prinzipien, die das Leben in diesem Königreich durchdringen.

Die Liebe ist das Zentrum des Lebens in diesem Königreich. Das Licht ist der Bote. Was sonst, oder wen sonst gibt es dort für dich zu entdecken? Geh jetzt und erforsche das Königreich und finde heraus, was seine Schönheit und seinen Sinn ausmacht. Du hast einige Minuten Zeit, das ist soviel, wie du subjektiv brauchst, um dieses Reich von Licht und Liebe zu erforschen.»

Die TeilnehmerInnen bekommen nun fünf Minuten Zeit.

«Begib dich jetzt an einen Ort in diesem Königreich, wo du eine ungewöhnlich große Übereinstimmung mit den Harmonien von Liebe und Licht spürst. Setz dich dort hin, schließ die Augen, tritt in die Stille ein und atme tief. Laß den Atem ein Schweigen in sich tragen, das dich ganz und gar durchdringt. Mit diesem Atem geht eine tiefe Ausgeglichenheit durch deinen Körper und bringt deiner Seele Frieden, bis Seele und Atem ein und dasselbe zu sein scheinen. Und nun füllt sich dein Atem mit Licht, und während du atmest, spürst du, wie dein Körper sich allmählich mit Licht anfüllt und von Licht eingehüllt wird. Spüre dabei die tiefe Verbundenheit zwischen deinem äußeren Selbst und dem höheren Wesen in dir.

Richte deine Aufmerksamkeit auf die Gegend deines Herzens, laß es zu einer strahlenden Sonne werden. Laß diese Sonne ein Licht ausströmen, das Liebe ist, das Freude ist, das der Überfluß des Seins ist, laß es in jedes Organ, in jede Ader und in jede Zelle deines körperlichen Seins strömen. Laß diese Sonne in Harmonie mit den Rhythmen deines Körpers und deines Atems strahlen, bis alle Teile von dir vom Licht durchflutet sind. Laß das Licht noch leuchtender werden, so daß es klar und triumphierend sogar in die dunkelsten geistigen und emotionalen Nischen strömt. Jede Zelle und jedes System und jedes Organ singt vor Licht; jede Gehirnwelle und jeder Pulsschlag und jeder Gedankenstrom ist erfüllt von der tiefen und machtvollen Einheit dieses Lichts, das Liebe ist.

Es gibt eine Meditation über das Licht, die dazu paßt; wiederhole sie für dich selbst, wenn du magst. Ich werde sie dir Satz für Satz vorsprechen:

Ich bin ein Wesen des Lichts . . .
Ich liebe das Licht . . .
Ich diene dem Licht . . .
Ich lebe im Licht . . .
Ich werde beschützt, erleuchtet, versorgt, erhalten durch das Licht, und ich segne und hege das Licht . . .
Das Licht und ich sind von gleichem Wesen.»

Diese Zeilen können einmal oder mehrmals wiederholt werden. Dann sollte den TeilnehmerInnen mehrere Minuten Zeit gegeben werden, in stiller Meditation über das Licht zu verweilen. Nach einer Weile sagt die Leiterin:

«Ihr seid heute einen langen Weg auf dieser Reise gegangen. Ihr seid den Symbolen eurer eigenen Zwänge begegnet und habt euch mit ihnen so auseinandergesetzt, wie es nötig war. Ihr habt daran gearbeitet, die Schuld, die Spaltungen und die Zwänge zu heilen, die den jungen und den halbindividuellen Menschen quälen. Viele von euch haben Zeichen oder sogar die Wirklichkeit der erweiterten Natur der Freiheit erfahren. Ihr habt von der Liebe und der Erleuchtung erfahren, die aus dem Aufenthalt im Königreich jenseits des finsteren Waldes und des Schlosses der Zwänge erwachsen. Aber diese mythische und klassische Reise hat noch eine letzte Stufe, denn in der höheren Ordnung der Dinge, unter der Herrschaft der Liebe, ist es selbstverständlich und angemessen, in die dunklen Reiche zurückzukehren und diesen Orten und ihren Bewohnern etwas von dem Guten, das man gewonnen hat, abzugeben.

Bei deiner Rückkehr hast du eine ganz andere Wesensart als die, die du vielleicht hattest, als du aufgebrochen bist. Denn das Königreich ist nun in dir – wo es schon immer war, aber du hattest nicht die Freiheit, es zu erkennen. Wenn du dieses Königreich und seine Ordnung liebender Weisheit in die dunklen Reiche bringst, tu, was du möchtest, handle, wie du mußt, so daß du helfen kannst, diese Reiche zu befruchten und umzuwandeln, bis auch sie Teil des Königreichs werden. Du kannst diese Sequenz tanzen oder inszenieren oder ruhig sitzen und sie im Reich der aktiven Imagination ausführen.»

Die Leiterin gibt den TeilnehmerInnen soviel Zeit, wie sie dafür brauchen. Hier könnte auch leise ein geeignetes Musikstück gespielt werden (fünf bis zehn Minuten). (Empfehlenswert für diese Übung ist Vangelis' *Heaven and Hell,* S. 2, Stück 5, oder Pachelbels Kanon in D.)

Zum Abschluß dieser Sequenz begrüßt die Leiterin die Teilnehmerinnen nach ihrer Rückkehr von der Reise, und wenn es angemessen erscheint, teilen sie einander ihre Erlebnisse mit.

Vier

Die Spur des Midas:
Der individuelle Mensch und die erste Reife

Zweifelnd zwischen Weigrung und Gewähren
Im kurzen Durchlaß, den die Träume queren
Im Traum-durchquerten Zwielicht, zwischen Tod und Leben...

T. S. Eliot, *Aschermittwoch*

Im Westen überdauerte das asketische Ideal als Vorbild von hohem Ansehen bis zum Ende des fünfzehnten Jahrhunderts. Nach den Kreuzzügen, mit dem Wiederaufblühen der Gelehrsamkeit, der Ausbreitung von Handwerk und Gewerbe und dem Werden der Renaissance war ein neues Bewußtsein nötig, um mit der wachsenden Komplexität der äußeren Welt umzugehen. Aber bis zu dieser Zeit war das Ideal des Menschen, der sich selbst opfert, um andere zu retten, fast allgemein zum vornehmsten Vorbild für denkende, empfindungsfähige und verantwortungsbewußte Menschen geworden.

Bedenken Sie die bemerkenswerte Ähnlichkeit der beiden großen archetypischen Bilder, die das halbindividuelle Bewußtsein dominierten. In einer Agonie der Ekstase sitzt der Archetyp des Ostens in einem sich selbst auslöschenden, erlösenden Samadhi unter einem Feigenbaum. In einer Ekstase der Agonie hängt der Archetyp des Westens in sich selbst opfernder, erlösender Hingabe an einem Baum. Beide lenken die Menschheit zu einer anderen Realität, als sie durch die gegebenen Strukturen von Raum und Zeit begründet wird.

In vielen Teilen Asiens und besonders in Indien breitete sich das Ideal des Asketen aus. Asien bewegte sich im großen und ganzen nicht zur individualisierten Persönlichkeit hin, sondern blieb in die inneren Aspekte der Psyche vertieft. Die Tradition des selbstgewissen Individualismus, die der Held durch das Asketentum gezwungenermaßen verlassen hatte, blieb immer ein tief untergründiger Strom im westlichen Bewußtsein, und es ist noch nicht so lange her, daß er in einer sehr viel stärkeren, aber differenzierteren Form wieder an die Oberfläche trat. Den Menschen in Indien, die die Willkür des unternehmerischen Egoismus durch die Vertreter der British East India Company kennengelernt hatten, erschien diese Form des Individualismus widersinnig irrational und damit unmöglich, eine Erfindung der Maya. Unglücklicherweise blieb diese Maya bestehen und wuchs, wobei sie ihre Phantasmen in den sich ausdehnenden Kolonialismus hineinwebte, der große Teile dieser Welt in Objekte verwandelte, die man ausbeuten und aussaugen konnte.

In China trat eine andere Spielart auf. Ihr Interesse am Tao und dem sozialen Kosmos ließ das unabhängige Hyperindividuum als Monster erscheinen. In Ergänzung zum Tao-te King sind die Analekten des Konfuzius und das Chuang-Tse, obwohl genau genommen keine asketische Literatur, kultivierte und geistreiche Kommentare zum ichauslöschenden Leben wahrer Beziehung, in dem ein Ich, wie wir es kennen, keinen Platz hat und Person, Gesellschaft und Kosmos in den subtilsten und verwobensten Harmonien ineinanderfließen.

In chinesischen Volksmärchen wird dies in der Charakterisierung von Menschen erläutert, die sich über diese Bindungen hinwegsetzen und den Verheerungen des Ego als Feind des Tao anheimfallen, seien es nun Feudalherren oder Drachendämonen. Ich frage mich sogar, ob nicht der Sieg von Mao über Tschiang Kai-Scheck eine Folge seiner Gleichsetzung des kommunistischen Kollektivs mit dem überkommenen Fluß des Tao war, die er dem vom Westen übernommenen Individualismus und den Methoden Tschiang Kai-Schecks und seiner Kohorten gegenüberstellte.

Die Geburt des modernen Bewußtseins und seiner einzigartigen Dilemmas ist eine faszinierende und verwickelte Geschichte, und weil es die Geschichte ist, die unserer eigenen Erfahrung am nächsten steht, möchte ich sie in größerer Breite untersuchen, als ich das bei den vorhergehenden Stufen getan habe. Gerald Heard bestimmt die Themen, die die Entwicklung zum humanen, selbständigen Menschen, wie sie vom Westen geschildert wird, ständig begleiten, wenn er schreibt:

Das frühere Bewußtsein des westlichen Menschen war fast vollständig von seinem tieferen, umfassenden Bewußtsein isoliert, und dies trieb ihn dazu, nach Objektivität zu suchen. Die Suche nach Objektivität konzentrierte sein Interesse in der äußeren Welt und führte zur Entdeckung wissenschaftlicher Technik. Dies gab ihm 1. die physikalischen Kräfte, die es ihm erlaubten, die ganze Welt zu bedrohen und ihren größten Teil zu erobern, 2. das ökonomische Wachstum, das ihm erlaubte, seinen Lebensstandard zu heben, und 3. die physiologische Information, die ihm die Möglichkeit gab, viele Krankheiten zu überwinden, die Bevölkerung zu vervielfachen, sein Leben zu verlängern und Energie und Produktion zu steigern. Solche offensichtlichen Erfolge ermöglichten es ihm, an den Fortschritt und ein irdisches Utopia zu glauben. Inzwischen ist der Westen gerade in seinem Streben nach Objektivität bei der Psychologie angekommen und versucht, das Selbst zu studieren, das die Umgebung konstruiert, die es ändern wollte. Währenddessen wendet sich der Osten mit wissenschaftlich gerüstetem Angriff und wissenschaftlich entdeckter und empfohlener Hilfe dem Versuch zu, die humanistische Phase zu erreichen und das Asketentum zu verlassen. Wenn wir die westliche Erfahrung der humanistischen Phase des extremen Individualismus studieren, dann studieren wir nicht die private Geschichte von verwirrten okzidentalen Menschen, sondern den ersten Versuch des Menschen, ein vollständiges Individuum zu sein. Und dies ist ein unausweichlicher Schritt in der Evolution des menschlichen Bewußtseins, das zum vollständigen Verständnis strebt.[29]

Man kann es so sehen, daß das moderne Bewußtsein mit dem Tod der alten Geschichten und dem probeweisen Auftauchen einer neuen begonnen hat. Wie der begabte Theologe Thomas Berry bemerkte, erhielten und formten die alten Geschichten unsere gefühlsmäßigen Einstellungen, versorgten uns mit Lebenssinn und gaben uns Kraft für unser tägliches Leben. «Sie weihten das Leiden, integrierten das Wissen, leiteten die Erziehung. Wir konnten die Fragen unserer Kinder beantworten. Wir konnten Verbrechen erkennen und die Täter bestrafen. Es war für alles gesorgt, weil es die Geschichten gab. Sie machten die Menschen nicht gut, sie verringerten nicht die Schmerzen und Stupiditäten des Lebens oder führten zu unerschöpflicher Wärme im menschlichen Umgang. Aber sie boten einen Kontext, in dem das Leben in einer sinnvollen Weise funktionieren konnte.»[30]

Nun sind die traditionellen Geschichten funktionslos geworden und wirken nur noch in einem begrenzten Umkreis. Sie sind sowohl gesellschaftspolitisch als auch psychodynamisch äußerst begrenzt. Wir sehen ihre Auflösung in jeder Phase unseres Lebens, und der schnellebige Ersatz durch moderne Programme berührt uns nur noch am Rande, ist flüchtig und nicht in der Lage, die Lebensumstände zu erhalten, die wir brauchen. Es ist klar, daß wir eine neue Geschichte brauchen, einen neuen Satz von Regeln, aber das gehört zu einem späteren Teil unserer Diskussion.

Berry nimmt an, daß die alten Geschichten bis zum vierzehnten Jahrhundert ihre Funktion erfüllten, bis der Schwarze Tod kam, der wahrscheinlich ein Drittel der Bevölkerung Europas dahinraffte und in gewisser Weise bis zu seinem letzten großen Raubzug 1655 in London andauerte. In seinen Anfängen brachte er einen Niedergang in ganz Europa mit sich und beendete die beruhigende Harmonie der miteinander in Beziehung stehenden Hierarchien der mittelalterlichen Welt. Es gab einige grundlegende Antworten auf diese Erfahrung der Pest und des Niedergangs der alten Geschichten, die den individuellen Menschen und sein Bewußtsein formten. Diese konnten an den Reaktionen innerhalb der gläubigen religiösen Gemeinschaften, in der Auflösung der miteinander in Beziehung stehenden Hierarchien der alten Ordnung und im Aufstieg einer weltlichen wissenschaftlichen Gemeinschaft abgelesen werden. Die Reaktionen auf diesen Ebenen der Gesellschaft stießen die Psyche des westlichen Menschen in eine Nische, aus der sie erst in jüngster Zeit wieder auftauchte.

Während des späten Mittelalters und der frühen Renaissance fand die gläubige Gemeinschaft Zuflucht bei den hermetischen Traditionen und der Erneuerung der vorchristlichen esoterischen Philosophien. Diese waren oft sehr elegant und differenziert, wie die Philosophien, die das Werk von Marsilio Ficino beeinflußten, die Spekulationen der Neuplatoniker der italienischen Renaissance und die wissenschaftlichen Spekulationen von Giordano Bruno und Thomaso Campanella. Sie konnten auch so grundlegend und primitiv sein, wie die Ausbrüche der alten Erdreligionen, die nun wieder in der weitverbreiteten Neubelebung der Hexenkunst zirkulierten. Während aber eine hochfliegende Esoterik die Vitalität der einen entkräftete, nahm die Inquisition ihren Blutzoll von der anderen. Die gläubige Gemeinschaft fand ihren Hauptstrom in der erlösenden Mystik, mit ihrer starken Überzeugung von der Verderbtheit des Menschen und der Kluft zwischen Schöpfer und Kreatur. Die Ansicht, daß der Mensch in irgendeiner Art von Partnerschaft mit dem schöpferischen Prinzip stünde, die eine bedeutende Tradition im Christentum gehabt hatte, wurde aufgegeben.

Zusätzlich wurde das grundlegende Muster des mittelalterlichen und des Renaissance-Weltbildes zerstört, das in seiner Verbindung von kosmologischen, natürlichen und politischen Ordnungen so tröstlich gewesen war. In der gottgewollten Hierarchie der mittelalterlichen Theorie hatte alles in Beziehung zu allem anderen gestanden, ein Schema, das für das gesamte Universum galt. Die soziale Hierarchie spiegelte die psychologische, die kosmologische und die himmlische Hierarchie wieder.

Diese reflektierende Haltung war vom Wirken der Allegorie abhängig. Allegorie war ein einziger Faden, überall verwoben im großen Wand-Bildteppich, der das mittelalterliche Universum der alten Geschichten darstellte. Allegorie gab dem Universum Göttlichkeit, Schönheit und Bedeutung, indem sie ein Muster spann, dessen Figuren kunstvoll die Details aller anderen spiegelten. Aus der Ferne gesehen, kann das Ganze als eine Feier der Weltordnung betrachtet werden.

Vielleicht die schönste Zusammenfassung der Bedeutung von

Ordnung im Bildteppich des Mittelalters und der Renaissance, der die in Beziehung stehenden Hierarchien darstellt, kann man in der Rede des Odysseus über die Ordnung in Shakespeares *Troilus und Cressida* finden. Um den ganzen Geschmack des Geistes dieser Zeit und der Kraft seiner Gefühle zu bekommen, sollte der Leser oder die Leserin diese Rede vielleicht laut lesen und dabei die donnernde Dramatik ihrer Kadenzen durch sich sprechen lassen:

Die Himmel selbst, Planeten und dies Zentrum
Reihn sich nach Abstand, Rang und Würdigkeit.
Beziehung, Jahrszeit, Form, Verhältnis, Raum,
Amt und Gewohnheit in der Ordnung Folge.
Und deshalb thront der majestät'sche Sol
Als Hauptplanet in höchster Herrlichkeit
Vor allen andern; sein heilkräftig Auge
Verbessert den Aspekt bösart'ger Sterne
Und trifft, wie Königs Machtwort, allbeherrschend
Auf Gut und Böses. Doch wenn die Planeten
In schlimmer Mischung irren ohne Regel,
Welch Schrecknis! Welche Plag und Meuterei!
Welch Stürmen auf der See! Wie bebt die Erde!
Wie rast der Wind! Furcht, Umsturz, Graun und Zwiespalt
Reißt nieder, wühlt, zerschmettert und entwurzelt
Die Eintracht und vermählte Ruh der Staaten
Ganz aus den Fugen! O, wird Abstufung,
Die Leiter aller hohen Plan', erschüttert,
So krankt die Ausführung. Wie könnten Gilden,
Würden der Schule, Brüderschaft in Städten
Friedsamer Handelsbund getrennter Ufer,
Der Vorrang und das Recht der Erstgeburt,
Ehrfurcht vor Alter, Zepter, Kron und Lorbeer
Ihr ewig Recht ohn Abstufung behaupten?
Tilg Abstufung, verstimme diese Saite,
Und höre dann den Mißklang! Alles träf
Auf offnen Widerstand. Empört dem Ufer

Erschwöllen die Gewässer übers Land,
Daß sich in Schlamm die feste Erde löste.
Macht würde dem Tyrann der blöden Schwäche,
Der rohe Sohn schlüg seinen Vater tot.
Kraft hieße Recht – nein, Recht und Unrecht, deren
Endlosen Streit Gerechtigkeit vermittelt,
Verlören, wie Gerechtigkeit, den Namen.
Dann löst sich alles auf nur in Gewalt,
Gewalt in Willkür, Willkür in Begier.
Und die Begier, ein allgemeiner Wolf,
Zwiefältig stark durch Willkür und Gewalt,
Muß dann die Welt als Beute an sich reißen
Und sich zuletzt verschlingen.[31]

Weit davon entfernt, nur ein beredtes Zeugnis der Einheit aufeinander bezogener Hierarchien zu sein, enthält die Skakespearsche Rede eine unheilverkündende Vorhersage der Folgen einer Abkehr von dieser Einheit. Der Niedergang eines Aspekts des Universums würde den Niedergang aller anderen verursachen. Wie Richard Hooker sagt: «Laß irgendein grundsätzliches Element, die Sonne, den Mond, irgendeinen der Himmel oder Elemente nur einmal aufhören oder ausfallen oder ausbrechen, und wer könnte sich nicht leicht vorstellen, daß die Folge davon sowohl sein eigener Ruin wäre, als auch der Ruin von allem, was auch immer von ihm abhinge.»[32]

Was waren nun die fremdartigen Konzepte, die das Vertrauen des Mittelalters und der Renaissance in eine vernünftige Ordnung und kosmische Harmonie zerschmetterten? Der schwarze Tod und seine begleitenden Schrecken, die Europa periodisch für ungefähr dreihundert Jahre verwüsteten, bildeten den Hintergrund, aus dem neue Vorstellungen leichter auftauchen konnten. Auch hatte die scholastische Tradition an den aufsteigenden Universitäten einen Prozeß bekräftigt, der streng zwischen Denkweisen unterschied, die einst als ineinander übergehend und bedeutungsgleich angesehen worden waren. Dies war ein Prozeß, der in den Werken der Nominalisten gipfelte, die erklärten, es gäbe keine Universalien oder abstrakten

Entitäten, in der Realität existierten allein Individuen und getrennte Objekte.

Darin wurde die gefährliche Tradition angelegt, in der vollständige Realitäten als für die kritische und analytische Vernunft unerkennbar gehalten und das Individuum als unfähig angesehen wurde, das Beziehungsfeld zwischen sich selbst und anderen Wesen wahrzunehmen, außer demjenigen von konkreten physikalischen Objekten und Kontakten. In diesem Prozeß wurde auch die Losgelöstheit des humanistischen Menschen von den Welten außerhalb und innerhalb seiner selbst geprägt, so daß er letztlich ein leidenschaftsloser und gefährlicher Beobachter wurde, ein Manipulator dieser beiden Welten.

Aber es war eine sogar noch komplexere Reihe von Fragen nach dem Wesen der Wirklichkeiten, die die Desintegration der mittelalterlichen Synthese beschleunigte und den humanistischen Menschen in eine radikale Selbständigkeit trieb. Ich teile die Ansicht des verstorbenen Theodore Spencer, daß die großen miteinander verbundenen Ordnungen – die kosmologische, die natürliche und die politische – durch die Werke von Kopernikus, Montaigne und Machiavelli (in dieser Reihenfolge) erschüttert wurden.[33] Das Ergebnis war ein Gnadenstoß für die alte Ordnung und die Etablierung einer Skepsis und einer Distanz, die die Saat für viele der darauffolgenden Sorgen der modernen Zeit legte.

Die neue Kosmologie des Kopernikus entthronte die Erde von ihrer zentralen Position innerhalb des Universums, und die ganze Harmonie der Sphären wurde disharmonisch. Mit der Zerstörung des Ptolomäischen Weltbildes wurde die allegorische Kohärenz der Struktur des Universums und seine gleichzeitige Widerspiegelung in den drei großen Ordnungen zunichte gemacht. Die große Kette des Seins fiel auseinander. Die Beziehung zwischen Mikrokosmos und Makrokosmos löste sich auf, ebenso wie deren Resonanz in der menschlichen Psyche.

Wir sollten aber die Auswirkungen der kopernikanischen Revolution auf die Allgemeinheit nicht überschätzen. Ihre weitreichenden Implikationen waren solange nicht zu spüren, bis Galilei seine Hypothesen mit seiner Vervollkommnung des Teleskops bestätigen konnte. In der Tat gingen die Entdeckungen Galileis mit ihrer Zersplitterung des mittelalterlichen Überbaus über die des Kopernikus hinaus. Denn es war Galilei, der die Teleologie als herrschende Weltsicht vollständig zurückwies und an ihre Stelle ein Universum setzte, das nicht mehr als eine Abfolge von atomaren Bewegungen in mathematischer Kontinuität war. Nach dieser Vorstellung konnten Kausalität und Absicht nur als den Bewegungen der Atome selbst innewohnend angesehen werden, und alles, was geschah, wurde allein als die Auswirkung mathematischer Veränderungen in diesen Grundbausteinen der Materie begriffen. In seiner brillanten Studie *Die metaphysischen Grundlagen der modernen Wissenschaft* gibt E. A. Burtt eine präzise Zusammenfassung von Galileis Botschaft an seine Zeit:

> Er schob die Teleologie als letztendliches Erklärungsprinzip beiseite und entzog damit denjenigen Überzeugungen von der festgelegten Beziehung des Menschen zur Natur ihre Grundlage, die auf ihr beruhten. Die natürliche Welt wurde als eine ausgedehnte, sich selbst genügende mathematische Maschine gesehen, bestehend aus Bewegungen der Materie in Raum und Zeit, und der Mensch mit seinen Bestrebungen, Gefühlen und zweitrangigen Qualitäten wurde als ein unbedeutender Zuschauer und halbrealer Effekt des großen mathematischen Dramas draußen zur Seite gestoßen.[34]

Noch stärker wurde dieses entzauberte Bewußtsein von der moralischen Anarchie geformt, die in den Schriften von Montaigne zum Ausdruck kommt. In seinem unterminierenden Meisterwerk *Apologie des Raimond Sebond* griff Montaigne die Schutzwälle der natürlichen Ordnung an und zerriß die Norm von der Überlegenheit des Menschen in der Hierarchie der Lebewesen. Publiziert im Jahre 1569, war die *Apologie* eine vorgebliche Verteidigung der *Natürlichen Theologie* von Sebond, einer konventionellen, scholastischen Glorifikation der Stellung des Menschen im Universum und der Nützlichkeit des Verstandes. Montaignes Essay ist ein Meisterstück der Ironie. Unter dem Vorwand der Rechtfertigung scheint Montaigne über die naiven und langweiligen Ideen von Sebond hinwegzusehen. Hierbei verdunkelt er allerdings nicht seine eigentliche Absicht, die Arroganz und Eitelkeit des Menschen aufzuzeigen – und zwar mit einer Methode, die mit den orthodoxen Klischees, die in der *Natürlichen Theologie* enthalten sind, kurzen Prozeß macht. Seine Verkleidung gibt er schnell auf, denn frühzeitig stellt er fest, daß er diesen Essay schreibe, um Menschen «die Dummheit, die Eitelkeit und die Nichtigkeit des Menschen fühlen zu lassen, ihren Händen die kläglichen Waffen ihres Verstandes zu entreißen und sie dazu zu bringen, ihre Häupter zu beugen und den Boden unter der Autorität und Bedeutung der göttlichen Majestät zu küssen.»[35]

Geschult in der Methode des antiken Skeptizismus, war Montaigne ein brillanter und rigoroser Kritiker der aus der Renaissance und aus der Scholastik stammenden Vorstellung von der zentralen Stellung des Menschen im Universum:

Stellen wir uns für einen Augenblick den Menschen allein vor, ohne äußere Hilfe, ausgerüstet allein mit seinen eigenen Waffen und der göttlichen Gnade und Kenntnis entzogen, die seine ganze Ehre, seine Stärke und die Grundlage seines Daseins sind. Lassen Sie uns sehen, wieviel Bedeutung er in dieser feinen Aufstellung hat. Lassen Sie ihn mir durch die Kraft seiner Vernunft zu verstehen helfen, auf welcher Grundlage er die großen Vorzüge aufgebaut hat, die er gegenüber anderen Kreaturen zu haben glaubt. Wer hat ihn davon überzeugt, daß diese bewunderungswürdige Bewegung des Himmelsgewölbes, das ewige Licht dieser so stolz über unseren Häuptern rollenden Laternen, die erschreckenden Bewegungen der unendlichen See zu seiner Annehmlichkeit und zu seinem Dienste eingerichtet wurden und so viele Jahrhunderte überdauerten? Ist es möglich, sich etwas so Lächerliches vorzustellen: daß diese bemitleidenswerte und schwächliche Kreatur, die sich nicht einmal selbst beherrscht, die den Angriffen aller Welt ausgesetzt ist, sich selbst Meister und Herrscher des Universums nennt, dessen geringsten Teil sie nicht zu erkennen, geschweige denn zu beherrschen vermag?[36]

Anmaßung ist laut Montaigne die größte Verfehlung des Menschen. «Das unseligste und zerbrechlichste aller Geschöpfe ist der Mensch», schrieb er, «und immer wieder auch das stolzeste. Er haust hier – und er fühlt und sieht es deutlich – im Schmutz und Kot der Welt, angeschmiedet an den übelsten, totesten, fauligsten Teil des Alls, in der niedrigsten Sphäre, bei den Würmern, die dem Himmel am fernsten ist; und in der Einbildung maßt er sich seinen Platz über der Mondesbahn an und denkt, er schwebe über dem Himmel.»

Mit derselben Dreistigkeit bewaffnet, erklärt der Mensch sich als Gott gleich und weist sich selbst die Ohrmarken der Gottheit zu. Zugleich bestimmt er für die Tiere ein Schicksal von Dummheit und Niedrigkeit, wobei er «ihrem geheimen inneren Streben» keine Beachtung schenkt. Montaigne sieht seine Aufgabe darin, dieses unverdiente Schicksal wieder zurechtzurücken, denn: «Wenn ich mit meiner Katze spiele, wer weiß denn, ob sie sich nicht eher die Zeit mit mir vertreibt als ich mit ihr?» Der Mensch ist in der Tat wenig mehr, und vielleicht sogar ein bißchen weniger als das Tier. «Er ist den gleichen Zwängen unterworfen wie die anderen Tiere seiner Klasse und in einem sehr gewöhnlichen Zustand, ohne irgendein reales oder wesentliches Vorrecht oder besonderes Ansehen.»

Montaigne fragt, ob es nicht besser sei, «auf die Stellungnahme zu verzichten, als sich in einen der vielen Irrtümer zu verwickeln, die die menschliche Phantasie hervorgebracht hat?» Er beantwortet die Frage selbst, indem er einen ironischen Überblick über die absonderlichen Ideen präsentiert, die der Mensch geschaffen hat, um seiner Apotheose zu dienen. Zuoberst steht die Vorstellung des Menschen von Gott. Montaigne macht die Idee lächerlich, daß Gott dem Menschen in irgendeiner Weise ähnelt und daß der Mensch und seine unbedeutenden Angelegenheiten im Mittelpunkt von Gottes Interesse stehen. Er führt die Bemerkungen von Xenophanes weiter aus, wonach sich Tiere ihre Götter nach ihrem Ebenbild schaffen, um auf die verdammungswürdigste Einbildung zu stoßen:

Denn warum soll ein Gänschen nicht so argumentieren? «Alles in der Welt bezieht sich auf mich; die Erde dient mir zum Gehen, die Sonne zum Leuchten, die Sterne sind dazu da, auf mich einzuwirken; allen Nutzen vom Wind, vom Wasser habe ich; mich beschützt das Himmelsgewölbe am freundlichsten; ich bin der Liebling der Natur! Ist es nicht der Mensch, der mich versorgt, mich unterbringt und mich bedient? Für mich läßt er säen und mahlen; freilich verspeist er mich manchmal; aber mit seinen Mitmenschen macht er es oft ebenso; und ich fresse sogar die Würmer, die sein Leben bedrohen und ihn schließlich verzehren.»[37]

In ähnlicher Weise zerstört Montaigne die Argumente vom angeblichen Wissen des Menschen über die Natur, die Vernunft und die Seele. Es ist ausgesprochene Einbildung von seiten des Menschen, seine eigene schwerfällige Maschinerie als Modell für die Architektonik des Himmels zu sehen und sich dann selbst alle Arten von phantasievollen, paradigmatischen und mikrokosmischen Funktionen zuzuschreiben.

Was den Verstand anbelangt, so ist er die Quelle eines großen Teils des Leidens, das der *conditio humana* innewohnt. Er schwächt die Instinkte, kultiviert die Triebe, unterminiert die Sitten und setzt alles in allem den Menschen in einen großen Nachteil gegenüber den Tieren. Weiterhin ist der Verstand aufgrund seines unvollkommenen Charakters in den meisten Fällen eher ein Instrument des Selbstbetrugs als der Wahrheitsfindung. Das einzig wahre und nützliche Wissen sollte man in den letzten Wirklichkeiten suchen, die jenseits des menschlichen Verstehens liegen.

Montaigne beendet diese skeptische Schimpfkanonade mit der Ermahnung, daß der Mensch sich nur dann von seiner Nichtigkeit erheben könne, wenn er auf seine sogenannten Kräfte verzichtet und sich ganz der Barmherzigkeit der göttlichen Gnade überläßt. Eine Metamorphose kann nur durch solch wunderbare himmlische Tat erreicht werden.

Indem er die Absurdität der natürlichen Ordnung betonte, wenn sie ihrem eigenen Vermächtnis überlassen wird, zog Montaigne auch all die anderen Ordnungen ins Lächerliche. Wie konnte eine Gesellschaft, viel weniger ein Universum, von der armseligen und niederen Kreatur verstanden werden, als die Montaigne den Menschen vorführt? Die frühe Renaissance hatte den Menschen mit den Engeln verglichen und ihm das Wissen um die natürlichen und himmlischen Hierarchien und seinen Platz in ihnen gesichert. Mit Montaigne und den Schriftstellern, die in seinem Kielwasser folgten, war die einzige Analogie zum Menschen das Tier, und die Hierarchien waren lächerlich geworden.

Das Ergebnis zu Beginn des siebzehnten Jahrhunderts war dasselbe, das Robert Frost als bezeichnend für die Krise unserer Tage beschrieben hat:

> Solange auf der Erde
> unsere Vergleiche beherzt nach oben gerichtet waren
> mit Gott und Engeln,
> waren wir wenigstens Menschen
> nur wenig tiefer als Götter und Engel.
> Einst wurde dem Vergleich nach abwärts nachgegeben,
> einst begannen wir unsere Bilder in Morast und Staub
> reflektiert zu sehen.
> Das war Desillusionierung über Desillusionierung.
> Wir waren gefundenes Fressen für die Tiere
> wie Menschen, die man wegwirft,
> um die Wölfe aufzuhalten.[38]

Die flammendste Unterwanderung der hierarchischen Ordnung wurde durch die politischen Schriften von Niccolò Machiavelli veranlaßt.

Zu einer Zeit, als Italien durch Parteienhader geteilt und verwüstet war, die hilflose Beute ausländischer Handelsmächte, formulierte Machiavelli, was ein grundlegendes politisches Postulat im Europa des sechzehnten Jahrhunderts wurde: die Notwendigkeit einer starken, zentralisierten nationalen Autorität, verkörpert in einem absoluten Fürsten. Mit außerordentlichem Realismus erkannte Machiavelli das despotische Ideal an. Für ihn hing die Rettung Italiens vom Auftreten eines skrupellosen, ehrgeizigen und mächtigen Fürsten ab, eines Fürsten, der die Macht durch eigene

Stärke und Verschlagenheit ergreifen und erhalten müßte. Der Tenor von Machiavellis Realismus war von der Art, daß er die wachsende Kluft zwischen Politik und Metaphysik förderte. Das Staatswesen wurde brutal vom hierarchischen Weltbild abgetrennt, und vielleicht noch verbleibende theokratische Prinzipien wurden im Zuge der harten Realitäten von Machiavellis politischer Erfahrung widerlegt.

Machiavelli behauptete, politische Gewalt sei gänzlich von den göttlichen Sakramenten entfernt, und statt sich mit visionären Modellen von Republiken und Fürstentümern abzugeben, brauche man nur zur «Natur der Dinge» zu gehen, um die feudale Hierarchie und das theokratische System zu zerstören. Nach Machiavelli ist der Staat ein völlig autonomes, losgelöstes Ding, nicht nur von den metaphysischen Sphären und der Religion abgetrennt, sondern genauso von allen anderen Formen menschlicher Ethik und kulturellen Lebens.

Er steht allein im leeren Raum, wobei er seine einsame Wache durch konstante Verneinung kennzeichnet.

Wie ein Kritiker es ausgedrückt hat, ist Machiavellis Interpretation des Staates notwendig auf «der Voraussetzung der Schwäche, der Undankbarkeit und der Böswilligkeit als wesensmäßiger Elemente des menschlichen Charakters und der Gesellschaft aufgebaut, auf der Anerkennung von Religion einzig zu dem Zweck, Menschen für ihre Herrscher gefügig zu machen, auf dem offenen Eingeständnis von Grausamkeit, Geiz und Vertrauensbruch als notwendigen (wenn auch zu bedauernden) Mitteln.»[39]

Machiavelli begründete seine Führungsregel auf der festen Überzeugung von der grundlegenden Verdorbenheit des Menschen. «Die Menschen gehen nicht in Gottes Richtung, es sei denn, sie werden durch Not dazu gezwungen.»[40] Das hochheilige «Sollte» wird zur Zielscheibe von Machiavellis Spott:

Aber da es meine Absicht ist, etwas Nützliches für den zu schreiben, der es versteht, scheint es mir angemessener, der wirklichen Wahrheit der

Tatsachen nachzugehen als den Wahngebilden ... Denn zwischen dem Leben, so wie es ist, und dem Leben, so wie es sein sollte, besteht ein so großer Unterschied, daß derjenige, der nicht beachtet, was geschieht, sondern nur das, was geschehen sollte, viel eher für seinen Ruin als für seine Erhaltung sorgt; denn ein Mensch, der in jeder Beziehung für das Gute einstehen möchte, müßte inmitten so vieler schlechter Menschen zugrunde gehen.[41]

Er schließt daraus, ein Fürst müsse, «wenn er sich halten will, lernen, schlecht zu sein und davon je nach Bedarf Gebrauch zu machen.»[42] Für Machiavelli ist das Akzeptieren des Glaubens an die tiefe moralische Verdorbenheit des Menschen der Beginn politischer Klugheit. Die Illusion von der ursprünglichen Güte des Menschen ist lediglich eine romantische Lächerlichkeit. «Wer auch immer danach verlangt, einen Staat zu gründen und seine Gesetze zu geben», warnt er in den *Discorsi*, «muß damit beginnen, anzunehmen, daß alle Menschen schlecht sind und immer dazu bereit, ihre boshafte Natur zu beweisen.»[43]

Da dies so ist, kann ein Fürst nur dann zu Größe aufsteigen, wenn er die Laster seiner Untertanen noch schlauer und verschlagener ausspielt als diese. Er muß durch Täuschung regieren. Er muß die Kunst der List und des Betruges meisterlich beherrschen. Er muß lernen, sowohl den Fuchs als auch den Löwen zu spielen. Im berüchtigten achtzehnten Kapitel des *Fürsten* schreibt er:

Ihr müßt also beachten, daß es zwei Kampfesweisen gibt: einmal durch Gesetze und dann durch Gewalt; die erste kommt eigentlich den Menschen zu, die zweite den Tieren; aber da die erste oft nicht genügt, muß man auf die zweite zurückgreifen. Daher muß der Fürst gut verstehen, Mensch oder Tier zu spielen ... eines ohne das andere birgt keine Dauer. Weil also ein Fürst das Tierische kennen muß, muß er sich am Fuchs und dem Löwen ein Beispiel nehmen; denn der Löwe ist nicht geschützt gegen die Schlingen und der Fuchs nicht gegen die Wölfe. Er muß also Fuchs sein, um die Schlingen zu kennen, und Löwe, um die Wölfe zu schrecken ... Es kann und darf ein kluger Fürst sein Wort nicht halten, wenn es für ihn von Nachteil ist . . . Wenn alle Menschen Engel wären, wäre dieser Vorschlag nicht gut; aber sie sind es leider nicht und würden dir nicht Wort halten; daher brauchst du es ihnen auch nicht zu halten.[44]

Die moralischen Maßstäbe, die Machiavellis Bild einer starken Gesellschaft entsprechen, sind «niedrig, aber fest». Ihr Symbol ist der Tiermensch als Gegensatz zum Gottmenschen. Es versteht den Menschen eher im Licht des Unmenschlichen als in dem des Übermenschen. Es nimmt seinen Bezug aus der Not, und Not enthüllt bald die Diskrepanz zwischen dem, wie Menschen leben und dem, wie sie leben sollten. Not hat wenig Geduld mit vorgestellten Republiken und vorgestellten Fürstentümern.

Die *Realpolitik* des Machiavelli gewann ihre Kraft und Rechtfertigung aus dem Angriff auf die alten Geschichten, das ontologische System des Zeitalters, in diesem Fall die kunstvolle Struktur aufeinander bezogener Hierarchien. Die Lehre Machiavellis verbannte alle ererbten Lehren, die auf dem Boden der mittelalterlichen Seinslehre gewachsen waren, und zerschmetterte den Spiegel der Reflexion, durch den der Mensch seine Bedeutung für die Ordnung des Kosmos gefunden hatte.

Indem Machiavelli den herkömmlichen Glauben an das Gesetz der Natur preisgab und die Herrschaft der Vorsehung in der Welt leugnete, erkannte er nur noch die Forderungen praktischer Notwendigkeit an und zerriß hiermit das ontologische Gewebe der mittelalterlichen Welt. Wieder brachte die Zerstörung der einen Hierarchie die Zerstörung der anderen mit sich.

Diese drei Theorien erschütterten dann letztlich die Grundlagen der alten Ordnung, aber ihre volle Wucht kann nur in einem Jahrhunderte überspannenden historischen Rückblick verstanden werden.

Nur aus solch einer weitreichenden Perspektive können wir erkennen, daß als Vermächtnis dieser drei Theorien der Zweifel zum Lebensstil wurde. In der Tat können die Theorien als eine Art Prototyp der anhaltenden Neigung, alles in Frage zu stellen, angesehen werden, die das moderne Zeitalter im Westen seither verfolgt hat.

Vieles im modernen Bewußtsein mag aus der Krise und den Ereignissen erwachsen sein, die dem Kollaps des mächtigen Gerüsts folgten, das die alte Ordnung gewesen war. Eine Auswirkung dieser Auflösung der traditionellen Weltsicht war die religiöse Situation. Die Tendenz, den Menschen als eine wertlose Kreatur zu betrachten, die von den himmlischen und irdischen Ordnungen getrennt war, gab den religiösen Umwälzungen des sechzehnten und siebzehnten Jahrhunderts Brennstoff, besonders der puritanischen Bewegung im Protestantismus und der jansenistischen Bewegung der Gegenreformation im Katholizismus. Die Trennung von der Kirche in Rom im frühen sechzehnten Jahrhundert zog auch all die Vorstellungen in Zweifel, die von der Kirche sanktioniert waren und die bis dahin ein ebenso verwobener, wenn nicht unabtrennbarer Teil der Kultur geworden waren. Diese Vorschriften anzuzweifeln hieß nicht nur, das kirchliche System in Frage zu stellen, sondern auch etwas von der Wucht für einen Großangriff auf die Fundamente der westlichen Zivilisation und des Bewußtseins an sich bereitzustellen.

Das Enstehen des Protestantismus zwang viele dazu, eine psychologische und ethische Last zu tragen, die unter der mittelalterlichen Kirche in Rom undenkbar gewesen wäre. Der mittelalterliche Katholizismus legte die Hauptlast der ethischen Kontrolle auf die Institution der Kirche, die Gottes Gesetze auslegte, ihre Einhaltung bestätigte und diejenigen, die sie übertraten, kraft ihrer rechtlichen Vollmacht bestrafte. Darüber hinaus ermöglichten es die Sakramente der Kirche dem praktizierenden Gläubigen, sich der Fortdauer der Gnade zu versichern und sich mit all den Ordnungen der Realität zu versöhnen. Die Reformation verschob die Last moralischer Disziplin auf das individuelle Bewußtsein, eine Verschiebung, die, wie einige meinen, der menschlichen Natur mehr Verantwortung übertrug, als sie zu der Zeit hätte tragen können. Das Auftreten von Dualismus und Paradox, die Verwechslung von Wissen mit rationalem Wissen und das Wachsen des Individualismus wurden in gewisser Weise durch die neue psychologische Last geweckt, die der Protestantismus mit sich brachte.

Wie Max Weber in seiner kritischen Studie *Die protestantische*

Ethik gezeigt hat, führte die Last der psychologischen Entrechtung den neuen Protestanten zu seltsamen Wegen, mit dieser Situation fertig zu werden. Wege, die die Basis für die rasche Ausbreitung des Kapitalismus, des Industrialismus und der Technologie schufen.

Er fühlte sich schuldig geboren und wagte es nicht, seine inneren Tiefen zu erforschen, aus Furcht, sich in der Hölle wiederzufinden; mit geringer Hoffnung auf einen letzten Platz im Plan der Erlösung, machte er sich selbst zum Brennpunkt gewaltiger, wenn nicht gar neurotischer Energien, mit denen er versuchte, sich selbst dadurch zu beweisen, daß er im Weinberg der Welt arbeitete, um seine Existenz durch objektive Werke zu rechtfertigen.

Wohlstand und die Ansammlung materieller Güter wurden teilweise zum Beweis seiner Errettung. Eine rigorose und sogar isolierende Selbständigkeit wurde zum Kennzeichen seiner Identität. Bewußtsein zum Synonym für Objekte, und nachdem das Bewußtsein verdinglicht worden war, wurde noch mehr Energie in die äußere Welt gelenkt.

Mit seinem außerordentlich einflußreichen Buch *Der Wohlstand der Nationen* verstärkte Adam Smith diese Haltung, indem er behauptete, daß es die selbstverständliche Politik der Menschheit sein müsse, immer dem Verstand zu folgen, und daß die Begeisterung und das emotionale Leben aufgegeben werden sollten. Damit wuchs die kritische, analytische Methode zum Hauptinstrument heran, mit dem die Menschen ihr objektives und verdinglichendes Leben verstehen und erobern konnten. Die Besessenheit von den Regeln der Vernunft während der Zeit der Aufklärung war nichts anderes als der natürliche Auswuchs einer Loslösung von der komplexen spirituellen und psychologischen Verstrickung mit der Welt der aufeinander bezogenen Hierarchien.

Es ist z. B. bemerkenswert, daß das protestantische Norddeutschland industriell wurde, während das katholische Süddeutschland bäuerlich blieb, ein sprechender Kommentar zum äußerlichen Ausdruck psychologischer Veränderungen. Wir müssen uns auch in Erinnerung rufen, daß Amerika in diesen frühen Tagen zum großen Teil von jenen protestantischen Sekten besiedelt wurde, die von sich selbst glaubten, eine heilbringende Gemeinschaft zu gründen, einen Bund der (vielleicht) Geretteten. Dieses Sektenwesen funktionierte zum Vorteil für die institutionelle Leistungsfähigkeit und sogar für die Wirksamkeit der Moral, ein Zustand, der die amerikanische Denkweise bis vor kurzem beherrschte.

Der wachsende Lebensstandard, die sich ausbreitende Verteilung der Wohltaten der Massenproduktion und die Ausbeutung der nicht-europäischen Länder und Völker – zusammen mit den humanitären Vorstellungen zu Hause – ließen inzwischen die Idee vom Fortschritt zu einer Ablenkung vom wachsenden Unbehagen und der Vernachlässigung der Psyche werden. Ökonomie und Rationalismus beherrschten die westliche Denkweise vom Ende der napoleonischen Kriege bis vor nicht allzulanger Zeit. Aber einige Auswirkungen der Verherrlichung der Vernunft seit dem achtzehnten Jahrhundert haben verheerende Folgen für die Psyche und auch für die Kultur gehabt.

Wenn der Verstand zu sehr die Oberhand gewinnt, gehen Träume und prophetische Vorstellungen, psychologische Einsichten und unbewußte Kräfte in den Untergrund und nagen von unten weiter. Der Erfolg des Rationalismus darin, uns den Weg zu unseren psychischen Tiefen und unseren spirituellen Dimensionen abzuschneiden, unterdrückte unser halbes Leben. Und mit Unterdrückung verhält es sich sprichwörtlich so wie mit einem geschlossenen Dampfdrucktopf. Früher oder später explodiert er. Es ist gut möglich, daß die Massenmorde des zwanzigsten Jahrhunderts, die irrationale Wut von Personen und Nationen, die geschlossenen und bösartigen politischen Systeme, die «gerechtfertigte» Ermordung von Millionen – zum Teil direkte Folgen des rationalistischen Zeitgeists sind. Er verbannte die eine Hälfte der menschlichen Natur ins unbewußte Vorratslager, wo sie Treibhaus-Chimären erzeugte, bevor sie durch die Hintertür wieder auf dem Spielfeld der Geschichte erschien, um die Welt mit Chaos und Dämonen zu übersäen.

Es kann sogar sein, wie es Georg Steiner formuliert hat, daß die Verheerungen des ersten und zweiten Weltkrieges und besonders die Vernichtung der Juden eine natürliche Folge der Herrschaft des

Rationalismus im neunzehnten Jahrhundert war, die eine Unruhe und eine Lust am Chaos erzeugte. «Der Zusammenbruch der revolutionären Hoffnungen nach 1815, die brutale Herabsetzung der Zeit und der radikalen Erwartungen hinterließen ein Reservoir von ungenutzten stürmischen Energien.» Zusammen mit dem ungeheuren Wachsen der Städte und des monetär-industriellen Komplexes bewirkte dies die Entfremdung des selbständigen Bewußtseins der Menschen des neunzehnten und zwanzigsten Jahrhunderts. Sie schufen die notwendigen Bedingungen für das kommende Debakel: «Äußerlich brillant und heiter, war die *Belle Epoque* bedrohlich überreif.»[45]

Eine andere Antwort auf den Zusammenbruch des alten Mythos führte schließlich zur wissenschaftlichen, säkularisierten Gemeinde, die ein Heilmittel gegen das Unheil darin suchte, die Kräfte der Natur zu verstehen und zu kontrollieren. Die Philosophie der Macht über die Natur begann beim westlichen Menschen bereits früh. In einer Zeit, als das westliche Europa ein kleiner, primitiver Außenposten der großen Zentren der Zivilisation war, waren die westlichen Bauern und Handwerker technisch frühreif. Im Jahre 1000 v. Chr. verwendeten sie die Wasserkraft schon für andere gewerbliche Prozeduren als nur für das Mahlen des Korns, und schon kurze Zeit später gewannen sie mit der Erfindung von Egge und Pflug einen Sinn für die manipulative Macht über die Natur, der nahezu einzigartig in der Geschichte der menschlichen Kulturen ist. «In der Mitte des 13. Jahrhunderts begann eine beachtliche Gruppe aktiver Denker damit, die Vorstellung von den mechanischen Kräften zu generalisieren. Dabei wurden sie nicht nur durch die technologischen Fortschritte der letzten Jahrhunderte angeregt, sondern auch vom Trugbild des perpetuum mobile geleitet. Sie begannen, sich den Kosmos als ein riesiges Reservoir von Kräften vorzustellen, die den menschlichen Absichten entsprechend zu erschließen und zu nutzen waren. Sie waren machtbewußt bis an die Grenze zur Phantastik.»[46]

Diese Phantasien regten in der Mitte des vierzehnten Jahrhunderts zur Erfindung von allerlei mechanischen Apparaten an und leisteten die Vorarbeit für eine Unmenge von technologischen Entwicklungen, die im Kielwasser von Gutenberg folgten. Die Geschwindigkeit beschleunigte sich derart, daß ein Besucher aus einer anderen Kultur (man könnte fast sagen, von einem anderen Planeten) – ein hochkultivierter griechischer Kleriker, Besarion, im Jahre 1444 eine frühe Version des Zukunftsschocks erlitt. Er traf eine riesige Ansammlung von genialen mechanischen Geräten an, wurde Zeuge der Überlegenheit von italienischen Schiffen, Waffen, Textilien und Glas und staunte beim Anblick von Wasserrädern, die Holz zersägten und den Blasebalg für Hochöfen betätigten.

Die folgenden Jahrhunderte sahen eine ständige Beschleunigung in der Ausweitung der «Herrschaft des Menschen über die Dinge». Das Genie von Bacon, Galilei, Newton und Descartes diente dazu, die Entfremdung von Mensch und Natur zu vertiefen, einer Natur, die nun als eine meßbare, mechanische Größe gesehen wurde, die man mit Gewalt befragen mußte. Vielleicht war Bacon der Hauptarchitekt dieses Prozesses, weil er es war, der dem westlichen Denken die gründlichste Rechtfertigung für dieses Herrschaftsprinzip gab. Er bekräftigte, daß «die Herrschaft über natürliche Dinge – über Körper, Medizin, mechanische Kräfte und unzählige andere – das einzige und letzte Ziel wahrer Naturphilosophie»[47] sei. Bacon war es auch, der diese neue Philosophie mit den technologischen und mechanischen Neuerungen verband und uns versicherte, daß der Mensch darangehen würde, «eine Kette und eine Art von Erfindungen» zu schaffen, «die bis zu einem gewissen Grad die Not und das Unglück der Menschheit lindern und besiegen könnten».

Die ökologische Kritik daran wurde durch einen Zeitgenossen von Bacon, den Dichter John Donne, laut, der einen Warnruf ausstieß, der für die Ereignisse des zwanzigsten Jahrhunderts prophetisch werden sollte:

Und die neue Philosophie zieht alles in Zweifel,
das Element Feuer ist schon ganz gelöscht,
die Sonne ist verloren, und die Erde,
und keines Menschen Geist
kann ihn gut dahin führen, wo er sie suchen muß.

Und freimütig geben die Menschen zu,
daß diese Welt verbraucht ist,
alles ist in Stücke gefallen,
aller Zusammenhang ist dahin,
alle Vorräte und alle Beziehungen.[48]

Trotz dieser Warnung wurden der Verbrauch der Weltsubstanz und der Verlust von Vorräten und Beziehungen von den Erben Bacons nicht wahrgenommen. Sie beharrten auf der Aufrechterhaltung von Bacons Illusion von unbegrenzter Kraft und unbegrenztem Fortschritt, die ihrerseits wiederum zu Illusionen führten, die das dualistische Leiden des von der Natur getrennten Menschen verlängerten. Wer Macht hat, so hieß das eherne Gesetz, kann seine Herrschaft über die äußere Welt fortführen – und unbegrenzte Macht bedeutet dann uneingeschränkte Herrschaft.

Wissenschaftliche Forschung wurde zum alles beherrschenden Hauptanliegen, vorangetrieben von dunklen Kräften in den unbewußten Tiefen des westlichen Menschen. Das Teleskop und das Mikroskop wurden erfunden. Es wurden neue mathematische Ausdrucksmöglichkeiten geschaffen. Eine wissenschaftliche Priesterschaft begann das gedankliche Leben unserer Gesellschaft zu steuern. Die Menschen betrachteten die Erde in ihrer physikalischen Dimension und entwarfen neue Theorien darüber, wie sie funktionierte. Die Himmelskörper wurden zielgerichtet genau untersucht, das Phänomen des Lichts wurde erforscht, es entwickelten sich neue Wege, Energie zu verstehen. Neue Wissenschaften entstanden: Das *Novum Organum* von Francis Bacon erschien 1620, die *Principia* von Isaac Newton 1687, die *Nuova Scienza* von Giambattista Vico 1725.[49]

Der Sage nach hatte Prometheus einen Bruder, Epimetheus, ein weltentrückter, harmloser junger Mann, dessen Name «zusätzliche Idee» bedeutet. Zeus, der wütend darüber war, daß Prometheus der Menschheit das Feuer – und damit bis zu einem gewissen Grad die Kontrolle über die Naturkräfte gegeben hatte, sandte Pandora aus, um die Braut des Epimetheus zu werden, versehen mit der berühmten Büchse als Mitgift. Es ist interessant zu bemerken, daß sich die Denker der späten Renaissance sehr stark mit Prometheus identifizierten, aber nur insoweit, als er der Vertreter neuen Wissens und neuer Kraft war, nicht als letztendlich Verantwortlichem für die Braut des Epimetheus und die Auslösung einer unvorstellbaren Reihe von Leiden. Die Büchse der Pandora als «wissenschaftliche» Kontrolle über die Natur wurde im siebzehnten Jahrhundert überreicht, aber vollständig geöffnet wurde sie erst im neunzehnten mit der radikalen Beschleunigung und Ausbreitung industrieller technologischer Veränderungen in allen Bereichen des Lebens.

Die industrielle Revolution erzwang die Zerstörung und grundlegende Wandlung aller traditionellen Formen des Seins, des Wissens, des Habens und des Lebens. Es war vielleicht der heftigste Angriff auf das traditionelle Menschenbild und die Bedeutung dessen, was es heißt, menschlich zu sein, den die Welt je gesehen hat. Die Zahl der Veränderungen, die aus dem Bevölkerungswachstum, der Expansion der Industrialisierung, der Geburt vieler neuer Wissenschaften und Forschungsmethoden und der Revolutionierung der sozialen und familiären Struktur und des Wertesystems folgten, führten zusammengenommen zu einem Quantensprung im gesamten Gewebe der menschlichen Existenz wie auch in der Psychodynamik menschlicher Erfahrung.

Es war besonders die Arena ökonomischer Veränderungen, die zum Schauplatz der bedrohlichsten Folgen für das menschliche Selbstverständnis wurde:

Die sozialen Folgen der industriellen Revolution transformierten deutlich das Leben und die Handlungen von Individuen in Europa, besonders in der Mitte des 19. Jahrhunderts. Zum Beispiel hatte das Auftauchen der Vorstellung von Produktionsfaktoren (Land, Arbeit, Kapital) revolutionäre Konsequenzen für das westliche Bild von Menschlichkeit. Menschen (der Faktor Arbeit) waren nicht mehr Teil eines organischen Ganzen einer Gesellschaft; statt dessen wurde die Person, der Arbeiter, zu einem verdinglichten und standardisierten Faktor des Produktionsprozesses. Die Tendenz, Menschen als bloße Einheiten eines Produktionsprozesses zu betrachten, erzeugte einen unpersönlichen Markt und zwang dazu, sich dem Diktat der Fabriken zu unterwerfen, um zu überleben. Sie wurde verstärkt durch die postmerkantilistische, sozioökonomische Ideologie des laissez-faire, die staatliche Eingriffe in das Wirtschaftsleben verhinderte. Das Bild, das dieser Einstellung innewohnt, könnte man vernünftigerweise als «homo oeconomicus» so beschreiben: rationalistisch (fähig, sich auszurechnen, was in seinem eigenen Interesse liegt), mechanistisch (ein Produktionsfaktor), individualistisch (mit großer Verantwortlichkeit für sein eigenes Wohlergehen) und materialistisch (mit ökonomischen Kräften als ersten, wenn nicht einzigen Belohnungen und Kontrollmechanismen).[50]

Solch eine Verdinglichung der menschlichen Persönlichkeit und ihrer Bedürfnisse zu Produktionsfaktoren diente dazu, die Suche nach einem feineren und organischeren Leitbild für das industriellere Zeitalter zu verhindern.

Wieder war es die größere Empfindsamkeit eines Dichters und Schriftstellers, die die kommenden Übel entdeckte. Hier ist zum Beispiel eine Passage aus *The Duke's Children (Die Kinder des Herzogs),* in der der Schriftsteller Anthony Trollope eine Gruppe von aristokratischen Fuchsjägern beschreibt, die die Gefahren der Jagd «in den heutigen Tagen» diskutieren. Die Passage wurde im Jahr 1880 geschrieben:

... nicht die Gefahr von gebrochenen Hälsen und zerschmetterten Rippen ..., sondern die Gefahr durch Fremde, die Gefahr neumodischer Vorurteile, die Gefahr durch den modernen Sport, die Gefahr der Überkultivierung, die Gefahr durch das Bevölkerungswachstum, die Gefahren wachsender Schnellstraßen, die Gefahren von gleichgültigen Magnaten und die Gefahr aller Gefahren, die Gefahr von der Abnahme der Mittel und dem Anwachsen der Ausgaben.

Dieses spätviktorianische Szenario erwies sich als prophetisch für die Art der Probleme, die das zwanzigste Jahrhundert bald quälen sollten.

Auf der nächsten Seite finden wir eine Aufstellung ausgewählter Fortschritte und der dazugehörigen Probleme des gegenwärtigen technologischen Zeitalters, die vom Stanford Research Institute Center for The Study of Social Policy ausgearbeitet wurde. Diese Aufstellung findet sich in der brillanten Studie *Changing Images of Man,* die eine sprechende Realisierung und Zusammenstellung der Befürchtungen der sozialen Kritiker des neunzehnten Jahrhunderts ist.

Mit dieser Aufstellung kommen wir zum Höhepunkt des uralten, aber konstant gebliebenen Zustands der Verdinglichung und Beherrschung der Natur. Nachdem er im letzten Jahrhundert überall um sich gegriffen hat, ist er nun, bestärkt durch die mittelalterlichen Machtphantasien und mit der philosophischen und mechanischen Kraft des promethischen Menschen der Renaissance und der frühen Neuzeit versehen, letztlich mit fast apokalyptischen Folgen eines exzessiven Erfolgs beladen. Es ist eine Aufführung der Geschichte vom Zauberlehrling auf dem Gebiet der Geschichte. Der Zauberlehrling, der fast nichts von der subtilen Dynamik der Kräfte versteht, mit denen er umgeht – und von sich selbst in Beziehung zu diesen Kräften –, ist von seiner Hervorzauberung der automatischen Besen überwältigt. Er gerät durch das schiere Ausmaß seines Erfolges in Lebensgefahr.

Was dem Zauberlehrling fehlte und was ebenso in der Geschichte des westlichen technologischen Erfolgs fehlt, war ein Sinn für die lebenswichtige Ökologie, die innere und äußere Welten verbindet. Das vorherrschende soziale Paradigma der Realität, das vor allem in ökonomischen und technologischen Begriffen wahrgenommen wird, ist insofern mangelhaft, als es an die objektive, äußere Dimension der Dinge gebunden ist und somit keine inneren begrenzenden Faktoren enthält. Aber die äußere Umgebung selbst ist in ihren Vorräten stark begrenzt, und so bringt jede Lösung zehn neue Probleme hervor.

S.R.I.-Aufstellung ausgewählter Fortschritte und damit verknüpfter Probleme des technologisch-industriellen Zeitalters:

Erfolge	Probleme, die aus *zuviel Erfolg* resultieren
Verringerung der Kinder- und Erwachsenensterblichkeit	Regionale Überbevölkerung; Probleme alter Menschen
Hochentwickelte Wissenschaft und Technik	Gefahr einer Massenvernichtung durch nukleare und biologische Waffen; Verletzbarkeit durch Spezialisierung, Bedrohung von Privatleben und Freiheit (z. B. technologische Überwachung, Biotechnik)
Maschineller Ersatz von Handarbeit und Routinetätigkeiten	verschlimmerte Arbeitslosigkeit
Fortschritte in Kommunikation und Transport	Wachsende Luft- und Umweltverschmutzung, Lärmbelästigung, ‹Informationsüberladung›, Anfälligkeit für Zusammenbrüche einer komplexen Gesellschaft, Zerstörung des menschlichen Biorhythmus
Effiziente Produktionssysteme	Unmenschlichkeit der gewöhnlichen Arbeit
Wohlstand, materielles Wachstum	Gewachsener pro-Kopf-Verbrauch von Energie und Waren, der zur Verschmutzung und Verringerung der Ressourcen der Erde führt
Befriedigung grundlegender Bedürfnisse	Weltweite Revolutionen ‹steigender Ansprüche›, Rebellion gegen nicht sinnvolle Arbeit
Erweiterte Wahlfreiheit für den Menschen	Unvorhergesehene Konsequenzen technologischer Anwendungen, Zusammenbruch des Managements im Hinblick auf ihre Kontrolle
Erweiterter Reichtum der entwickelten Nationen, volle Taschen	Wachsende Kluft zwischen ‹besitzenden› und ‹besitzlosen› Nationen, Frustration der Revolution steigender Ansprüche, Ausbeutung, leere Taschen

Die Technologie und ihr Stiefkind, der Materialismus, sind, ehrlich gesagt, weltfremd, weil ihnen die Vollkommenheit der Natur in all ihren Teilen fehlt. Man kann sogar sagen, daß sie nicht nur weltfremd, sondern weltvernichtend sind. Das gegenwärtige einzigartige Drama des ökologischen, sozialen, politischen und psychologischen Zusammenbruchs, von dem das meiste von den Taten des Zauberlehrlings verschuldet wurde, ist ein Drama der Weltvernichtung, das größer ist, als man es jemals gesehen hat.

Warum vernichten wir uns selbst mit solch einem katastrophalen Tempo? Warum sind unsere Erfolge solche Fehlschläge? Ein großer Teil der Schuld liegt in unserer psychologischen Unzulänglichkeit und dem Mißbrauch des Erfolgs. Wie wir gesehen haben, wurde das natürliche Kontinuum zwischen Mensch und Natur während der jüngsten Regierungszeit der Quantität genauso wenig zur Kenntnis genommen und genauso verhöhnt wie der Reichtum des humanen psychologischen und spirituellen Geschehens. Die Voraussetzungen der Technologie erwiesen sich als hinderlich und verletzend für die menschliche Persönlichkeit, da sie auf Haltungen und Prinzipien des neunzehnten Jahrhunderts gegründet waren, die psychologisch naiv, linear, isoliert und ausbeuterisch sind. E. F. Schumacher bemerkte: «Die Ökonomie des Gigantismus und der Automation ist ein Überbleibsel der Bedingungen des neunzehnten Jahrhunderts und des Denkens aus dem neunzehnten Jahrhundert und völlig unfähig, irgendeines unserer wirklichen Probleme heute zu lösen.»[51]

Dazu sehen wir uns auch mit der Tatsache konfrontiert, daß die Verherrlichung des *vorführbaren Beweises* dazu führte, daß auch die eher humanistischen Disziplinen, wie die Psychologie und die Sozialwissenschaften, in Ausdrücken strukturiert wurden, die aus den operationalen Mechanismen der Wissenschaft des neunzehnten Jahrhunderts stammten. Doch ironischerweise trieb die Intensivierung dieser Methoden den individualisierten Menschen zu Untersuchungen, die immer stärker ihn selbst und sein eigenes Unbewußtes zum Gegenstand hatten. Noch ironievoller ist es, wenn Freud, der Wiederentdecker des verborgenen Kontinents der Psyche, diese als ständigen Widersacher von Vernunft und guten Sitten sieht. Freud hielt in vieler Hinsicht am Ideal des kritisch analytischen Verstandes des individualistischen Menschen fest.

Die große Wissenschaft mechanischer Zuordnungen wurde in der Physik seit 1895 durch Feldtheorien verändert. Mit der Quantentheorie entwickelte sich ein Verständnis, das zum Verschwinden dessen führte, was das Ziel allen Denkens seit der Wissenschaft der Ionier vierundzwanzig Jahrhunderte zuvor gewesen war – absolute Objektivität. Schließlich wurde ihr mit der Heisenbergschen Unschärferelation und Einsteins Relativitätstheorie der Gnadenstoß versetzt.

Darwin brachte 1859 in seinem Buch *Von der Entstehung der Arten* die Entdeckung der sich entwickelnden Stufen des Lebens erstmals voll zum Ausdruck. Nach Darwin kamen die neuen Physiker mit ihrer Untersuchung des Lichts und der Strahlung fast gleichzeitig zu einem Verständnis der sub-atomaren Vorgänge und des ganzen galaktischen Systems. In der Biologie markiert die neue Wissenschaft der Ökologie und ihr systemisches Verständnis von Austauschprozessen zwischen energetischen Systemen, zusammen mit der neuen Physik, das Ende der Analyse als einziger Methode zum Verständnis der Natur des Lebens.

Gegenwärtig leben wir in einer Zeit, die große Einsicht sowohl in den Mikrokosmos als auch in den Makrokosmos der phänomenalen Welt hat. Mit der einhergehenden Ausweitung unserer Wege, Wissen zu gewinnen, wird allmählich eine neue Geschichte der Entwicklung in ihren Grundzügen verfügbar, so wie Berry sie beschrieben hat:

Der Wissenschaftler-Priester-Prophet-Mystiker gewahrte plötzlich, daß sich die Undurchdringlichkeit der Materie aufgelöst hatte. Seine Wissenschaft war letztlich doch nicht das objektive Erhaschen irgendeiner Realität außerhalb seiner selbst; es war eher ein Moment subjektiver Vereinigung, in der der Mensch sich selbst weniger als ein isoliertes, olympisches Prinzip ansah, als vielmehr als ein Wesen, in dem sich das Universum in seiner evolutionären Dimension selbst bewußt wurde ... Die letzte Stufe dabei war, zu sehen, daß der Mensch kein losgelöster Beobachter dieser Entwicklung, sondern wesentlich für den gesamten Prozeß ist. In der Tat kann der Mensch nun als letzter Ausdruck des kosmisch-irdischen Prozesses definiert werden, als das Wesen, in dem der kosmisch-irdisch-menschliche Prozeß sich seiner selbst bewußt wird.[52]

Die reine Intensität unserer gegenwärtigen Realität hat uns dazu veranlaßt, eine weitere Stufe zu erklimmen. Ich vermute, daß wir in einer Zeit leben, in der das Zusammentreffen von erhöhter Komplexität und Krisen ein Drittes schafft, eine ganz neue Geisteshaltung, in der wir unsere Realität erkennen und mit ihr umgehen können. Zeiten, in denen das vorherrschende Paradigma oder der Weg, die Realität zu verstehen, sich verschiebt oder sich einer substantiellen Veränderung unterzieht, sind Zeiten der «Umwertung aller Werte» (Nietzsche), der «hierarchischen Re-Strukturierung» (Platt), «konzeptionellen Metamorphosen» (Thompson), «kulturellen Mutationen» (Bois und White) und «Funktionen des neuen Systems» (Korzybski) genannt worden.

Wir könnten jetzt sowohl in qualitativer als auch in quantitativer Hinsicht in einer Frühphase des Abschieds von den vorherrschenden technologischen Paradigmen sein. Es gibt Anzeichen dafür, daß wir uns endlich aus der verdinglichenden, manipulierenden Philosophie der Macht herausbewegen, die viel zu lange regiert hat. Die ökologische Krise allein tut das, was bisher keine andere Krise in der Geschichte je getan hat: sie fordert uns zur Verwirklichung einer neuen Menschlichkeit heraus, zu einer neuen Art, uns mit unserer Welt auseinanderzusetzen und mit ihr zu arbeiten.

Eine holistische Perspektive und ein ganzheitliches Verständnis entstehen, eine ökologische Ethik, in der der Mensch im Konzert und in Partnerschaft mit der Natur handelt, um stärker symbiotische ökologische Beziehungen hervorzubringen. Die ökologische Ethik hilft uns dabei auch, die notwendige Synergie zwischen individuellen und organisatorischen Kleinstentscheidungen zu erreichen, die eine gesündere Ausgangsbasis für kommende übergreifende Entscheidungen bietet. Sie stellt auch eine organische Grundlage für interdisziplinäre und interkulturelle Koordination bereit.

Dies sind einige der Belastungen und Herausforderungen, mit denen wir in unserer Zeit der ersten Reife konfrontiert sind. Entwicklungsmäßig gesehen, ist es eine Zeit, in der man oft zwischen der Erleichterung über die Unabhängigkeit und der Trauer über die Isolation hin- und hergerissen wird. Der verantwortliche, reife Mensch, der gezwungen ist, Entscheidungen zu treffen, kann sich keine letzte Autorität suchen, um sich Anweisungen zu holen, wie es der Heranwachsende konnte. Aus der Vielfalt der Wahlmöglichkeiten, die ihm seine Kultur anbietet, muß er selbst für sich entscheiden, welches die besten für ihn sind. Er steht vor der Wahl zwischen all den verschiedenen «ismen» und «ologien», zwischen all den Variationen geschlossener Gedankengebäude.

Sogar ohne Gewißheit konnte der individuelle Mensch in der äußeren Welt kraftvolle, vorhersagbare und gewinnbringende Ergebnisse erzielen. Aber die Isolierung seines Verstandes und die Abgeschnittenheit von seinen psychischen Wurzeln bewirken, daß er jeden Glauben und jede Handlungsweise verwirft, deren Richtigkeit nicht sofort experimentell belegt werden kann.

Viele Menschen in der ersten Reife wurden durch eine technologische Umwelt geformt und manipuliert, durch Erziehung, soziale Programme und Therapie verändert und beeinflußt, die noch zum größten Teil auf überholten, mechanistischen Modellen basieren. Und so sehen sie sich selbst als prothesenhafte Verlängerungen des technologischen Prozesses, anstatt die Technologie als Prothese des menschlichen Prozesses zu sehen.

Es ist deshalb von großer Bedeutung, daß die gegenwärtige Krise im Bewußtsein des Individuums – der Verlust eines Realitätssinns, den so viele empfinden, die zunehmende Entfremdung – zusammen mit der ökologischen Zerstörung des Planeten durch technische Mittel und der Unterdrückung der Psyche durch eine unangemessene Vision menschlicher Möglichkeiten auftritt.

Diese Formen von Streß bereiten den Boden für das Auftreten der manisch-depressiven Persönlichkeit. Wie Ruth Benedict in ihrem Buch *Patterns of Culture* anmerkt, ist unsere Gesellschaft in ihrer Weltsicht vorwiegend manisch-depressiv und bewertet daher häufig den manisch-depressiven Menschen positiv. Der allzu energische, manische junge Mensch wird auf dem Arbeitsmarkt und auch in der gesellschaftlichen Öffentlichkeit ständig umworben. In der Tat ist es für ihn ein leichtes, in diesem Durcheinander von Mißverständnissen und kaum verhüllter Böswilligkeit, das wir Politik nennen, seine Konflikte erfolgreich auf andere zu projizieren.

Eine neue Art der ganzheitlichen Weltanschauung ist notwendig, um dem Individuum dabei zu helfen, die Teile des Selbst und der Gesellschaft, die er aufgegeben hat, wiederzuentdecken, und sie dann in sein unabhängiges Wissen und seinen Verstand zu integrieren. Der reife Mensch braucht Programme, mit denen er den erweiterten Gebrauch seines Körpers und seines Verstandes neu lernen kann, um sich selbst weniger verletzbar zu machen und sich besser darauf vorzubereiten, die Überlast unseres technischen Zeitalters aufzunehmen, zu halten und mit ihr umzugehen.

Wie ich im ganzen Buch zu zeigen versucht habe, werden wir eine um so größere Tendenz zu Wachstum und reicher Entfaltung des Selbst zeigen, je stärker wir Gebrauch von unseren körperlichen und geistigen Fähigkeiten machen. Im Hinblick auf letzteres ist es für den individuellen Menschen besonders wichtig, diejenigen Ebenen der Psyche zu erfahren, auf denen die Bilder archetypisch, mythologisch oder möglicherweise transpersonal sind.

Indem wir diese Aspekte unserer selbst kennenlernen, stellen wir die Balance zwischen Innen- und Außenwelt wieder her, die der individuelle Mensch so verzweifelt nötig hat. Es heißt, einen weitergehenden Gebrauch des Selbst und ein größeres Maß an Selbsterkenntnis zu gewinnen. Es heißt, über die Konditionierungen und Sackgassen und Verkleinerungen hinauszugehen, die uns unsere technologische Umwelt und unsere kulturbedingte Furcht vor den Tiefen aufgezwungen hat. Es heißt, die Grenzen des inneren Raumes auszudehnen, der im Gegensatz zum äußeren Raum unerschöpfliche Quellen hat.

Das Dromenon für den individuellen Menschen:
Mea Machina, Mea Mandala

Das Dromenon für den individuellen Menschen soll seine konditionierten und mechanistischen Aspekte mit den unkonditionierten Tiefen verbinden, von denen er ein Teil ist. Es ist eine Erfahrung, die die Kraft der beiden Bereiche durch das Mysterium und die *Therapeia* des Feuers verbindet. Die Strahlen des Sonnenfeuers oder das auf der Erde entzündete Feuer werden beschworen, um die Hindernisse hinwegzubrennen, die das Selbst in einem Zustand chronischer Zersplitterung halten. In der darauf folgenden Erleuchtung, in der Zeit nach dem Brennen, entdecken wir eine neue Form, die das Mysterium unserer vertieften Reife enthält.

Es ist merkwürdig und zugleich vielsagend, daß der individuelle Mensch eine solche Neigung zur Verherrlichung von Robotern gezeigt hat. Über hundert Jahre lang hat sich die humanistische westliche Kultur in morbider Faszination mit Androiden, Automaten und summenden und schwirrenden mechanischen Monstern beschäftigt, in denen immer noch Gefühle leben und Liebe blühen kann. Der mechanische Mensch ist das Wunderkind der Technik; Filme, Erzählungen und Spielzeug bezeugen den besonderen und mythischen Platz, den er in unseren Herzen einnimmt.

Das kurze Zögern, das wir beim Anblick von vorprogrammiertem, stahlumgürtetem Gehorsam erleben, wird durch eine Kreatur mit den psychischen Qualitäten eines gelehrigen und treuen Hundes gemildert und romantisiert. Pinocchio sehnt sich danach, seinen hölzernen Körper in den eines wirklichen Jungen zu verwandeln. Der Blechmann im *Zauberer von Os* sehnt sich nach einem schlagenden Herzen. Die Roboter-Helden aus *Star Wars* sind in ihrem Benehmen und ihrer Moral weitaus humaner als ihre menschlichen Meister und in ihrer Suche nach einander schon fast mythisch. Der Raumschiff-Computer *HAL* aus dem Film *2001* gerät in einen tragischen Anfall von paranoider Schizophrenie, bevor er von den menschlichen Ingenieuren «lobotomisiert» wird. Wenn der TV-Roboter zu den Dummheiten, für die er verantwortlich ist, brummt: «das geht nicht», tut er das mit tiefer Sorge und aus einer umfassenderen Wahrnehmung der Natur der Realität heraus als die Menschen.

Stark, einfalls- und erfindungsreich, ziemlich gehorsam, aber fähig zur Freiheit, das sind die Bilder vom mechanischen Menschen, die in der gegenwärtigen Kulturlandschaft so weit verbreitet sind. Was im letzten Jahrhundert als literarischer und metaphorischer Versuch, konditioniertes Verhalten zu verwahren und einen Caliban in einem eisernen Anzug gefangenzusetzen, begonnen hatte, was als letzte Prothese des Maschinenzeitalters gedacht war, die mechanisierte Ausgabe unserer selbst, wurde nun im gegenwärtigen kulturellen Mythos zum genauen Gegenteil – zu Engeln mit Ersatzteilen, zu Stahl-und-Silikon-Seraphimen, zu von Seele entflammten Dingen.

Für mich ist das darin enthaltene Versprechen außerordentlich. Ethnologen und Behavioristen, aufgepaßt! Was als Allegorie unseres eigenen konditionierten und automatisierten Verhaltens gepriesen worden war, hat plötzlich – wie es alle guten Allegorien tun – in seinen Aluminiumgleisen angehalten, sich umgedreht und mit großer Würde seine eigene Freiheit erklärt. In der Art, wie er gegenwärtig erzählt wird, enthüllt der Mythos vom Roboter, wie sich die Realität unserer Haltungen uns selbst gegenüber verwandelt.

Ich bin ein Roboter, richtig. Ein großer Teil meines Verhaltens von Körper und Gehirn reagiert mit Pavlowscher Regelmäßigkeit, die die Insassen einer jeden Skinnerbox erfreuen würde. Aber wenn ich nicht eine ganze Anzahl dieser automatischen Verhaltensschleifen hätte, wäre ich nicht in der Lage, mich anzuziehen, autozufahren, den Hund zu füttern und dabei über Metaphysik zu sprechen. Ich wäre nicht fähig, all die richtigen Dinge zu tun, wenn mein Mann von einer Biene gestochen und ohnmächtig wird, mich um tausend Sachen zu kümmern. Ich bin ein Roboter. Die synaptischen Kreise meines Gehirns und meines Körpers sind so automatisch wie jeder Hilfsmechanismus. Aber ebenso wie die Roboter in den gegenwärtigen Mythen, weiß ich, daß ich eine Bewußtheit besitze, die meinen Automaten steuern und seine alten und immensen Kräfte für mich arbeiten lassen kann.

Mit Stolz nenne ich all dies Mea Machina – das Wissen der alten Teile meines Gehirns; die Überlebensfähigkeit der Eidechsen und Lemuren sind immer noch in mir. Mea Machina ist die Fortführung der listigen Instinkte des frühen Säugetiers, das ich war, und des Affen hoch oben in den Bäumen, der ich wurde. Millionen Jahre erfolgreicher Kodierungen stehen zur Auswahl für den Teil von mir, der ein Biocomputer ist. Wenn ich ihr ein klein wenig Aufmerksamkeit schenke, stellt mir meine geniale Machina eine wertvolle und brillante Mannschaft zur Verfügung, die mir die Antriebskraft von Jahrhunderten und eine außerordentliche Reihe von Wahlmöglichkeiten und Chancen gibt. Mea Machina ist, wenn sie wieder entwickelt wird, ein Schlüssel zu höherer Freiheit und einer Bewußtheit vom Muster, das verbindet. Wenn sie aber vom Verstand getrennt wird und sich selbst überlassen bleibt, bindet sie uns in eine Lethargie von Gleichförmigkeit und Unfreiheit ein. Unsere Großartigkeit ist dann durch unvermeidliches Verhalten eingekerkert. In unseren Fortschritt sind dann sich selbst erfüllende Prophezeiungen und staubige Sackgassen einprogrammiert.

Damit dies nicht geschieht, ist es notwendig, ab und zu Verfahren anzuwenden, die das Grünen und Blühen der Machina und ihre Verwurzelung in der Freiheit zulassen. Das bringt uns zum Thema des Mandala. Was ist ein Mandala? Nun, die Erde ist ein Mandala, genauso wie dein Auge, deine Milchstraße, eine Blume, ein Spinnennetz, ein Schneekristall, der Querschnitt eines Baumes, der Plan von Stonehenge, der Aztekische Kalender, das Dromenon auf dem Fußboden der Kathedrale von Chartres.

José und Miriam Argüelles haben uns in ihren inspirierten Ausführungen über die Natur und Anwendung des Mandalas gezeigt, daß es «aus einer Reihe von konzentrischen Formen besteht, die an einen Übergang zwischen verschiedenen Dimensionen denken lassen. In seiner Essenz betrifft es nicht nur die Erde, sondern auch den Mikrokosmos und den Makrokosmos, den größten strukturgebenden Prozeß genauso wie den kleinsten. Es ist der Türhüter zwischen diesen beiden. ... Durch die Vorstellung und Struktur des Mandala kann der Mensch sich in das Universum projizieren und das Universum sich in den Menschen.»[53]

Fast jede Kultur hat ihre künstlerischen und religiösen Darstellungen des Mandala. Man sieht sie in persischen Teppichen und nordischen Runen, in keltischen Mäandern und den Steinmeißelungen der australischen Aborigines. Sie haben grundlegende Eigenschaften: einen Mittelpunkt, der das ewige Potential symbolisiert, eine Matrix von Formen und eine Art von spiegelbildlicher oder dynamischer Symmetrie, und sie setzen Bezugspunkte, entweder in gerader Anzahl oder unendlich viele, wie in einem Kreis. – Diese Wiedergaben sind so universal, daß man vermutet, daß das Mandala mehr ist, als nur ein Ausdruck der Beziehungen zwischen verschiedenen Ebenen der Realität. Es enthält die Geometrie des Sinns und dient als Ruf des Erwachens und als Chiffre für die weitergehende Evolution.

In östlichen Kulturen, und besonders in Tibet, wurde das Mandala lange als ritueller Meditationsprozeß benutzt, der zu immer tieferen Betrachtungen über die Natur der Realität führt, bis man schließlich ein Quadrat durchquert, als Symbol für die Erde und das vom Menschen gemachte Leben. Die immer weiter nach innen führenden Kreise der Initiation in höhere Stufen des psychologischen und spirituellen Wachstums werden aufgenommen, und man betritt das Zentrum, den Aufenthalt des Einen, den Ort der mystischen Vereinigung mit der kosmischen Wirklichkeit. Im Verlauf dieser Mandala-Reise vollzieht sich eine Heilung und Ganzwerdung von

Körper und Geist, wie sie auch die Sandmalereien der Navajos bewirken.

Hier dient das Mandala als Methode, mit der die Kräfte der Schöpfung und des Beginns aller Dinge in der Nähe derjenigen, die Hilfe und Heilung brauchen, aufgebaut und herbeigerufen werden können. Die Person, die geheilt werden soll, sitzt im Zentrum, während der Schamanen-Maler den farbigen Sand um sie herum zu einem Mandala ausarbeitet, das die Erschaffung der Welt in Erinnerung ruft. Währenddessen wird der lange Gesang von dem großen Ereignis gesungen, und Freunde und Verwandte singen von ihrem Glauben an das, was gerade geschieht. Derjenige, der geheilt werden soll, wird aufs Neue in die Realität eingeführt, wobei er einen kosmischen Segen von Himmel und Erde, den vier Himmelsrichtungen, dem Moment der Schöpfung, der vergangenen und der zukünftigen Zeit und dem ewigen Jetzt empfängt. Im Mandala zentriert, wird er neu mit dem Gewebe des Lebens verwoben, werden seine fehlerhaften Teile geheilt, indem sie mit einem Bild größerer Zusammenhänge verbunden werden.

Sogar stärkste Polaritäten werden versöhnt, und es findet eine Vereinigung gerade derjenigen Gegensätze statt, die das geistige oder körperliche Leiden verursacht haben mögen.[54]

In unserer Zeit ist das Mandala wieder zu seinem Recht gekommen, hauptsächlich durch die Forschungen von C. G. Jung, der in ihm das therapeutische Werkzeug mit der weitestreichenden Bedeutung für die strukturelle Integration und Wandlung der reifen, menschlichen Persönlichkeit sah. (Die informativste und wichtigste der Methoden und Kommentare sowie Reflexionen zum therapeutischen Gebrauch des Mandala finden sich in C. G. Jungs Werk.)[55] In allen Traditionen aber dient das Mandala als Kanal für Energie, die vereinigt, heilt und uns das Gefühl zurückgibt, Bürger eines Universums zu sein, das größer als unsere Hoffnungen und reicher als alle unsere Träume ist. Es erinnert uns daran, wie Dane Rudhyar es nahegelegt hat, daß jeder Organismus ein Brennpunkt des ganzen Universums in einem bestimmten Raum-Zeit-Intervall ist und ebenso jedes Raum-Zeit-Intervall ein solcher Brennpunkt ist. So bin ich, wenn ich ein Roboter bin, doch ebenso ein Mandala. Ich bin ein Mandala, und das bedeutet, daß ich durch tieferes Zentrieren den Ort in mir selbst finden kann, wo die Universalien im Einklang mit dem täglichen Leben stehen.

Ich biete Euch deshalb eine Übung an, die die Kraft dieser beiden Bereiche mit der Therapie durch das Feuer verbindet. Sie bringt die uralte Stärke verschlissener Gewohnheiten mit der noch älteren Freiheit in Verbindung und beleuchtet die Form von Ganzheit, die innen wohnt, aber alles Äußere durchzieht und ordnet. In dieser Übung, die ich *Mea Machina, Mea Mandala* genannt habe, wird das, was stark und statisch ist, mit dem verbunden und vereinigt, was fließend und dynamisch ist. Zum Abschluß dieser Übung sitzt du schließlich vor dem Himmelsfeuer oder vor den Erdfeuern und läßt symbolisch die Rudimente des geteilten Selbst verbrennen und erlaubst der neuen Form der eigenen vetieften Reife, sich zu entzünden und fest zu werden.

Wir beginnen mit *Mea Machina*.

STUFE EINS

Mea Machina

Nimm ein genügend großes Blatt Papier und zeichne darauf einen Kasten, den du mit Armen und Beinen versiehst. Oben zeichnest du eine stilisierte Version deines eigenen Kopfes. Gib der Zeichnung den Namen *Mea Machina*.

In den Kasten zeichnest du einige deiner Gewohnheiten und konditionierten Verhaltensmuster, die bewirken, daß du einen großen Teil deiner Lebenszeit automatisch lebst; zeichne sie so, als ob du die innere Arbeit des Roboters darstellst. Sei dir des ganzen Mechanismus bewußt, indem du Gewohnheiten und Verhaltensmuster zeichnest, die du magst, und solche, die du ablehnst. Versuch auch, es so zu machen, daß du die Verbindungen und die Kreisläufe abbildest, die einen Teil deines gewohnheitsmäßigen Verhaltens dazu bringen, einen anderen zu beeinflussen. Auf diese Art wirst du dir über viele automatische Verbindungen klar, die dein Leben steuern. Du kannst zum Beispiel auch durch passende Kreise, Geleise und Schaltungen anzeigen, wie es dich automatisch in eine Depression zieht, wenn du von jemanden nicht anerkannt wirst, und wie dich das dann wiederum dazu bringt, jemand anderen nicht anzuerkennen, was dich dann nach unten, in eine Kompressionskammer voller Bedauern und Selbsthaß zieht. Dies wiederum bewirkt, daß du anfällig für Erkältungen, Kopfschmerzen und Bauchkrämpfe bist.

Das Muster könnte auch positiv sein – eins, das mit Anerkennung beginnt und dann zu einem Kreislauf des Anerkennens anderer führt, was dich empfänglich für neue Ideen macht und zu einem Zustand von Gesundheit und Lebenskraft weiterführt, der wiederum bewirkt, daß du schöpferische Risiken auf dich nimmst oder eine Arbeit beginnst oder beendest.

Laß etwas Platz zwischen den Strukturen, damit du die Gewohnheitsmuster mit eigenen Worten beschreiben kannst. Du kannst die Worte auch an die Seite des Kastens schreiben und mit Pfeilen auf die dazugehörigen Teile der Zeichnung hinweisen. Fühl dich durch diese Anweisungen nicht gebunden – vielleicht ziehst du es vor, ein eher symbolisches Bild der Art und Verknüpfung deiner automatischen Verhaltensweisen zu machen.

Nimm dir für diese Übung mindestens dreißig Minuten Zeit, und wenn du vorher fertig bist, sieh dir deine *Machina* noch einmal an – vielleicht hast du ein wichtiges Muster vergessen. (Ich habe je zwei Beispiele von *Mea Machina* und *Mea Mandala* von Seminarteilnehmern auf der nächsten Seite beigefügt, um einige mögliche Variationen dieser Übung zu zeigen.)

Nun frage dich:

Was hast du über dich gelernt, als du deine *Machina* in dieser Zeichnung verdinglicht hast? Welche Verbindungen zwischen bestimmten Verhaltensmustern hast du beobachtet, die du vorher

nicht bemerkt hattest? Was sagst du zu den vielen Gewohnheitsebenen und der Art, wie sie miteinander verknüpft sind? Wir sind uns oft nur unserer alleroffensichtlichsten Automatismen bewußt und bleiben blind für die feineren, die aber um so tiefer sitzen und weitergehende Folgen haben können.

Wie kannst du, indem du sie im Bewußtsein behältst, lernen, diese Automatismen zu kontrollieren und zu dirigieren, anstatt dich von ihnen beherrschen zu lassen? Es ist nützlich, diese Übung einmal im Monat zu machen, um mit deinen Gewohnheiten Schritt zu halten. Viele meiner Schüler haben herausgefunden, daß sie durch die Objektivierung ihres Verhaltens in einer Zeichnung diejenigen Verbindungen bewußt auswählen können, die sie beibehalten möchten und auch die Kraft und Energie ihrer *Machina* auf gewinnbringende und weiterführende Ziele richten können.

Mach eine kurze Pause und beginne dann mit dem nächsten Teil der Erfahrung: *Mea Mandala*.

STUFE ZWEI

Mea Mandala

Die Vorbereitung darauf, das Mandala in dir selbst zu entdecken, sollte sehr langsam und meditativ geschehen. Wenn du das allein machst und niemand da ist, um dir die Instruktionen vorzulesen, dann sollten sie auf Kassette aufgenommen sein. Hast du diesen Prozeß einige Male durchlaufen, wird es nicht mehr schwer für dich sein, deine Meditation ohne äußere Hilfe zu lenken, und du kannst hinzufügen, was immer du möchtest, um die Erfahrung, das Mandala hervorzurufen, zu vertiefen oder zu verbessern.

Vor dir hast du ein großes Blatt Zeichenpapier und deine Malutensilien bereitgelegt. Benutze Materialien oder Werkzeuge, die du magst – Tusche, Wasserfarben, Bleistifte, Buntstifte, Filzstifte, Lineale oder Zirkel. Es ist oft nützlich, Teller in verschiedenen Größen dabei zu haben, wenn du dein Mandala in einem exakten Kreis unterbringen möchtest. Die Leiterin erklärt nun:

«Sitze in bequemer Haltung, am besten auf dem Boden und in gutem Gleichgewicht im Hinblick auf die Schwerkraft. Schließ die Augen und folge langsam deinem Atem – beim Einatmen und beim Ausatmen. Während du so weiter atmest, sei dir des Raumes bewußt, der dich umgibt – vorn, hinten; links, rechts; oben und unten. Versuche, diese Richtungen im Raum im Umkreis von etwa einem Meter zu fühlen. Wenn es geht, versuche, die Stelle in deinem Körper zu fühlen, wo sich diese Richtungslinien in dir berühren und treffen. Beziehe diese Linien auf die vier Himmels-richtungen.

Atme weiter langsam und tief. Laß dich vom Rhythmus deines tiefen Atems daran erinnern, daß du ein Teil des kosmischen Pro-zesses bist. Dein Atem verbindet dich mit all den Formen und Kräf-ten, die das Universum aufrechterhalten – Ausdehnung und Zusammenziehung, das Aufnehmen und das Abgeben, Fortschritt und Rückzug, die Fülle und das · Nichts, Geburt und Tod (zwei Minuten). Während du so weiter atmest, erkenne, daß du eins mit dem Leben des Universums bist, daß du mit jedem Atemzug gebo-ren wirst und stirbst, so daß du dich bald fragen wirst: «Bin ich der, der atmet oder bin ich der Atem? Oder macht das überhaupt keinen Unterschied?»

Atme weiter so, im Einklang mit dem Kosmos; aber nach dem nächsten Ausatmen verharre eine Weile an diesem raumlosen, zeit-losen Ort, wo das Bewußtsein ohne Objekt ist und wo nichts ist als reines Gewahrsein (eine Minute).

Während du weiter langsam und tief atmest, laß einen Kreis in deiner Vorstellung erscheinen. Laß den Kreis sich im Rhythmus dei-nes Atems ausdehnen und zusammenziehen. Während du den Kreis vor deinem geistigen Auge betrachtest, meditiere über die uralten Worte: «Gott ist ein vollkommener Raum, sein Umfang ist nir-gendwo, und sein Mittelpunkt ist überall ... Gott ist ein vollkommener Raum, sein Umfang ist nirgendwo, und sein Mittelpunkt ist überall ... Gott ist ein vollkommener Raum, sein Umfang ist nirgendwo, und sein Mittelpunkt ist überall ...».

Laß diesen Gedanken sich setzen und wisse, daß ein Mittelpunkt dieses vollkommenen Raumes in Dir entstehen wird ...Laß deinen eigenen Kreis sich weiter ausdehnen und zu einem leuchtenden Raum werden, der deinen Kopf, deinen Hals und die Herzgegend umfaßt. Wenn ungewöhnliche Gedanken auftauchen, laß sie sanft mit dem Ausatmen gehen und erkenne dich selbst noch deutlicher als einzigartigen Raum, der selbst Mittelpunkt des vollkommenen Raumes ist.

Allmählich und ohne Anstrengung wächst dieser Raum, umfängt den Rest deines Körpers, bis dein ganzes körperliches Sein in ihm enthalten ist. Die Ausdehnung geht weiter, bis dieser Raum dich in allen Himmelsrichtungen im Abstand von einem Meter umgibt.

Laß dein Bewußtsein ohne Objekt. Laß deinen Geist in reinem Gewahrsein ruhen und im Herzen allen Seins zu Hause sein, zentriert in der Quelle selbst. In diesem zeitlosen Augenblick, in diesem raumlosen Raum bist du ein Mandala – der Beginn und Ursprung aller Formen, die Saat aller Möglichkeiten, die Matrix aller Dinge, die Seele allen Geistes. Du bist das Mandala. Du bist die Linse, die die Energie der Schöpfung bündelt. Wenn Energiewellen oder Wogen von Licht und Farbe in Dein Bewußtsein kommen, so empfinde sie als Ströme, die von der Quelle her Leben zu allen Wesen bringen.»

(Gib zwei bis fünf Minuten Zeit für diese Meditation.)

«Wenn du bereit bist, öffne deine Augen und nimm allmählich wieder Kontakt zu dieser Welt auf, während du das Bewußtsein von der Welt des Mandala in dir aufrechterhältst. So wird es ganz natürlich für dich, gleichzeitig in beiden Bereichen zu sein.

Bleib in dieser Erfahrung, laß das Mandala durch deine Hand, dein Herz und deinen Geist fließen und mache eine einfache Zeichnung von dem, was du nun über deinen Platz in der kosmischen Ordnung erkennst und fühlst. Erinnere dich daran, daß das Malen des Mandalas eine Disziplin und auch eine heilige Handlung ist, die dich mit einer größeren Wirklichkeit verbindet. Diese Handlung erfordert deshalb gedankliche Konzentration und auch den Willen, die innere Ganzheit auszudrücken. Mach dir keine Sorgen darum, ob deine künstlerischen Fähigkeiten die Fülle dieser Vision angemessen umsetzen können. Wichtig ist, daß du etwas tust, was dir die Dimensionen deiner Erfahrung in Erinnerung ruft. Wenn du abgelenkt wirst, dann ruf sie dir zurück, vergegenwärtige dir noch einmal die Wirklichkeit dieses leuchtenden Raumes und die Welt des Mandala, dann zeichne weiter. Nimm dir für die Ausführung soviel Zeit, wie du benötigst.»

In Seminaren brauchen die TeilnehmerInnen im allgemeinen eine Stunde, aber wenn deine Zeichnung sehr detailliert ist, kann es sein, daß du sehr viel mehr Zeit benötigst.

Wenn du fertig bist, sprich darüber und reflektiere, was du gemacht hast. Wenn die Mitglieder einer Gruppe diese Übung zusammen gemacht haben, kann es sein, daß sie sich mitteilen und ihre Bilder besprechen möchten. Auf jeden Fall sollte dem Vergleich der Botschaften der Machina und des Mandala Beachtung geschenkt werden.

STUFE DREI

Verschmelzung von Machina und Mandala

Für diesen Abschnitt der Übung braucht man eine Leiterin und eine Trommel, obwohl es technisch möglich ist, diese Anweisungen ebenso wie das Trommeln auf einer Kassette aufzunehmen.

Die Leiterin gibt den TeilnehmerInnen nun folgende Anweisung:

«Setz dich auf den Boden und lege die Zeichnungen deiner Machina und deines Mandala nebeneinander vor dich hin.

Betrachte das Bild der Machina, während du tief atmest. Während du so schaust und atmest, werde dir der automatischen Verhaltensmuster und Gewohnheiten bewußt, aus denen deine Machina besteht. Bewerte sie nicht; laß es während des Atmens einfach geschehen, daß du dich auf sie einstimmst.

Nun tu dasselbe mit dem Mandala. Atme tief und stimme dich darauf ein.

Mit meiner Trommel werde ich ein Signal geben, wann der Wechsel vom Atmen und Aufnehmen der einen Zeichnung zum Atmen und Aufnehmen der anderen stattfinden soll. Ich schlage die Trommel – jetzt; sieh auf die Machina und atme dabei tief (zwanzig Sekunden).

Jetzt schlage ich die Trommel, und du betrachtest das Mandala. Während du langsam und tief atmest, nimmst du sein Wesen in dich auf (zwanzig Sekunden).

Wenn sich der Trommelschlag beschleunigt, bewege dich weiterhin zwischen Mandala und Machina, atme weiterhin tief, aber werde mit dem Trommelschlag schneller.

Die Leiterin verkürzt nun die Zeit zwischen den Trommelschlägen, und das Atmen und das Hin- und Hersehen wird immer schneller. Die Leiterin sollte sich etwa drei bis fünf Minuten Zeit dazu nehmen, den Vorgang bis zu dem Punkt zu beschleunigen, wo der Trommelschlag kontinuierlich und ohne Unterbrechung erklingt, so daß die TeilnehmerInnen ihre Köpfe mit großer Geschwindigkeit hin und her wenden und dabei sehr schnell atmen. An dieser Stelle macht die Leiterin einen letzten lauten Trommelschlag und sagt:

«Leg dich nieder und schließ die Augen. Laß das Mandala und die Machina fließen und miteinander verschmelzen. Laß das Mandala seine kraftvollen schöpferischen Energien an die Machina geben, und laß die Machina ihre alltäglichen Lebendigkeit und ihre Muster des gewöhnlichen Lebens an das Mandala geben. Laß die Vermischung von Machina und Mandala in dir die Form für den möglichen Menschen erschaffen. Werde dir dieser inneren Form als derjenigen bewußt, die deine vertiefte und integriertere Natur enthält und formt (zwei bis fünf Minuten).»

Wenn es sonnig und warm ist und es draußen einen schönen Platz gibt, auf dem man sitzen und die Sonne sehen kann, führt die Leiterin die TeilnehmerInnen nun nach draußen. Wenn das nicht möglich ist, sollte die Leiterin drinnen oder draußen ein Feuer vorbereitet haben und die TeilnehmerInnen auffordern, davor Platz zu nehmen. Die Leiterin sollte es so arrangieren, daß die TeilnehmerInnen so schnell und ruhig wie möglich an die Sonne oder zum Feuer kommen können, wobei sie gebeten werden, ihre neue innere Form im Bewußtsein zu behalten. Trommeln, Glocken oder andere Musikinstrumente können bereitgehalten werden, um später, wenn der Sinn danach steht, in der Übung verwendet zu werden. Wenn alle in der Sonne oder vorm Feuer sitzen, bekommen sie folgende Anweisungen:

«Atme tief, nimm die Sonne (das Feuer) in dich auf, und laß es jeden Teil von dir durchdringen und alle Hindernisse, Trennungen und Teilungen wegbrennen, bis du dich mit allen deinen Teilen eins fühlst (eine Minute).»

Laß nun in einer passiven und empfänglichen Haltung die Sonne (das Feuer) in dir und um dich herum sein und deine neue und höhere Form zu Stärke und Schönheit brennen, wie eine Vase in einem Brennofen. Laß die aus Machina und Mandala vereinigte Form im therapeutischen Feuer des inneren Brennofens vollendet werden. Wenn du fühlst, wie das geschieht, kannst du laut singen oder sprechen oder auch tanzen oder spielen, wie du das verwandelnde Feuer erlebst. Wenn es dir angebracht erscheint, laß es zu einem Fest der Verwandlung werden. Begrüße und feiere die neue Form in den anderen, wie du sie in dir selbst begrüßt und feierst (zehn bis zwanzig Minuten).»

Wenn der Zeitpunkt richtig erscheint, sollte die Leiterin die TeilnehmerInnen versammeln und sie auffordern, über das zu sprechen und zu reflektieren, was geschehen ist.

Fünf

Die höhere Spirale:
Der postindividuelle Mensch und die zweite Reife

Im Alter sollte man auf Forschungsreisen gehen
Was liegt daran, ob man hier ist oder dort?
Wir müssen still sein und noch vorwärts gehen,
Mit vertiefter Empfindung
Zu neuer Vermählung, tieferer Vereinigung ...

T. S. Eliot, *East Coker*

Wenn wir die Weite des Lebens hinter uns haben, stehen uns die Tiefen offen. Das Postindividuum der zweiten Reifephase ist Erbe dieser Weite und Träger dieser Tiefen. Für viele von uns verlängert sich die Lebenszeit, und dadurch vermehren sich unsere Wahlmöglichkeiten und Chancen. Wir haben jetzt Zeit, zu werden, wer wir sind; wir sind nicht mehr Männer und Frauen, die ein paar kurze Jahre arbeiten, um ihren Lebensunterhalt zu sichern, sondern gewinnen jetzt eine Lebensspanne hinzu, die es uns erlaubt, zu Weisen zu werden; zu in reichem Maße selbstverwirklichten menschlichen Wesen, die fähig sind, die Besonderheiten ihres örtlich begrenzten Selbst zu tanszendieren und sich weise und schöpferisch mit den gewaltigen persönlichen und planetarischen Anforderungen unserer Zeit auseinanderzusetzen.

Lassen Sie uns die Stadien unserer Reise kurz rekapitulieren, um den Ort, an dem wir jetzt sind, besser zu verstehen. Als eine mögliche Typologie wurden vier charakteristische Epochen der Menschheitsgeschichte vorgestellt und zum Vergleich mit vier aufeinanderfolgenden Stufen der psychosozialen menschlichen Entwicklung herangezogen. Die spiralförmig aufsteigende Evolution des Bewußtseins, die in diesen sich entwickelnden Epochen inbegriffen ist, schloß eine Reihe von Zeiten grundlegender Veränderungen ein, in denen der Mensch sein Menschsein benutzt und über sich selbst nachdenkt.

Wir stellten uns diese vier Stufen als eine Spirale evolutionärer Entwicklung vor und suchten so den Anfang in einer Urkultur, in der die Mitglieder ein gemeinschaftliches Bewußtsein hatten und präindividuell waren. Noch heute gibt es einige fragmentarische Überreste solcher äußerst symbiotischer Gesellschaften in verschiedenen Gegenden der Welt. Kürzlich wurde eine außergewöhnlich reine Kultur dieses Typs bei den Tasaday im Philippinischen Dschungel entdeckt. Auf diesen Kulturtyp folgten vielleicht einige kurze Episoden heroischer Zeitalter. Überheblich, rasend und rücksichtslos, wie auch auf kindliche Weise ihre eigenen Schwächen und Fehler übersehend, ließen diese protoindividuellen Helden ihre Wut an der alten Ordnung aus und trugen dazu bei, das paradiesische Leben des präindividuellen Menschen zu beenden.

Das dritte Zeitalter brachte eine Sehnsucht nach Selbstverbesserung mit sich, eine Neigung zu rigoroser Selbstdisziplin – eine Wendung nach innen, die nach dem Wesen des Selbst fragte. Die Philosophien, die Psychologie und die Religionen, die sich aus den Bedürfnissen dieses Zeitalters entwickelten, waren durch eine Leidenschaft für Transzendenz gekennzeichnet. Dieser asketische halbindividuelle Zustand ging dann in die vierte Stufe über, auf der die Individualität die Oberhand gewann und die humanistische Phase menschlicher Entwicklung in Gang gesetzt wurde.

An diesem Punkt scheint die spiralförmige Entwicklung, die sich anscheinend von einer Bewußtseinsform mit geringer Selbstreflektion zu einer Bewußtseinsstufe intensiver Selbstbewußtheit bewegt, zu einem natürlichen Abschluß gekommen zu sein. Ich glaube, daß dieser Abschluß den Beginn einer neuen Spirale in der Entwicklung des Bewußtseins und der Kultur signalisiert, einer Spirale, deren erste Windung alle vorangegangenen vier Stufen in sich trägt.

Der Abschluß einer Spirale und der Beginn einer neuen ist vielleicht die unvermeidliche Folge der Forschungen des individualisierten Menschen über das Wesen der Wirklichkeit. Ironischerweise führten die promethischen Ambitionen, die Natur zu erobern und

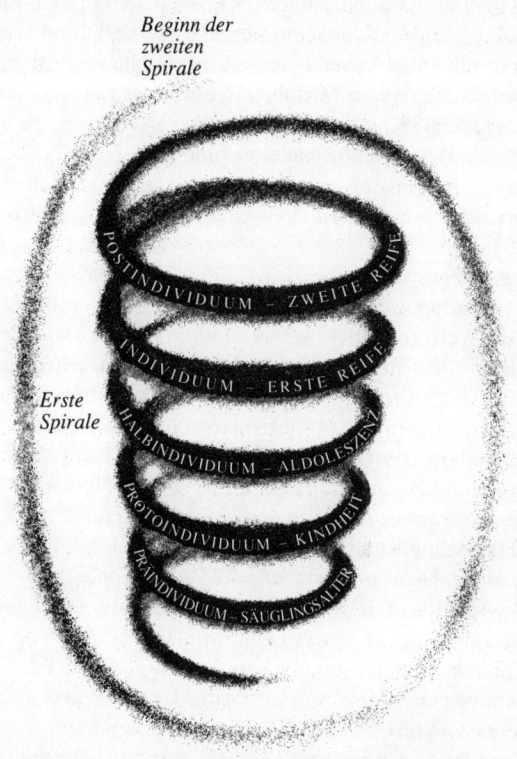

Beginn der
zweiten
Spirale

POSTINDIVIDUUM – ZWEITE REIFE

INDIVIDUUM – ERSTE REIFE

HALBINDIVIDUUM – ALDOLESZENZ

PROTOINDIVIDUUM – KINDHEIT

PRÄINDIVIDUUM – SÄUGLINGSALTER

Erste
Spirale

das Feuer vom Himmel und von der Erde zu stehlen, den individualisierten Menschen schließlich dazu, die Reiche der Zeit und der Geschichte zu erforschen, sowie die des inneren und äußeren Raumes, die sogar noch weit machtvollere Feuer beherbergten. Indem er zurückblickte, entdeckte er seine tierische Herkunft und seine Verwandtschaft mit allem Lebendigen, und bestätigte so die metaphorische Wahrheit, die seine Vorfahren gekannt hatten, als sie ihren Göttern Schnäbel, Klauen und Löwengesichter gaben. Er richtete seine Linsen auf Sterne und Moleküle und fand heraus, daß er nicht das Zentrum des Ganzen war, sondern sich eher mit allem gemeinsam in den sich erweiternden Umdrehungen des universellen Tanzes bewegte.

Als ihm dies bewußt wurde, erlitt der individualisierte Mensch, zu dem wir geworden waren, einen Nervenzusammenbruch und erfuhr Gefühle der Verlorenheit – bis wir zu unserer Erheiterung erkannten, daß eine kosmische Demokratie in all unseren Teilen enthalten ist. Die alte hermetische Tradition sagte uns, «wie oben, so unten». Die geheimen Lehren der Mysterienschulen von vor Tausenden von Jahren, die uns die symbolischen Schlüssel zum Wissen über die heiligen Verbindungen und die Identität zwischen Mikroskosmen und Makrokosmen gaben, sind nun sowohl dem Verstand als auch der Vorstellung zugänglich geworden. Unsere Gehirne sind Tore zu den Sternen, unsere Körper bestehen aus Zellen voller Wunder, die, wenn sie enträtselt sind, uns das Bürgerrecht in einem Universum geben, das reicher ist als unsere Sehnsüchte und faszinierender als all unsere Träume. Unsere Seelen haben ebenso großartige Dimensionen und können ein Blühen von Leben und Bewußtsein ertragen, das weit größer ist als alles, was wir gegenwärtig kennen.

Da vieles in diesen inneren Dimensionen das Selbstbewußtsein transzendiert, befinden wir uns auf einer Gratwanderung der Ambivalenz, die entweder zur Zerstörung oder zur Transformation führen kann. Wir sind unter den ersten Mitgliedern einer selbstbewußten Menschheit, die sich das Bewußtseins des Nichtbewußten bewußt wird. Wenn diese Tiefen aufsteigen und aus Unwissenheit dem Bereich archetypischer Mächte zugeordnet werden, die die Dämonie einer bestimmten Nation oder die den Machtwillen von Ideologien nähren (z. B. Hitlers Benutzung der germanischen Blut- und Bodenmythen oder der «unausweichliche» Sieg des Dialektischen Materialismus als archetypisch wirkender Kraft der kommunistischen Ideologie), dann wird das in diesen Tiefen enthaltene Jenseitige nur zu einer neuen Büchse der Pandora, die das Chaos und das Dämonische in der Welt aussät.

Wenn wir aber beginnen, unsere gegenwärtige Sichtweise mit der transformativen Aufgabe zu verbinden, das Fassungsvermögen zu gewinnen, das nötig ist, um mit diesen Tiefen zu leben, dann sind wir in eine neue Phase der menschlichen Evolution und in ein neues Zeitalter des menschlichen Bewußtseins eingetreten, ein Zeitalter, das man dasjenige des Postindividuums oder des ökologischen Menschen nennen könnte.

Mit dem Entstehen des Postindividuums gehen wir in Symbiose mit der umfassenderen Ökologie der Dinge, die in den Tiefen mit den großen ganzheitlichen Wirklichkeiten verbunden sind. Sie informieren unser kleines, örtlich begrenztes Selbst und fordern uns gleichzeitig zur Erinnerung an die Universalien auf, an denen wir teilhaben. Die Folgen hiervon sind erschütternd, aber im gewissen Sinne haben wir immer von ihnen gewußt. Tatsächlich wurden sie in den großen mythischen Erzählungen von der Zeit nach dem Ende der Zeit vorhergesagt, wenn Artus in Avalon erwacht, wenn Quetzalcoatl aus dem Westen zurückkehren wird, wenn der Heros in tausend Gestalten (Joseph Campbell) von seinen Reisen in die weit entfernten Dimensionen der Seele zurückkehren wird, wenn wir Schläfer alle zu dem erwachen, was wir wirklich sind. In jüngster Vergangenheit wurde diese Vision mit großer Deutlichkeit von Thomas Merton ausgedrückt, der sagte, «Meine lieben Brüder, wir sind schon eins, aber wir verhalten uns so, als wären wir es nicht. Was wir wiederentdecken müssen, ist unsere ursprüngliche Einheit. Was wir werden müssen, ist das, was wir schon sind.»

Was wir schon sind, wenn wir es nur wollten, sind Wesen, die beides sein können, einzigartig wir selbst und Mitglieder einer Gemeinschaft. Wir sind in der Lage, die ganzheitlichen Tiefen des Selbst und seine reiche Formenmatrix mit den analytischen Beobachtungen existenziellen Lebens zu vermählen. Wenn dies geschieht, wird kreatives Denken und imaginatives und effizientes Problemlösen zur normalen Lebensweise und macht das Außergewöhnliche zur gewöhnlichen und natürlichen Daseinsweise. Dann wird der gegenseitig förderliche Strom zwischen uns und anderen ebenfalls natürlich werden und an die Stelle der Konkurrenz und Gewalt treten, die in unserem gegenwärtigen begrenzten und begrenzenden Selbst ständig in Bereitschaft stehen. Die großen Formen der Vereinigung, seien sie religiöser, sexueller oder ästhetischer Natur – oder die Gemeinschaft, die wir im Geist der Freundschaft erleben – werden für die Mehrheit zu Seinsweisen evolutionärer Transformation.

Ich will nicht behaupten, daß dies alles jemals geschehen wird oder eine auf der Hand liegende und leicht zu erreichende nächste Stufe ist. Während unser Bewußtsein wächst, wächst auch unsere Freiheit, all unsere Wahlmöglichkeiten zu akzeptieren, zurückzuweisen oder zu modifizeren. Wir haben sogar die Freiheit, uns selbst zu vernichten. Daher ist diese Stufe viel umfassender als alle vorhergehenden Stufen, die nur ein Anwachsen des individuellen Selbstbewußtseins erforderten, eine Intensivierung des Selbstgewahrseins. Über Tausende von Jahren haben wir gelernt, kraftvoller in uns selbst zu leben, ungeachtet des Verlusts an Sinnesschärfe und anderer Wissens- und Seinswege, die sich als so wertvoll für unsere weitere Entwicklung erweisen könnten.

Nun verbindet sich der Prozeß mit einer noch größeren Spirale. Die Unermeßlichkeit der menschlichen Möglichkeiten, von der das meiste verborgen geblieben ist, eröffnet hinter sich eine noch größere Weite. Nachdem sie sich aus dieser unermeßlichen Ökologie herauskristallisierte, hat die Menschheit jetzt erstmalig die Aussicht, dies zum ersten Mal zu erkennen, und – indem sie das tut – einer größeren Spirale der Evolution zu folgen. Dies ist buchstäblich ein Quantensprung an Einsicht und wird vielleicht sogar zu einer Mutation führen.

Die Technologien, die es uns ermöglicht haben, alle Räume miteinander zu verbinden, die Gelehrsamkeit, die uns in die Lage versetzt hat, so viele andere Zeiten zu erforschen, die psychischen Prüfungen, die uns zum vertrauten Umgang mit unseren Tiefen befähigen – dies sind die Organe und Sinnessysteme eines evolutionären Körpers, der sich seiner selbst bewußt wird und uns dazu veranlaßt, unser Tempo auf dem Weg, Mitglieder einer höheren Seinsordnung zu werden, zu beschleunigen.

Aber bei einer so großartigen Vision und Möglichkeit ist die Botschaft im allgemeinen größer als das Medium; das benötigte Gewebe von aktivierten Kräften und Fähigkeiten ist zu groß, um auf einem Webstuhl gewebt zu werden, der dazu gedacht war, ein sehr viel begrenzteres Gewebe von Sein und Verhalten hervorzubringen. Das Geist-Körper-Vehikel, über das die meisten von uns verfügen und das vom Großteil unseres Erziehungssystems üblicherweise entwickelt wird, wird den Anforderungen der Zeit nicht gerecht.

Bedenken Sie, daß wir uns in den letzten fünfzig Jahren von einer Ökonomie der Knappheit zu einer Ökonomie des Überflusses und wieder zu einer von relativer Knappheit bewegt haben. Das globale Dorf mit seinen weltweiten blitzschnellen Kommunikationssystemen und seiner ungeheuren Reichweite militärischer Schlagkraft läßt politische Grenzen lächerlich und die Entwicklung des planetarischen Menschen zu einer Notwendigkeit werden. Gleichzeitig jedoch besteht das wachsende Selbstbewußtsein der Völker und Nationen, besonders in unterentwickelten Ländern, darauf, die Form der Nationalstaaten des neunzehnten Jahrhunderts als Vehikel zu benutzen, um Identität und Selbstausdruck zu finden. So haben wir ein implizites globales Dorf und eine nur allzu explizite Verbreitung getrennter und trennender Nationen. In Amerika wird die verzweifelte Notwendigkeit, eine zusammenhängende internationale Politik zu schmieden, ständig durch die wachsende Balkanisierung von Bundes-, Staats- und örtlichen Regierungen zunichte gemacht.

Im Bereich der Religion sehen wir einerseits ein wachsendes Verständnis und eine wachsende Anerkennung anderer Verehrungssystems und andererseits den Aufstieg eines naiven und einengenden Fundamentalismus oder einer simplifizierenden Esoterik, die auf Kosten des Verständnisses für die wirkliche Komplexität und gegenseitige Abhängigkeit aller Dinge die Illusion vermitteln, *richtig* zu sein.

Psychologisch bringt uns die Entfaltung der Ebenen und der Fähigkeiten des Gehirns und des Bewußtseins weniger Gebundenheit an das Ich und an die Persönlichkeit; aber es gibt eine populäre und schleichende Bewegung hin zu Selbstverherrlichung und zur Einschüchterung anderer als eines angeblich berechtigten und erfolgreichen Lebensstils. Diese gefährliche Strömung hat wenig mit dem sogenannten ausgeprägten Individualismus der Psychologie von Pionieren zu tun. Es ist eine sehr viel geringschätzigere und berechnende Art, die das Individuum gerade vom moralischen Fluß des Universums abschneidet und die symptomatisch für die Unangemessenheit modischer Psychologien und Werte ist.

Wenn wir überleben wollen, können wir nicht weiterhin an den Atavismen und Anachronismen hängen, die uns mit Hilfe von Wohltätigkeitskonzerten zu Lösungen für ein paar weitere Jahre verhelfen können, jedoch in ein Jahrtausend von Finsternis führen. Denn wenn man der Sache auf den Grund geht, hängt das menschliche Überleben nicht mehr davon ab, ob neue ökonomische oder politische Lösungen gefunden werden, sondern vielmehr davon, ob es gelingt, die Vertiefung und das Wachstum der Qualität von Körper und Geist der menschlichen Rasse zu erreichen. Wir werden immer noch dazu erzogen, Fähigkeiten einer sehr viel beschränkteren und gefesselteren Kultur zu entwickeln. Wir haben unsere bewußten Rezeptoren nicht dazu erzogen, die Menge an Informationen und die verschiedenen Ebenen des Wissens und Fühlens aufzunehmen, die wir benötigen, um Entscheidungen entsprechend den Erfordernissen unserer Zeit treffen zu können, wie wir sie für die komplizierte Feinheit des heutigen emotionalen Kosmos brauchen. Wir werden ungefähr für das Jahr 1825 ausgebildet, nicht für die Welt des einundzwanzigsten Jahrhunderts.

Das Entweder-Oder, das sich drohend vor uns auftürmt, ist entmutigend und herausfordernd zugleich. Wie Gerald Heard anmerkte, sind wir in unserer gegenwärtigen Existenz gefährlich unausgeglichen, tragisch gewahr «unserer andauernden und ständig wachsenden Machtproduktion und der Mangelhaftigkeit unserer Ziele; unserer kritischen analytischen Fähigkeit und der Armseligkeit unserer schöpferischen Kräfte; unserer triumphal effizienten technischen Ausbildung und unserer unwirksamen, irrelevanten Erziehung für Werte, für Sinn, für die Übung der Willenskraft, die Erhebung des Herzens, und die Erleuchtung des Geistes; gewahr der Langeweile, die uns in unserer zunehmenden Freizeit quält und der Vergeblichkeit unserer Entspannungsbemühungen.»

Eine wichtige Teilaufgabe ist die Herausforderung der jetzt erloschenen politischen Phantasie, die sich bisher um hierarchische Bürokratie, Imperien und Nationalstaaten herum organisiert hat, in denen Menschen nur teilweise miteinander kommunizieren. Nun, da wir in einem Zeitalter erschreckender gegenseitiger Abhängigkeiten angekommen sind, müssen die alten territorialen Imperative den Anforderungen eines allen gemeinsamen Planeten Platz machen. Das Wissen, daß wir zu einer planetarischen Gemeinschaft mit engen Bindungen der Völker aneinander geworden sind, erzwingt eine organische Vorstellung von dem, was getan werden muß, um zu einer Ökologie der verschiedenen Kulturen zu kommen. Vor dieser Annäherung diente eine Kultur wie die amerikanische als Schmelztiegel, wo sich jeder in einem schleimigen Ganzen auflöste. Alles wurde sehr gemäßigt. Alle Extreme, alle interressanten Ecken und Kanten individueller oder ethnischer Persönlichkeiten, wurden weggeschmolzen, so daß die amerikanische Persönlichkeit eine unfreudige Freundlichkeit bekam und die amerikanische Sensibilität eine übermäßige Mäßigkeit. Heute erfordert die kommende globale gegenseitige Abhängigkeit eine weitaus reichhaltigere Akkulturation – man könnte es fast eine polymorphe Akkulturation nennen. Das darf nicht mit der gängigen aber vorübergehenden Ära des Mischmaschs verwechselt werden, worin die überhandnehmende Verfügbarkeit interkultureller und interhistorischer Stile, Moden, Religionen und Philosophien sich in irrsinnig komischen Kaleidoskopen, surrealistischen Synthesen und zweifelhaften Zusammenschlüssen kombiniert. Sei es marxistische Makrobiotik, tantrischer Kapitalismus oder die sich ausbreitenden Verbindungen von «anfangs schrecklich» und «später noch schlimmer», dies sind nur die blühenden Grotesken, der kleinste gemeinsame Nenner von *etwas,* das bald geschehen wird.

Ich glaube, daß dieses Etwas die Erfolgschance der planetarischen Persönlichkeit ist. Es schließt eine neue Vision ein, die den Blick auf wechselseitige globale Abhängigkeit richtet und interkulturelles Lernen dessen anstrebt, was es heißt, ein Mensch zu sein – eine Art globales Dromenon. Es schließt die Entdeckung von Wegen ein, Kulturen ohne Geringschätzung zu vergleichen, so daß unterschiedliche Gesellschaften und ihre Grundlagen von Kultur und Wahrnehmung als komplementär zueinander gesehen werden können. Es ist nicht mehr möglich, daß eine einzelne Gesellschaft versucht, alle anderen mit der angemaßten *Richtigkeit* ihrer religiösen, wirtschaftlichen oder politischen Ideologie zu überwältigen. Wir brauchen die ganze Fülle bekannter und unbekannter menschlicher Fähigkeiten, wenn wir den Problemen und vielfältigen Anforderungen unserer Zeit gewachsen sein wollen. Und nur im gesamten Geflecht aller Kulturen können wir anfangen, überhaupt eine Vorstellung von der Spannweite und Vielfältigkeit dieser Fähigkeiten zu gewinnen.

Die elektrischen Leitungen verbinden uns mit allen anderen Nationen. Es ist notwendig, mit diesen Nationen zusammenzuarbeiten, um die verbliebenen Ressourcen der Erde zu bewahren. Da die neuen Kommunikationsformen und Medien ein tiefgehendes und weitreichendes Miteinanderteilen von Kultur und eine vorher niemals mögliche Bewußtheit verlangen, stehen wir jetzt vor der Chance eines menschlichen und kulturellen Wirkens, das ein Ausmaß erreicht, welches bisher unbekannt war. Wir stehen an der Schwelle zur planetarischen Persönlichkeit, die, wie ich glaube, in ihren Hoffnungen und Möglichkeiten sehr anders ist als die regionale oder kosmopolitische Persönlichkeit. Ich behaupte sogar, daß die regionale Persönlichkeit sich zur kosmopolitischen Persönlichkeit verhält wie die kosmopolitische Persönlichkeit zur planetarischen. Eine planetarische Persönlichkeit zu *sein,* bedeutet, Teil einer gänzlich anderen Art und Weise des Wissens und Seins zu werden, das ein tiefes Bewußtsein der Erde, eine sich potenzierende Wiedergewinnung unseres historischen Selbst und ein tatsächliches Lernen vom Geist anderer Kulturen umfaßt. Diese Persönlichkeit ist sowohl die Vollendung dessen, zu dem wir uns entwickelten, als auch die nächste Stufe der Spirale. Als solche ist sie unsere Hoffnung, unser Traum, unsere lockende evolutionäre Vision, ein Kontakt zu dem, was niemals war, aber sich ständig ereignet.

Die Vision der planetarischen Persönlichkeit fließt mit der Vision des möglichen Menschen zusammen. Niemals zuvor ist die Vision dessen, was menschliche Wesen sein können, ungewöhnlicher gewesen. Wir leben in Zeiten, die die Anfänge des Goldenen Zeitalters der Erforschung des Gehirns, des Geistes und des Körpers zu sein versprechen. Wo wir in dieser Hinsicht stehen, kann sehr wohl mit dem Punkt vergleichbar sein, an dem Einstein 1904 mit seiner Entdeckung der speziellen Relativitätstheorie stand, die zur großen Revolution in der Physik führte. Die neuen Untersuchungen und die gegenwärtigen Fortschritte in der Erforschung des Gehirns, des Geistes und des Körpers ermöglichen es uns zunehmend, die unermeßliche und subtile Spannweite menschlicher Fähigkeiten in Augenschein zu nehmen, gründlich zu prüfen und allmählich zu lernen, wie diese Fähigkeiten produktiver und menschlicher genutzt werden können. Wie ich schon sagte, werden wir immer noch für die Bedürfnisse des neunzehnten Jahrhunderts ausgebildet und nutzen daher nur einen Bruchteil unserer Fähigkeiten – vielleicht zehn Prozent unseres körperlichen und nicht mehr als fünf Prozent unseres geistigen Potentials. Wir leben als verkrüppelte, beschränkte Versionen dessen, was wir wirklich sind – doch in diesem Zeitalter des «wachse oder stirb», können wir uns nicht mehr mit einem solchen tragischen und erodierenden Nichtgebrauch zufriedengeben.

Was könnte mit menschlichen Wesen und der Gesellschaft allgemein geschehen, wenn wir den Gebrauch dieses Potentials auch nur um ein paar Prozentpunkte erhöhen würden? Manches in der neuen wissenschaftlichen Forschung und der Vision des möglichen Menschen erlaubt Vorhersagen über die Auswirkungen dieser Erhöhung. Noch überraschender ist es vielleicht, daß die Forschung viele derjenigen Fähigkeiten bestätigt, die in den Mythen der neuen Seinswege beschrieben werden, wie ich sie in der Einleitung aufgeführt habe. Wir entdecken, daß die Mythen keine exotischen Phantasien sind. Sie berichten von Fähigkeiten, die wir alle haben, von denen wirklich jede einzelne im Labor an vielen Hunderten von TeilnehmerInnen demonstriert werden kann. Diese Fähigkeiten können erlernt, ins tägliche Leben integriert und konstruktiv bei der Verbesserung vieler gesellschaftlicher Programme angewandt werden. Indem sie die Ausbildung verbessern, lehren sie «Nichtlerner», rehabilitieren sie ehemalige Gefangene und stellen auch in erheblichem Maße die physischen und geistigen Fähigkeiten älterer Menschen wieder her und erweitern diese.

Wie ich in der Einleitung kurz berichtete, habe ich mich mit der Entwicklung und Durchführung solcher Programme bereits eine ganze Weile befaßt und, zusammen mit meinen Mitarbeitern, herausgefunden, daß das menschliche Potential eine riesige und unerschöpfliche Quelle ist. Wir haben z. B. entdeckt, daß die meisten Menschen in unterschiedlichem Ausmaß mehr von ihren Potentialen verwirklichen können, wenn sie die Gelegenheit und die entsprechende Anleitung erhalten. Der Körper kann psychophysisch so umerzogen werden, daß sich die physischen Funktionen verbessern. Ebenso wie die Fähigkeiten des Körpers, können auch die Fähigkeiten zur Bewußtheit, die Bewegungsfähigkeit und die sinnliche Wahrnehmung erweitert werden. Kognitive Funktionen und solche des Gefühls verbessern sich aufgrund der Veränderungen im motorischen Kortex des Gehirns, die den Veränderungen im muskulären System vorausgehen und angrenzende Bereiche des Gehirns beeinflussen. Da Prozesse im Zellgewebe des Gehirns dazu neigen, zu diffundieren und sich auf benachbarte Gewebe auszubreiten, haben Veränderungen im Motorkortex einen parallelen Effekt auf die Gewebe, die mit dem Denken und Fühlen zu tun haben.

Bei unserer Anwendung dieser Methoden in der Ausbildung und Rehabilitation älterer Menschen haben wir herausgefunden, daß bestimmte Bewegungsübungen häufig die Lernkapazität, das Erinnerungsvermögen und die Problemlösefähigkeit erweitern. In unserer Arbeit sehen wir immer wieder, daß man, wenn man die Fähigkeiten des Gehirns erweitern will, gleichzeitig die Fähigkeiten des Körpers erweitern muß, der das Instrument dieses Gehirns ist. Das ist der Grund, weshalb Gesprächstherapien nicht so gut wirken, wie sie es vielleicht könnten. Sie behandeln den Patienten oft als ein ausschließlich geistiges Konstrukt, wobei sie die tiefere kulturelle Störung vernachlässigen, die einen Dualismus von Körper und Geist billigt, einen Dualismus, den der Therapeut stillschweigend akzeptiert.

In anderen Gebieten unserer Forschung und in meinen Workshops lernen Menschen, genauso gut in Bildern wie in Worten zu denken, in subjektiven Zeiteinheiten Fertigkeiten einzuüben und Erfahrungen mit der Beschleunigung von Denkprozessen zu machen. Sie üben, kinästhetisch mit dem ganzen Körper zu lernen, erleben Sinnesüberschneidungen, die Selbstregulierung von Freude und Schmerz, und können mit Hilfe von Biofeedback und Autogenem Training bewußte Kontrolle über einige ihrer autonomen Funktionen erlangen. Als aufregende Erweiterung dieser Art der Forschung fanden wir, daß Teilnehmer an unseren Programmen lernen können, direkt zu ihrem eigenen Gehirn zu sprechen und so zu einer bewußten Orchestrierung ihrer Stimmungen und Einstellungen, ihrer Lernfähigkeit und Kreativität zu kommen.

In unseren Untersuchungen der geistigen Fähigkeiten haben wir allerdings gefunden, daß es zur Erforschung dieser Prozesse oft notwendig ist, die Oberflächenkruste des Bewußtseins zu durchbrechen – *die kulturelle Trance zu durchdringen* – und blockierte Kapazitäten zu befreien. Wenn wir wollen, daß ein Erlebnis des Potentials sich manifestieren kann, können wir manchmal die Aufmerksamkeit im Bewußtseinsspektrum verändern, indem wir über die Grenzen hinausgehen, innerhalb derer die Blockierungen wirken. Zu allen Zeiten hat der Mensch viele Wege zur Bewußtseinsveränderung erfunden oder entdeckt, als Torwege zu subjektiven Wirklichkeiten, zu erhöhter Sensibilität und zu ästhetischer, schöpferischer und religiöser Erkenntnis. Rituelles Trommeln, Tanzen, Singen, Fasten, Verzehr von bewußtseinsverändernden Pflanzensubstanzen, Yoga und Meditation – solche Mittel haben dazu beigetragen, die strukturellen Gegebenheiten und kulturellen Erwartungen einer bestimmten Realitätsvorstellung – die konditionierte Geisteslandschaft – aufzuheben, so daß andere Wirklichkeiten und Lösungen wahrgenommen werden können.

In unserem eigenen Labor haben wir mit vielen dieser bereichernden Methoden gearbeitet, wobei wir auch zeitgemäße Entsprechungen und Methoden eingesetzt und gelegentlich alte Techniken und moderne Technologie kombiniert haben. Wir haben neue Instrumentarien erfunden oder ausgeliehen, durch die die Tiefenerforschungen der Seele gefördert und blockierte Fähigkeiten in einem gewissen Grade befreit und experimentell geleitet werden können. Dennoch gibt es in Wahrheit gar nicht so etwas wie einen veränderten Bewußtseinszustand, denn aufgrund der eigentlichen Natur des Bewußtseins ändert es sich *ständig*. Wir benutzen diesen Begriff lediglich, um unterschiedliche Phasen entlang des Bewußtseinsspektrums deutlich zu machen. Die meisten von uns existieren in bezug auf das Spektrum und die Dimensionen des Bewußtseins so, als ob sie lediglich den Dachboden ihrer selbst bewohnten, wobei der erste, zweite, dritte und vierte Stock und das Kellergeschoß unbewohnt sind und unbewußt bleiben.

Wenn wir beginnen, die Sphäre des Bewußtseins auszudehnen und uns auch in diesen anderen Bereichen unserer selbst niederzulassen, sind die Effekte bemerkenswert. Menschen können lernen, mit Trauminhalten zu arbeiten, sich besser zu konzentrieren und zu erinnern und mehrspurig zu denken. Es entsteht eine direkte Verbindung zum kreativen Prozeß und wir erfahren Ebenen unserer selbst, wo die Bilder archetypisch, mythologisch und möglicherweise transpersonell werden.

Diese Fähigkeiten hervorzurufen und mit ihnen zu arbeiten, bedeutet, Zugang zu bestimmten Perspektiven der Ökologie des eigenen inneren Raumes zu gewinnen, sie öffnen ein inneres Auge und Ohr, das auf die Muster, die die treibenden Kräfte der Existenz aufrechterhalten, eingestimmt ist. Man beginnt in den eigenen psychischen Tiefen das Reich des Dromenon wahrzunehmen. Und hiermit ist ein Gefühl für die Wiederherstellung des ökologischen Gleichgewichts zwischen inneren und äußeren Welten verbunden.

Daraus ergibt sich eine tiefere Erfahrung, die zugleich ein umfassenderer Gebrauch des Selbst, eine vollständigere Selbsterkenntnis ist. Dies zu erkennen, bedeutet, Individuen in ganz andere, erweiterte Beziehungen zu ihrer Umwelt zu bringen.

Wir könnten viele verschiedene Arten von Möglichkeiten verfolgen, aber lassen Sie uns hier einen näheren Blick auf jene Techniken werfen, die die menschliche Sensibilität gegenüber dem Zusammenhang der Ökologien von inneren und äußeren Räumen wecken. Lassen Sie uns also Methoden betrachten, die die Sinneswahrnehmungen vertiefen und den Umgang mit bildlichen Vorstellungen und der Zeit erweitern.

Bis zum Zeitpunkt der Reife ist für die meisten von uns der Sinnesapparat eine geschrumpfte, verkrüppelte Version dessen, was er sein könnte. Wenn in unserer Kultur Menschen älter werden, erfahren sie eine fortschreitende Verminderung ihrer Sinnesschärfe und ihres sinnlichen Wissens. Sie werden fortschreitend weniger fähig zu sehen, zu tasten und ihre Sinne anderweitig zu gebrauchen. Dieser Verlust scheint teilweise unseren verbalisierenden, begriffsbildenden geistigen Prozessen und nicht einfach nur einer Beeinträchtigung aufgrund des Alters zuzuschreiben zu sein. In vielen Jagd- und Stammesgesellschaften ist es zum Beispiel nicht das Kind, sondern der Erwachsene, der die schärfste und harmonischste Abstimmung seiner Sinne aufweist. In unserer eigenen Kultur haben wir Beispiele von Professionellen, die sich zum Wohle ihrer Kunst eine bestimmte Sinnesschärfe erhalten müssen – das Ohr des Musikers, das Auge des bildenden Künstlers, die Nase des Parfümeurs. Das Abstumpfen der Sinne hat mich dazu angeregt, Houstons Gesetz zu formulieren: *Der Gedanke verdirbt die Wahrnehmung.*

Die verstandesmäßige Einordnung ist natürlich wichtig für die Kontinuität der Kultur – sie stützt die eigentliche Struktur der Zivilisation. Aber schon der Patriarch Sigmund Freud hat uns darauf hingewiesen, daß die Zivilisation ihre tiefe Unzufriedenheit mit sich bringt. In Gesellschaften, in denen die kulturelle Norm sinnliche Erfahrung gering achtet, (so daß man den Großteil seiner Energie darauf verwenden kann, seine Umwelt zu beherrschen) hat der Kör-

per selbst unter den damit einhergehenden Harpyien zu leiden –
unter Neurosen, Feistheit, Aggressionen und sogar dem weitverbreiteten Todswunsch, der viel über die Psyche und die Geschichte
des zwanzigsten Jahrhunderts auszusagen scheint. Lohnt es sich
denn, undeutlich wie durch ein dunkles Glas zu schauen, oder
etwas zu berühren, als ob man Handschuhe anhätte, oder zu hören
wie durch Pfropfen von begrifflicher Watte? Solche simplen Dinge
können der Stoff sein, aus dem historische Katastrophen gemacht
sind. Solch simple Dinge können auch der Stoff sein, aus dem der
agnostische Reflex gemacht ist, der die westliche Sensibilität so
sehr lähmt und einkapselt. In Gang gesetzt durch die sinnliche
Entfernung von der Unmittelbarkeit der Welt, trennt die Begriffswelt das Bewußtsein von seinem Gegenstand – das Denken von
der Erfahrung – die örtliche, auf gegenseitiger Übereinkunft beruhende Wirklichkeit von der größeren Wirklichkeit ringsumher.
Das Erlebnis irgendeiner Form von Ekstase, sei sie sinnlich oder
psychisch, scheint der beste Ausweg aus diesem Reflex des Schaf-
fens von Begriffen und seiner unerbittlichen Selbstgerechtigkeit zu
sein. Andererseits sind wir so konditioniert, ihm zu erlauben, so
anhaltend und automatisch zu wirken, daß viele unserer besten
Einsichten und Intuitionen, unserer klarsten Gedanken und Einblicke in größere Bereiche durch die nachdrückliche Unmittelbarkeit des Reflexes niedergeschlagen werden. Schlimmer noch, er
hält uns davon ab, die Vielfalt der Dinge zu erfahren, und beläßt
uns in einem Zustand kindlicher Naivität, den Hunden und Katzen
nicht unähnlich, von denen William James sagt, sie hielten sich in
unseren Wohnzimmern auf, ohne jede Vorstellung von den komplizierten und absolut faszinierenden Vorgängen im und um das
Haus.

In unserem Labor haben wir entdeckt, daß es sehr wohl möglich ist, einer Verschlechterung der Wahrnehmungsfähigkeit bei
jungen Menschen vorzubeugen, und in unterschiedlichem Ausmaß
älteren Menschen etwas von der verlorengegangenen Sinnesschärfe zurückzugeben. Eine einführende Übung könnte die tiefe
Entspannung und aktive Imagination einschließen, um die Wahr-

nehmungsräume zu säubern, jene fünf Räume, in denen die Sinne ihre Wohnung haben, wo der Schutt und das allgemeine Durcheinander einen Zustand sinnlicher Trägheit und Beschränkung verursachen. Indem wir uns an die Säuberung dieser Räume machen, setzen wir elektrochemische Reaktionen in unseren Sinneszentren in Gang und entdecken, daß die Metaphern aktiver Imagination *wirkliche* Ereignisse sind und *wirklich* etwas bewirken. Daher ist es nicht verwunderlich, daß die meisten nach dieser Übung feststellen, daß sich ihre Tiefenwahrnehmung verbessert hat und ihre Beziehung zur sinnlichen Welt sehr viel lebendiger und interessanter geworden ist. Wenn der Mensch sich einem weiteren Spektrum von Mustern und Ideen aus der Wahrnehmungswelt öffnet, werden die Horizonte seiner Begriffswelt umfassender und weiter.

Eine andere Übung erhöht die Intensität und erlebte Dauer von Freude. Interessanterweise zeigt es sich, das es leichter ist, mit Freude zu arbeiten als mit Schmerz, möglicherweise, weil die Potentiale des Vergnügens in unserer Kultur weniger vertraut zu sein scheinen und daher Laborerfahrungen eher zugänglich sind. In einem einfachen Experiment sagt man einem Versuchsteilnehmer, er solle ein Stückchen Samt auf drei verschiedene Arten erfahren: zuerst, indem er es auf die übliche Art anfaßt; zweitens, indem er es berührt, während er in Trance und unter der Suggestion erhöhter Sensibilität ist; und drittens, indem er den Stoff anfaßt, während er in einem sehr entspannten und empfänglichen Zustand ist und den Stoff als eine Quelle des Vergnügens betrachtet. In so gut wie allen Fällen wird die größte Freude empfunden, wenn der Stoff als eine Quelle des Vergnügens angesehen wird. Dann scheint der Stoff lebendig zu sein, und die Berührung ist wie eine Interaktion mit einem anderen lebendigen Wesen. Außerdem wird fast die gesamte Aufmerksamkeit des Versuchsteilnehmers von dem Erlebnis des Berührens und von den Gefühlen der Freude, die es gewährt, gefangengenommen. Das Gewebe wird persönlich und ist kein Objekt mehr. Es erwirbt eine Qualität von «Du», welche in der Welt der Sinne immer viel angenehmer ist als «es», weil der Beobachter oder die Beobachterin ihm mehr Aufmerksamkeit schenkt. Um die Sinnesschärfe zu erhöhen, müssen wir häufig die Art von Bewußtsein außer Kraft setzen, die darauf besteht, die Welt zu verdinglichen.

In anderen Bewußtseinszuständen – seien es meditative, überwache, Trancezustände oder Zustände kontemplativer Aufmerksamkeit – wird die Wahrnehmung eines Gegenstandes ganz unterschiedlich aufgenommen. Ändere die Betonung auf dem Spektrum des Bewußtseins, und eine Blume wird vielleicht zu einem atmenden Stern, einem sympathischen Freund, zu einem Mandala aus Licht und Erleuchtung, oder einfach zu einer guten alten purpurroten Petunie. Ändere die Betonung auf dem Spektrum des Bewußtseins, und jeder Gegenstand wird zu einer vielfältigen Wirklichkeit.

Was sind die allgemeinen Auswirkungen auf jemanden, der dazu übergeht, von seinem erweiterten Sinnesapparat Gebrauch zu machen? Abgesehen vom kreativeren und sensibleren Gebrauch von Körper, Geist und Seele, gibt es auch eine vertiefte persönliche Sensibilität gegenüber ökologischen und symbiotischen Beziehungen, wobei die Naur als «Du» wahrgenommen wird, als in allen Teilen persönlich und empfindungsfähig. Psychologen und Anthropologen mag diese Betonung der persönlichen Qualität der Dinge als regressiv, animistisch, vielleicht sogar primitiv erscheinen. Dennoch scheinen moderne ökologische und wissenschaftliche Studien die grundsätzliche Wahrheit dieser «primitiven» Neigung zu bestätigen. Zum Beispiel impliziert die Behandlung von Einzelheiten der Existenz als «du» einen Grad der Anteilnahme, der normalerweise solchen Einzelheiten nicht entgegengebracht wird. Aber die ökologische Perspektive bezieht ein weit größeres Feld der Teilnahme und gegenseitigen Durchdringung ein, als wir «zivilisierten» Leute uns zugestehen. Die personalisierte, teilnehmende Umwelt der «primitiven» Weltsicht und Kosmologie – die Welt von Castanedas Don Juan – ist den Tatsachen vielleicht näher als die akausale Zufälligkeit und Getrenntheit der offiziellen Spekulation.

Die Wahrheit und Weisheit hochentwickelter und schöpferischer Geister, sich gegenseitig befruchtender innerer und äußerer Wirklichkeiten versichern uns zudem, daß radikale Selbstsucht und Vergegenständlichung dem ökologischen Fluß der Dinge entgegenlaufen. Wir sind genausosehr Empfänger als auch Sender von Information. Wir sind Phänomene der Resonanz. Heisenbergs Theorie von der Untrennbarkeit des Phänomens vom Beobachter bestätigt dies. Es gibt keine Unschuld auf einer der beiden Seiten. So kann Kants Behauptung, daß die Vernunft ihre angeborenen Kategorien der äußeren Umgebung aufdrängt, oder die Meinung gegenwärtiger Neurologen, die die Wirklichkeit als das Gehirn im Feedback mit sich selbst betrachten, nur teilweise unsere Wahrnehmungen erklären. Wenn wir Teil eines größeren Universums sind, wie das Dromenon unserer Zeit vermuten läßt, haben wir einen ausgedehnteren Körper und ein größeres Empfangsspektrum. Wenn wir Teil der kosmischen Ökologie sind, haben wir irgendwo in unserem Sein die Organe, diese Ökologie wahrzunehmen und uns auf sie zu beziehen.

Die Auswüchse des veräußerlichten und verdinglichten Bewußtseins machen es notwendig, neue Wege zu finden, um unsere Menschlichkeit zu gebrauchen – nicht die anti-ökologische Manipulation und Ausbeutung unserer Umwelt, sondern die Entwicklung, Erforschung und Integration unserer inneren Kapazitäten. Um das Gleichgewicht der Natur wiederherzustellen, das ökologische Kontinuum zwischen innerer und äußerer Welt zu erweitern, muß die Kultur jetzt nach innen gehen, um die riesigen unerschlossenen Ressourcen der Seele zu kultivieren.

Wenn man die Psychodynamik des inneren Raumes erforscht, entdeckt man immer wieder, was man schon immer gewußt hat: daß der Schlüssel zu den Tiefen in der Entwicklung und im Verstehen von Bildern liegt. Wir wissen, daß das menschliche Wesen eine natürliche Fähigkeit hat, genauso in Bildern wie in Worten zu denken. Diese Fähigkeit ist sehr verbreitet und vermutlich bei kleinen Kindern immer vorhanden. Eine Betonung verbaler Prozesse, u. a. bei der Erziehung, hemmt diese Fähigkeit, aber sie kann wiederbelebt werden. Bei Künstlern, Wissenschaftlern und Mathematikern und bei einigen anderen Menschen ist diese Hemmung weniger wirksam. Nach eigenen Angaben wurden Einsteins wichtigste Gedanken durch visuelle und kinästhetische Bilder, nicht durch Wörter oder Zahlen ergänzt. In einem Brief an den Mathematiker Jacques Hadamard beschrieb er sich selbst als jemanden, bei dem visuelles und muskuläres oder kinästhetisches Denken vorherrschend war. Ähnliche Aussagen wurden von anderen hochkreativen Menschen überliefert. Wenn man in Bildern denkt, können Lösungen und Ideen entstehen, die bei ausschließlich verbalem Denken unmöglich wären. Der gegenwärtige Stand der Gehirnforschung läßt vermuten, daß das Denken in Bildern Teile des Gehirns einbezieht, in denen der Denkprozeß passiver und aufnahmefähiger und auch zugänglicher für Muster, symbolische Prozesse, gedankliche Zusammenhänge ist. Daher ist es wahrscheinlich, daß sich in der Dynamik, die dem Durchbruch des kodierten Symbols innewohnt, mehr Information verdichtet. Der sogenannte schöpferische Durchbruch könnte dann als Manipulation dieser größeren Informationsmuster betrachtet werden, die Teil des bildhaften, symbolischen Prozesses sind.

Viele Kinder sind natürliche Visualisierer, werden jedoch häufig durch die verbal-linearen Prozesse, die das Bildungssystem ihnen aufzwingt, von ihrer Fähigkeit zum Visualisieren abgeschnitten. Solche Kinder können als Folge davon unter einem Gefühl der Minderwertigkeit leiden und auch in der Schule schlecht sein. Aufgeweckt und talentiert, wie sie vielleicht von Natur aus sind, verlieren sie schnell das Gefühl für ihre eigenen Fähigkeiten und ihre eigene Intelligenz, nicht nur in der Schule und unter Gleichaltrigen, sondern für ihr ganzes Leben.

Der einzige einigermaßen umfangreiche Versuch, die Imaginationsfähigkeit von Kindern zu bewahren, war das Experiment der Gebrüder Jaensch in besonderen Schulen Marburgs in den zwanziger Jahren, und die Ergebnisse waren ermutigend. Kinder, denen man beibrachte, den bildhaften Denkprozeß zu nutzen, waren im Alter von zehn kreativer als andere und konnten besser zeichnen. Außerdem erreichten sie höhere Werte bei Intelligenztests als vergleichbare Kinder, deren Vorstellungskraft dem üblichen Schicksal der Verkümmerung und Behinderung überlassen wurde, der durch Erziehungsprozesse bewirkt wird, die sich allzu sehr am Verbalen orientieren. In unseren eigenen Programmen sind wir in Zusammenarbeit mit den teilnehmenden Schulen in der Lage, die Hemmung dieser Fähigkeit bei Kindern dadurch zu verhindern, daß wir Erziehung sowohl als ein Training in Bildern wie auch in Worten betreiben. Wir sind in der Lage, eine Aufhebung der Behinderung bei Erwachsenen zu bewirken, so daß sie wahlweise Zugang zu verbalen und visuellen Gedankenprozessen haben. Dies führt sie zu der Fähigkeit, mehr Alternativen, mehr Lösungen in Betracht zu ziehen und ganz allgemein schöpferischer zu denken. Tiefere Schichten von Musterbildung und Information werden zugänglich, da bildhaftes Denken unvermeidlich in die Dimension der imaginären und archetypischen Bereiche führt.

In unserem Labor haben wir Wege gefunden, den Zugang zum Prozeß des Imaginierens sowohl durch den Einsatz von Apparaten als auch durch angeleitete oder selbstinduzierte Veränderungen des Bewußtseinszustands zu erleichtern. Indem wir mit stroboskopischem Licht Muster auf der Netzhaut hervorrufen, erleben die VersuchsteilnehmerInnen Vorstellungsbilder. Kammern für sensorische Deprivation oder unterschwellige audiovisuelle Überlastung stimulieren ebenfalls die Bildvorstellungszentren im Gehirn. Der Mensch begibt sich in eine unbewußte Partnerschaft mit den Formen und Farben, die vor seinen Augen fließen, und beginnt, auf diese Leinwand seine eigenen vorher innerlichen Vorstellungsbilder zu projizieren. An diesem Punkt kann er seine Augen schließen und entdekken, daß die *Show* weitergeht, und zwar in Form von eidetischen Bildern, die er mit geschlossenen Augen sieht. Der Großteil unserer Arbeit stützt sich jetzt auf der Einleitung von Bewußtseinszuständen, die Bildvorstellungen hervorrufen, wie z. B. überwache Zustände, Trance, und Zustände, in denen im wesentlichen besonders aktive Vorstellungsprozesse genutzt werden.

Lassen Sie mich jetzt über ein paar unserer Entdeckungen berichten, die sich aus unseren Studien über Vorstellungsbilder mit Hunderten von TeilnehmerInnen ergeben haben.

Zunächst scheint der Prozeß der visuellen Imagination in hohem Maße kreativ zu sein und hat die Neigung, Bedeutungen zu sammeln und Lösungen auszusuchen. Zum Beispiel hören Bilder, die lange genug betrachtet werden, irgendwann auf, zufällig oder zusammenhanglos zu sein und organisieren sich in einem symbolischen Drama, in erzählenden oder problemlösenden Prozessen. Dichtung und Dramen können Manifestationen dieser angeborenen Tendenz sein. Tantrisch-Buddhistische und spirituelle Disziplinen der Sufi sowie einige der verbreiteten Imaginationstherapien verdanken ihren Erfolg vielleicht dieser Tendenz.

Des Weiteren erhöhen längere, lebendige, erzählende Vorstellungsbilder, besonders wenn sie wiederholt erlebt werden, die Motivation, schöpferische Arbeit zu leisten und durchbrechen auch manchmal Blockierungen der Kreativität, die vielleicht im Grunde Blockierungen innerhalb des imaginativen Prozesses sind. Ein altbekannter Spruch sagt, daß das Genie aus 98 Prozent Transpiration und nur zwei Prozent Inspiration besteht, ein Scherz, der immer noch die Frage offenläßt: Wo haben all diese Genies die Mittel her, soviel zu transpirieren? Könnte es sein, daß imaginatives Denken (das bei Genies und hochkreativen Menschen sehr häufig vorkommt) in neurophysiologischen Begriffen mit psychischen und hormonalen Aktivierungen verbunden ist? Der derzeitige Stand der Gehirnforschung ist noch zu primitiv, um sicher zu sein, aber der phänomenologische Augenschein weist in diese Richtung.

Weiter legen unsere frühen Studien mit LSD und unsere späteren drogenfreien Untersuchungen eine Vier-Stufen-Typologie des bildlichen Denkens nahe, die einem Hinabsteigen in vier größere Schichten der Psyche entsprechen. Wir nennen diese Schichten die *sensorische,* die *erinnerungsanalytische,* die *symbolische* und die *integrierende* Ebene.

Auf der flachsten oder sensorischen Ebene werden Bildvorstellungen anfänglich als zufällige Farbmuster, Schachbretter, Spiralen und andere Konstrukte der Netzhaut wahrgenommen. Die Bildvorstellungen können dann spezieller werden, mit Bildern, Szenen, Gesichtern, bleiben jedoch unzusammenhängend und ohne besondere Bedeutung.

Auf der zweiten, der erinnerungsanalytischen Ebene des bildlichen Denkens, beginnt der Mensch, seine eigenen psychischen Innenräume zu erforschen. Auf dieser Stufe neigt das bildliche Denken dazu, eher nachdenklich oder analytischer zu sein. Man beschäftigt sich mit seiner Vergangenheit, seinen Problemen und seinen Möglichkeiten, ähnlich wie in der Psychoanalyse. Verbale und visuelle Erinnerungen sind leichter zugänglich als sonst und stellen eine größere Menge von Material bereit, mit dem man arbeiten kann. Das visuelle Denken auf dieser Ebene scheint eine größere Konkretheit des Denkens und auch einen freieren Fluß von Imaginationen und Phantasien als sonst zu fördern. Weiterhin bringt die Kombination visuellen Denkens und seiner symbolischen Kodierungen von Informationsmustern erheblich mehr Einzeldaten und verschiedenartige Aspekte dieser Daten hervor, mit denen man arbeiten kann, sei es für persönliche Reflexion oder für alle möglichen Arten von Problemlösungen.

Auf der dritten, der symbolischen Ebene, die tiefer als die zweite liegt und möglicherweise vorhergehende Erfahrungen auf der zweiten Ebene voraussetzt, gibt es die Entwicklung eines reichen mythopoetischen Symbolismus. Diese Entwicklung geschieht, indem man sein eigenes Leben vielleicht in Begriffen von leitenden Mustern oder Zielen symbolisiert, wie in einem mythenbildenden Prozeß, so daß das konkrete Symbol für persönliches Leben und seinen Kontext stehen kann. Die Entwicklung schließt eine Bewegung über das Persönlich-Besondere der zweiten Ebene, in Richung auf das Personell-Universelle, zu einem erweiterten Kontext und in universelleren Formulierungen ein. Hier sind die symbolischen Bilder vorwiegend historisch, legendenartig, mythisch, ritualistisch und archetypisch. Der Mensch erfährt vielleicht ein tiefgehendes und beglückendes Gefühl von Verbundenheit mit dem evolutionären und historischen Prozeß. Oder er sieht Bilder von Ritualen, an denen er mit all seinen Sinnen und mit tiefen Gefühlen teilnimmt, so daß das Übergangsritual die gleiche Wirkung haben kann wie ein tatsächlicher Ritus und ihn deutlich in Richtung Reife voranbringt.

Jemand anders mag vielleicht die archetypischen Figuren aus Märchen, Legenden oder Mythen sehen und die allgemeinen Muster seines eigenen Lebens entdecken, wenn er sich mit Prometheus, Parzival, Ödipus, Faust, Don Juan oder ähnlichen Figuren identifiziert.

Seit einiger Zeit taucht die weise Alte mit erstaunlicher Häufigkeit in den Bildern von Männern und Frauen auf, was eine tiefgehende Veränderung in der Psychodynamik der gegenwärtigen historischen Situation nahelegt. In diesen mythischen und symbolischen Dramen kann das Gefühl der Beteiligung ebenfalls stark sein, da die Bilder in einer bedeutungsvollen und zielgerichteten Folge auftauchen und die Symbole in unverhüllter Bedeutung für das Leben und die Probleme der Person erscheinen.

Die Vorstellung von der Existenz eines geophysischen Reiches, das in veränderten Bewußtseinszuständen wahrgenommen und dem eine eigene Realität zugeschrieben wird, hat eine alte und ehrenwerte Tradition. Die Sufi-Mystiker zum Beispiel sprechen vom *alem al-mithal* oder *mundus imaginalis,* einem Zwischenuniversum, ontologisch als gleichermaßen real gedacht, wie die sinnlich empirische Welt und die geistige (noetische) Welt des abstrakten Intellekts. Es existiert in einer Metageographie, die Ausdehnung und Dimension sowie Form, Farbe und andere sinnlich wahrnehmbare Eigenschaften besitzt. Aber diese Welt kann nur von denjenigen erfahren werden, die ihre psychospirituellen Sinne üben und durch diese spezielle Art imaginären Wissens Zugang gewinnen zu einer visionären Welt, die dem *mundus archetypus* von C. G. Jung nicht unähnlich ist. Dorthin gehen Träumer und Visionäre immer wieder und erweitern ihr Bewußtsein auf der Ebene der Quelle von Erkenntnis und Schöpfung. Sie ist ein Ort, wo das Selbst sich frei unter Archetypen und Universalien bewegt und dem Pulsschlag und der dynamischen Kodierung der transformierenden Muster des Dromenon lauscht.

Schließlich gibt es viertens noch die integrale Erfahrungsebene, auf der der Mensch eine Art subjektiven «Abstieg» zu einer Ebene von Bewußtheit vollzieht, die als Essenz, Seinsgrund oder sogar Gott wahrgenommen wird. Die Erfahrung auf dieser Ebene wird als eine *Entelechie* – eine Art strukturierender, dynamischer Energie empfunden, die aus den Tiefen aufsteigt und die anderen drei Ebenen belehrt und energetisiert.

Diese Vier-Stufen-Typologie läßt darauf schließen, daß die energetisierende fundamentale Wirklichkeit (die Entelechie) zunächst zur dritten Ebene aufsteigt und dort ihre universellen Paradigmen annimmt, wobei sie die mythischen Strukturen verstärkt und belebt; in einer Aufwärtsbewegung energetisiert sie anschließend die persönlichen, historischen und psychologischen Strukturen auf der zweiten Ebene; und schließlich intensiviert sie die sinnlichen Ebenen, indem sie die Pforten der Wahrnehmung innen und außen säubert. Die durchgängige Tendenz ist, wie in der religiösen Erfahrung, ein Hineinfluten in die Welt dieser Erfahrung als Ganzes, wobei der erlebenden Person ein Gefühl von neuer Gemeinschaft und Verpflichtung gegenüber der sozialen und ökologischen Ordnung vermittelt wird. So remythologisiert und energetisiert der imaginierte Abstieg in die Ökologie der inneren Welt diejenige der äußeren Welt.

Die vielen verschiedenen Menschen, die diese religiöse und schöpferische Erforschung der Welt der Bilder unternommen haben, berichten uns vieles über die Beziehung zwischen dem inneren Kosmos der menschlichen Seele und dem äußeren Kosmos des Universums als Ganzem. Sie erzählen uns von der Resonanz und Aufrechterhaltung von Mustern innen und außen. Wenn die Person in gewissem Sinne das Universum in Miniatur ist, dann sind die typischen Bilder der Tiefen ebensosehr Teil der Natur wie Wind, Sand und Sterne. Mutter Natur ist innen und außen gegenwärtig, wobei die Ebenen des Lebens unterschiedliche Frequenzen für ihre manifesten Formen benötigen, aber vielleicht die gleiche ontologische Wirklichkeit ausdrücken. Unsere Studien der Bilderwelt lassen vermuten, daß die individuelle Psyche sich gegenüber der Psyche der Natur öffnet. Bilder und Archetypen sind vielleicht genau diejenigen strukturellen Formen unseres Bewußtseins, die die umfassendere Realität wiederspiegeln. Was wir in der bildhaften Mythopoesis unserer inneren Welt wahrnehmen können, sind eventuell nicht nur die Reflexionen der Bewegungen des inneren Universums, sondern ebenso jene der äußeren Wirklichkeit. Wenn archetypische Bilder Mythen reflektieren, reflektieren sie auch die Bewegungen der äußeren Natur. Wiederum bestätigt die Ökologie eines umfassenderen Lebens, daß alles in Resonanz ist, aber auch, daß wir vieles tun können, an dieser Resonanz bewußt teilzunehmen.

Die Frage der Resonanz führt uns zu dem unerschlossenen Potential unserer Welt der Zeitlichkeit. Es kann sein, daß wir Strömungsbilder durch die Zeit sind. In der Evolutionsmetaphysik von Bergson und Teilhard könnten wir Zeit sogar als eine dynamische Matrix betrachten, eine allerletzte Superstruktur, die uns unsere Kodierungen für Quantensprünge zur evolutionären Veränderung gibt. Da wir so wenig von der Welt der Zeit wissen und erforschen, gefangen wie wir sind in der Tyrannei der Uhrzeit – welche, um die Wahrheit zu sagen, eher euklidischer Raum als Zeit ist –, hatten wir es unternommen, eines der größeren Forschungsprogramme unserer Stiftung dem umfassenderen Gebrauch von Zeit zu widmen.

Unsere Studien lassen vermuten, daß es möglich ist, die Zahl der Gedanken oder die Anzahl subjektiver Erfahrungen erheblich über das hinaus zu vergrößern, was normalerweise innerhalb einer Einheit von mit der Uhr gemessener Zeit möglich ist. Unter bestimmten Bedingungen veränderten Bewußtseins kann ein Mensch innerhalb weniger Minuten Uhrzeit einen solchen Reichtum von Ideen oder Bildern erleben, daß es ihm so vorkommt, als ob Stunden, Tage oder sogar noch längere Zeiträume vergangen seien, weil er soviel erlebt hat. Nur ein paar Minuten objektiver Zeit sind verstrichen; die Veränderung fand auf der Ebene subjektiv erlebter Zeit statt, und die Erklärung liegt im Phänomen des beschleunigten geistigen Prozesses (accelerated mental process – AMP).

Es war schon lange bekannt, daß AMP unter Bedingungen von Traumschlaf (der stundenlange Traum, der objektiv nur ein paar Sekunden oder Minuten dauert) spontan auftritt. Dann gibt es die Fälle in Verbindung mit großen emotionalen Belastungen. Ein Mann, der im Bewußtsein, sterben zu müssen, von einer Brücke fällt und durch irgendeinen glücklichen Umstand vorm Tode gerettet wird, kann später ausführlich berichten, daß während des Falls seine gesamte Lebenszeit vor seinen Augen abrollte, oder daß er alle wichtigen Ereignisse ohne irgendwelche Hast noch einmal durchlebte – die Ereignisse schienen im normalen, alltäglichen Tempo abzulaufen. Der Schweizer Alpen Club hat hunderte solcher Erfahrungen aufgezeichnet, wie sie von Bergsteigern berichtet wurden, die abstürzten und erwarteten zu sterben, aber überlebt haben. Mein eigenes Erlebnis, als ich neunzehn Jahre alt und dem Fallschirmspringen verfallen war, bestätigt dies. Einmal hatte ich nach einem Sprung das Erlebnis, für außergewöhnlich lange Zeit nach dem Ziehen der Leine weiterzufallen. Bevor sich der Notschirm ein paar Sekunden später öffnete, erlebte ich, daß die meisten wichtigen Ereignisse meines Lebens – nicht jedes kleine Kottelett und Schokoladenstück, aber die Hauptereignisse bis zum Alter von 19 Jahren – als Bilder in ihrer natürlichen Geschwindigkeit vor meinen Augen abliefen.

Wir nahmen lange an, daß solche Erlebnisse lediglich Krisenhalluzinationen ohne jede Gültigkeit seien. Jetzt nehmen wir sie ernster, da wir feststellen, daß das Gehirn Millionen von Bildern in nur Mikrosekunden verarbeiten kann. Vielleicht werden diese Bilder in todesnahen Situationen in einem Lebensrückblicks-Zyklus strukturiert.

Bildhafte Vorstellungen sind entscheidend bei AMP-Experimenten, weil das Denken in Bildern anscheinend nicht durch die zeitgehemmten Mechanismen gebunden ist, die den Fluß des verbalen Denkens verzögern. Das Denken ist größtenteils der Sprache und den Bewegungen des Körpers bei Arbeit oder Spiel angepaßt – ein zusätzlicher Grund für die Langsamkeit der meisten Denkprozesse. Aber das Denken muß keineswegs durch die langsame Gangart unseres physiologischen Seins oder durch die linearen Hemmnisse unseres verbalen Denkens begrenzt sein. In der Phänomenologie hochentwickelter Kreativität eilt der Geist über viele Möglichkeiten, wobei er auswählt, verwirft, fallenläßt, zusammenfügt und manchmal die Arbeit mehrerer Monate in ein paar Minuten erledigt.

Um Menschen die Möglichkeiten der AMP zu vermitteln, beginnen wir damit, daß wir ihnen erzählen, daß die normale Geschwindigkeit des Denkens oder subjektiver Erfahrungen sehr viel langsamer ist als nötig. Wir beschreiben ihnen einige frühere Experimente, so daß sie klar verstehen, daß subjektive Ereignisse an keinerlei

Gesetze von Zeit oder Bewegung gebunden sind, wie sie in der objektiven Welt gelten. Dann können die TeilnehmerInnen die Erfahrung machen, ein ziemlich detailliertes Abenteuer oder eine Phantasiegeschichte innerhalb einer kurzen Uhr-Zeiteinheit zu erleben. Nachdem eine Minute verstrichen ist, haben die meisten TeilnehmerInnen das Gefühl, daß sie subjektiv sehr viel mehr erlebt haben, als jemals innerhalb der gegebenen Minute möglich ist. So werden sie allmählich von ihrem üblichen zeitlichen Bezugsrahmen in der objektiven Welt wegkonditioniert, indem sie unter die Oberflächenkruste des Bewußtseins gehen, um die stärker fließenden Kategorien von Raum und Zeit zu entdecken, die in den Tiefen der Psyche gelten.

Wenn der beschleunigte geistige Prozeß ausreichend geübt worden ist, kann man sehr schnell und dramatisch lernen, oder vielleicht Lernformen anwenden, die vorher unwirksam waren, alles innerhalb des Kontextes einer subjektiven Realität. Jemand probt vielleicht musikalische oder sportliche Fertigkeiten mit Suggestionen des beschleunigten geistigen Prozesses, so daß zum Beispiel das Erlernen einer Beethoven-Sonate, die normalerweise stundenlanges Üben erfordert, im AMP-Zustand nur fünf Minuten erfordert, wobei der Versuchsteilnehmer, wenn er aus der Trance auftaucht, sich fühlt, als hätte er stundenlang geübt, und beträchtliche Verbesserungen im Spielen zeigt. Die Anwendungsmöglichkeiten dieses Prozesses sind vielfältig – sie umfassen so gut wie jede Fähigkeit, die eine Person verbessern möchte.

Viele TeilnehmerInnen, die in diesem Prozeß weiter fortgeschritten sind, fangen an, eigene Werke zu schaffen, sei es in der bildenden Kunst, in der Musik oder in der Dichtung. Subjektive Zeit ist entscheidend mit dem kreativen Prozeß verbunden. Im beschleunigten geistigen Prozeß ist ganz einfach nicht die Zeit vorhanden, um die üblichen Blockierungen der Kreativität zu mobilisieren, und so finden sich Menschen, die vorher wenig Kreativität zeigten, in den Automatismen des kreativen Prozesses engagiert, mit sich selbst schaffenden Kunstwerken, die aus ihrem Geist auftauchen und nach Ausdruck verlangen.

Unter den sich selbst schaffenden Werken waren Gedichte am allerschwierigsten hervorzubringen, ganz gleich ob der Versuchsteilnehmer jemals Gedichte geschrieben hatte oder nicht. In einem Fall jedoch war ein Jungianischer Analytiker von vierundvierzig Jahren mit einer Konversation über den berühmten Fall von Coleridges Dichtung *Kublai Khan* beschäftigt. Coleridge hatte etwas Opium genommen und war in eine Art Schlaf verfallen, in dem Bilder als Dinge vor ihm aufstiegen, mit einer parallelen Produktion der entsprechenden Ausdrücke, ohne irgendein Gefühl oder Bewußtsein von Anstrengung. Der Teilnehmer, der während dieser Diskussion in Trance war, lieferte eine weitschweifige und ziemlich lange psychologische Analyse dessen, was er für eine mögliche Erklärung von Coleridges Erlebnis hielt. Er wurde dann gefragt, ob er nicht die Ökonomie der poetischen Sprache im Vergleich zu derjenigen der meisten Psychologen bewundernswert fände. Er stimmte lachend zu und fügte hinzu, daß die Ökonomie der Sprache für ihn sehr schwierig zu erreichen sei. Er hatte gelegentlich versucht, Gedichte zu schreiben, neigte aber dazu, abstrakt und zu wortreich zu werden.

Dem Teilnehmer wurde als nächstes die übliche Erklärung über das Phänomen des AMP gegeben, und er wurde eingeladen, eine kreative Anwendung zu versuchen. Es wurde ihm suggeriert, er würde ein Erlebnis haben, das dem von Coleridge ähneln würde, obgleich dafür nur eine Minute Uhrzeit zur Verfügung stünde; Bilder und assoziierte Worte würden ohne Anstrengung ins Bewußtsein kommen, und alles, was er zu tun habe, sei, sich an alle zu erinnern und sie uns hinterher mitzuteilen. Ehe er noch protestieren konnte, dies sei unmöglich, wurde er mit fester Stimme aufgefordert, anzufangen. Nach einer Minute berichtete er von einer amüsanten Bildfolge, beschrieben in einer sehr knappen, aber dennoch poetischen, Sprache. Nachträglich fügte er den Titel hinzu:

TANTRISCHE VISION

Aufrecht sitzend unter einem symbolübersäten
Lichtmandala

War ein Avatar mit langem weißem Haar und dem
Körper eines anmutigen Jünglings
Zu seiner Linken eine archetypische Schlange
Zu seiner Rechten ein numinoser Löwe.
Nicht kennend die Hierarchie hier, oder welches Phänomen
als erstes zu verehren sei
Liebte ich die schöne Göttin, ausgestreckt auf den
sanften Lotosblättern.
Da tönte vom Himmel eine Stimme wie ein Donnerschlag:

GUT GEWÄHLT, MEIN SOHN!

Weitere Versuche und Übungen befähigten den Mann, viele
Gedichte zu schreiben, die reich an Bildern und lebendig im Aus-
druck waren. Später bemerkte er eine bedeutende Veränderung im
Stil seiner Prosa und auch in seinen Sprechmustern. Alles wurde präg-
nanter, und seine Arbeit enthielt viel mehr konkrete Bilder,
wodurch sie lebendiger erschien. Anscheinend war im Verlauf des
Experiments unbeabsichtigt eine ungewöhnliche Blockierung der
Kreativität durchbrochen worden.

Man könnte über die Beziehung zwischen Kreativität und der
Metaphysik der Zeit spekulieren. Uhrzeitbedingtes Wissen behindert unweigerlich den Fluß des schöpferischen Denkens, weil es dieses Denken an den periodischen Zeittakt gewöhnt, welcher zum
größten Teil zu Routine oder banalen Möglichkeiten führt. Wenn
man in das Dauerzeitfeld jenseits des militanten Takts von Vergan-
genheit-Gegenwart-Zukunft eintritt, betritt man ein Feldkonti-
nuum, das alle Antworten enthält. Wenn man den kreativen Prozeß
unter dem Gesichtspunkt von *Zeit* betrachtet, wird er zu einer Teilhabe an Reichen der Synchronizität. Im kreativen Akt wird die Welt
durch bemerkenswerte und bemerkenswert kreative Zusammenhänge, die man vorher nicht gesehen hat, selektiv beleuchtet. Die
Automatismen des kreativen Prozesses – die sich selbst schaffenden
Kunstwerke, die unter den Bedingungen eines veränderten Bewußtseins, veränderter Zeit und dem lebendigen Gebrauch kraftvoller

Vorstellungsbilder wie von selbst zu entstehen scheinen – bezeugen vielleicht, daß diese Bedingungen den Zugang zu den synchronistischen Zeitzonen ermöglichen, in denen Bedeutungen und Informationsmuster, denen nachzugehen normalerweise Jahre erfordern würde, an ein Resonanzmuster angeschlossen werden, das für den kreativen Durchbruch sorgt.

Die am weitesten reichenden Möglichkeiten der Synchronizität (und damit letztlich der Kreativität) sind möglicherweise mystische Erfahrungen von universalen Entsprechungen. «Dies bist Du», ist die tiefste Erkenntnis. Die Einzigartigkeit des Selbst ist die endgültige Lösung. Man wird ausgedehnt und vervielfältigt über Zeit und Raum, durch innere und äußere Welten. Nichts ist fremd oder ohne Bezug. Alle Ökologien sind im eigenen Selbst zentriert, und man ist ökologisch mit allem verbunden, was ist. Der oder die Wissende, das Wissen und das Gewußte werden Teil einer undifferenzierten Einheit, welches der *Unus Mundus,* der ewige Tanz zwischen dem Einen und dem Vielen ist, das Dromenon.

Ich glaube, daß diese Veränderungen das Herankommen des Postindividuums und das Zeitalter des planetarischen Menschen ankündigen und daß dieses Zeitalter seine Entsprechung in der Zeit der zweiten Reife finden kann.

Zum erstenmal in der menschlichen Geschichte leben viele, viele Menschen für eine lange, lange Zeit. Während die Bevölkerung der USA sich gegenüber 1900 verdreifacht hat, hat sich die Zahl der älteren Menschen verachtfacht. Bis zum Jahre 2000 werden wir mehr als dreißig Millionen Menschen über fünfundsechzig haben. Wenn Sie sich ein Schaubild der letzten zweihundert Jahre anschauen, sehen Sie ein absolut stetiges Ansteigen der Lebenserwartung, als ob die Lebenskraft selbst ihre eigene Ausdehnung in einer Fülle von Jahren zur Geltung bringen würde. Zu der Zeit, als die amerikanische Verfassung geschrieben wurde, lag die Lebensdauer in den Dreißigern; vor hundert Jahren in den Vierzigern. Dann machte die Kurve der Lebensspanne einen exponentiellen Sprung, so daß sie heute in den Siebzigern liegt. Wenn man dies hochrechnet, wird die Lebenserwartung bis zur Dreihundertjahrfeier in den Neunzigern liegen; und bis zum vierhundertsten Geburstag der USA (2176) könnten wir die biologisch natürliche Lebensspanne von hundertundzwanzig erreichen. Ich sage «biologisch natürlich», weil das menschliche Wesen eines der wenigen Mitglieder des Königreichs der Tiere ist, das nicht zehn bis zwölfmal so lange lebt wie die Anzahl der Jahre bis zu seiner Pubertät. Weiterhin wurden neue mitotische und Zelluntersuchungen des menschlichen Körpergewebes von einigen Gerontologen durchgeführt, um zu zeigen, daß wir hundert gute Jahre haben könnten – die wir sicherlich benötigen, um den wachsenden Aufgaben des Lebens und der Notwendigkeit sowohl einer Langzeitausbildung und regelmäßigen Weiterbildung als auch einer Vertiefung gerecht zu werden.

Als sie nur wenige waren, wurden die Alten verehrt, hochgeschätzt und anerkannt. Nun, da sie viele sind, wissen wir nicht, was wir mit ihnen anfangen sollen und haben Einrichtungen geschaffen, ja sogar rechtlich festgelegt, die die potentiell Größten unter uns in geistloses Gemüse verwandelt haben. Gerontophobie – die Furcht, die Menschen aufgrund ihres fortgeschrittenen Alters willkürlich entfremdet, aussondert, festlegt und diskriminiert – ist eine der schlimmsten und äußerst schwächenden Krankheiten der modernen Gesellschaft. Sie erhebt Lügen und Verzerrungen auf die Ebene von sinnlosen Platitüden, und erklärt hohes Alter zu einem Leiden, das einen Menschen zunehmend geschlechtslos, nutzlos und machtlos macht. Sie sanktioniert die Isolation der «Befallenen» vom Rest der Gesellschaft, welcher die berühmten Laufställchen für die Wohlhabenden baut; für solche, die weniger gut betucht sind, schafft sie «Heime», die Vorhöllen von sinnlicher und existentieller Deprivation sind. Kürzlich wurde von einer Gruppe gesunder junger Collegestudenten eine Studie durchgeführt; sie zogen in eines dieser Heime ein und baten darum, genau wie die älteren Bewohner behandelt zu werden. Nach mehreren Tagen begannen sie, Symptome von Senilität zu zeigen.

Ein weiterer Aspekt dieser Krankheit unserer Gesellschaft, die alten Menschen als leidend zu betrachten, ist der, daß wir verlangen, daß sie in einem Zustand von eingekerkerter Lebendigkeit bleiben.

256

Während sie immer noch ihr Leben in sich als ganz empfinden, werden sie gezwungen, ihre Potentiale genauso zu ignorieren, wie es ihre Junioren tun. Daher schwanken sie oft, genau wie unser Zeitalter, zwischen einem nervösen Hochmut und einer entmutigenden Verzweiflung hin und her. Es ist die Involutionsdepression, die diese Menschen und auch Zeiten plagt, deren Potentiale zur Entfaltung bereit sind, aber nicht erkannt, sondern ignoriert oder aktiv unterdrückt werden. In höherem Alter ist die Ablenkbarkeit, die das große Placebo unserer früheren Jahre war, verschwunden. Gleichzeitig gibt es eine mit dem Alter einhergehende Intensität, die bisher nur wenige vermutet oder erforscht haben.

Der amerikanische Dichter John Hall Wheelock brachte dies eindrucksvoll zum Ausdruck, als er an seinem neunzigsten Geburtstag sagte, «Ich wollte immer lange leben. Ich hatte eine Menge Arbeit, die ich tun wollte. Im hohen Alter werden die Dinge eher intensiver als weniger intensiv. Alles wird prägnanter – so viele Assoziationen –, alles ist mit allem anderen in Resonanz.» Es kann sein, daß endlich der Massenmord an älteren Menschen aufhört. Wir kommen allmählich zu der Erkenntnis, daß die Jahre jenseits der Sechzig, die Jahre unserer zweiten Reife, vielleicht die größte Gabe der Evolution an die Menschheit sind. Befreit von der Panzerung der Autorität der eigenen ersten Reife und ihrer begleitenden Verengung des Blickfelds, gewinnt man in diesen Jahren die Freiheit, eher zu forschen als zu befehlen, eher zu fragen als zu antworten. Nicht mehr eingekapselt durch Zwecke und Ziele, befreit von spezialisierten Verpflichtungen, haben die Alten die Freiheit, die Fülle ihrer psychophysischen Kräfte, ihre verborgenen menschlichen Fähigkeiten zu erforschen. Diese Feststellung mag jenen seltsam erscheinen, die mit den derzeitigen Studien und der Literatur vertraut sind, welche aussagen, daß das Älterwerden von vielen Faktoren, die einen zellulären und organischen Verfall einschließen, begleitet ist. Andere Theorien bieten Informationen an, die erwarten lassen, daß es bald Möglichkeiten geben wird, die Alterungsuhr zurückzustellen, so daß das Altwerden vielleicht bald *veralten* wird. Bei der *Foundation of Mind Research* leitet Robert Masters fortlaufende Forschungen, um Wege zu finden, auf denen eine beträchtliche Rehabilitation erreicht werden könnte, teilweise durch eine funktionelle Verjüngung, die im Rahmen der Fähigkeiten vieler älterer Menschen liegt. Er schreibt:

Die Verminderung der Bewegungsfähigkeit, die Abstumpfung der Sinne, die Beeinträchtigung der geistigen Prozesse usw. bei älteren Menschen sind zu einem großen Teil Produkte gewohnheitsmäßiger Verhaltensweisen – also falscher *Gebrauch* –, welcher allmählich die Gehirnzellen hemmt, den kinästhetischen Sinn und muskuläres Feedback verfälscht, einige Muskeln chronisch übermäßig angespannt hält, während gleichzeitig andere eine zu geringe Spannung haben und so die richtige Ausrichtung des Skeletts deformieren, die Bewegung der Gelenke hemmen, die Atmung beeinträchtigen – ein Zusammenspiel von Effekten, das das Erscheinungsbild und auch das Gefühl des hohen Alters produziert. Der Grund ist aber nicht wirklich «hohes Alter», da die Hemmung der Gehirnzellen aufgehoben werden kann, die Sinnesempfindungen verbessert, die Muskelstruktur neu organisiert, die Gelenke befreit und die Bewegungsfähigkeit, einschließlich der Atmung, in einem Ausmaß erweitert werden können, das man selbst sehen oder besser spüren muß, um es glauben zu können.[56]

Die soziopolitischen Realitäten des Alterns werden ebenfalls von einem neuen Blickwinkel aus überdacht. Maggie Kuhn, Gründerin der im ganzen Lande aktiven Gruppe der Grauen Panther, sagt:

Ich bin sehr froh, daß ich mein höheres Alter erreicht habe. Ich halte mich selbst für glücklich. Ich wünsche mir, daß alle meine Altersgenossen soviel Freude an ihren Falten haben können wie ich. Ich betrachte sie als Ehrenzeichen, für die ich hart gearbeitet habe ...

Dies ist ein neues Zeitalter der Befreiung, Selbstbestimmung und Freiheit. Dies ist ein Alter, in dem es angemessen ist, neue Koalitionen von Menschen zu bilden, die die Gesellschaft grausam getrennt hat. ... Ältere Frauen zum Beispiel können von der Frauenbewegung am meisten profitieren. ... Ältere Frauen wissen eine Menge, was sie jüngeren Frauen beibringen können. Zu lange wurde Alt und Jung getrennt gehalten. Diese Trennung ist künstlich, weil das Leben in Wahrheit ein Kontinuum ist . . .

Ich denke gern, daß das Alter eine große allesverbindende Kraft ist, etwas, das wir alle gemeinsam haben. Das Altern versetzt uns in die gleiche Lebenserfahrung wie Tiere, Pflanzen, Blumen und Steine. Während wir dem universalen Erlebnis des Alterns entgegensehen, können wir Teil der ganzen Schöpfungsordnung sein. Diese Vorstellung kann unseren Geist auffrischen, unseren Körper stärken und uns helfen, über das Alter zu sprechen und uns mit seinen Schrecken und Ängsten auseinanderzusetzen. . . . Das Altern ist tatsächlich ein Triumph, ein Ergebnis von Stärke und Überlebenskraft. Hohes Alter ist die Zeit, in der wir Risiken eingehen und soziale Veränderungen in Gang setzen können. Alte Menschen haben diese Freiheit. Sie haben nichts zu verlieren.[57]

In diesem Geist streifen Maggie Kuhn und ihre generationsübergreifenden Grauen Panther aufmerksam im Feld des sozialen Bewußtseins umher, wobei sie ein wachsames Auge auf Politik und öffentliche Dienste haben, die das Leben jener älteren Mitbürger betreffen, welche ihrer eigenen politischen Stimme beraubt worden sind. Die Aktivität der Gruppe richtet sich auf ein breites Aufgebot von Themen, vom Wohnungswesen bis hin zur Zwangsverrentung, immer in Sorge, aufgrund des Alters diskriminiert zu werden.

Ein Teil des Erfolges der Grauen Panther und ähnlicher Organisationen liegt darin, daß sie bewiesen haben, wie die älteren Menschen mit ihrem vielfältigen Können und ihrem weiten Blickwinkel auch lebende Zentren der Veränderung sein können und daher diejenigen sind, die die praktischsten Ratschläge geben und die weitsichtigsten Visionen für das Funktionieren der Gesellschaft anbieten können. Das ist der Grund, weshalb ältere Menschen Lehrer sein sollten und weshalb die große Kette des Lebens zwischen den Generationen wiederhergestellt werden muß, wenn wir unsere Zeit überleben wollen. Wieder drückt Maggie Kuhn es wunderschön aus:

Unser Ziel ist verantwortliches Erwachsensein. Wir, die wir alt sind, sind die Ältesten des Stammes, und die Ältesten haben die Aufgabe, für das

Überleben und das Wohlergehen des Stammes zu sorgen. Wenn wir bedenken, wieviel es in dieser Demokratie zu tun gibt, sehen wir, wie wichtig es für uns alle ist, uns zusammenzuschließen. Wir müssen die Energien vereinigen und mit dem Aufbau der Gemeinschaft vorankommen.[58]

Man denke an Virgile Barel, geboren 1890 und der älteste Abgeordnete der Französischen Nationalversammlung, der kürzlich sagte: «Ich werde bestürmt von einem Bedürfnis zum Handeln. Meine intellektuelle Neugier ist tatsächlich gewachsen. In jedem Augenblick kommen Ideen zu mir.» Man denke an Buckminster Fuller, geboren 1895, dessen Geist bis zu seinem Tod mit über neunzig Jahren ein von Ideen und Projekten strotzendes Füllhorn war, der ständig um den Planeten reiste und allen, die ihn hörten, ein Handbuch für die Bedienung des Raumschiffes Erde anbot. Man denke an so viele ältere Menschen, bekannte und unbekannte, die – da sie ihr Leben und ihren Geist aktiv gehalten haben – eine Stufe von Einsicht in das Wesen der Dinge gewonnen haben, die das Problemlösen auf die Ebene einer metaphysischen Kunstform erhebt.

Für mich kristallisierte sich dieses Phänomen heraus, als ich meine gute Freundin Margaret Mead, die damals in den Siebzigern war, dabei beobachtete, wie sie etwas entwickelte, das eigentlich eine neue menschliche Ästhetik, verbunden mit einem wissenschaftlichen Prozeß war – sie nannte es ein Makroskop –, um eine andere Art des Verstehens und des Umgangs mit der Welt zu erschaffen. In Margaret Meads makroskopischer Sicht des Planeten wird die menschliche Linse so über globale Probleme gehalten, daß die Welt als Ganzes und auch als dynamisches Fließen unzähliger konkreter Einzelfälle gesehen wird. Einmal bat ich sie, dieses Konzept auf Überlegungen zu Auswirkungen von Modernisierungen anzuwenden. Zuerst stellte sie ihre Linse auf planetarische Probleme ein, dann auf das Dorf Peri in Neu-Guinea, wo sie umfangreiche Feldforschung getrieben hatte. Sie erinnerte sich, daß, als das nächste Dorf zu Besuch kam, durch die Anwesenheit der vielen Menschen zuviel Druck auf den Rand des Sandes ausgeübt und Peri überschwemmt wurde. Dann bewegte sie sich zwischen klaren Erinnerungen an einzelne Ereignisse und dem Nachdenken über die ganze Welt hin und zurück. Sie entwarf für mich Analogien zwischen der Molekularbiologie und riesigen Ökosystemen. Alles wurde mit allem verknüpft, bekam Bedeutung für alles andere. Während sie sich zu immer größerer Klarheit bewegte, beobachtete ich, wie sie Bedürfnisse definierte, Pläne machte, in ihrer Entschlossenheit stärker wurde und begann, praktische Schritte zu unternehmen, um einige der Zustände zu verbessern, die sie gesehen hatte. Dies war das Genie des älteren Menschen in Aktion.

Eine der wichtigsten Fähigkeiten der zweiten Reife ist die Fähigkeit zur spirituellen Entwicklung. Aus meiner eigenen Erfahrung in der Arbeit mit älteren Menschen weiß ich, daß viele, nachdem sie die Weite der Existenz kennengelernt, nun die Fähigkeit haben, die Feinheiten der Tiefen ebenfalls zu erkennen, und zwar in einer Weise, in der sie sie vorher nicht hätten sehen können. Nicht mehr unter dem Zwang, zu konkurrieren, um akzeptiert zu werden, gemocht zu werden und all der anderen Dinge, die in der Gesellschaft als achtbar gelten, sind sie in ihren späteren Jahren endlich frei, Energien und Fähigkeiten zu entfalten, die die Kultur in ihnen unterdrückte, als sie jünger waren. Die neuen Energien, die Menschen manchmal nach ihrem fünfundsechzigsten oder siebzigsten Geburtstag entfalten, sind keineswegs wirklich neu. Sie waren immer da, auf jeder Stufe der menschlichen Entwicklung gegenwärtig: aber jetzt, in ihren späteren Jahren, müssen die Menschen nicht mehr einen Großteil ihrer Energie dafür verwenden, das zurückzuhalten, was sie sind und können, nämlich den Hund des Himmels an der Leine zu führen.

Mit dieser neuen Freiheit gewinnen sie auch die Zeit und die Fähigkeiten, die Ökologie ihres äußeren existentiellen Seins mit ihrem inneren essentiellen Sein zu verbinden. So können wir in späteren Jahren lebende Beispiele der Tatsache werden, daß die Wirklichkeit ein Kontinuum ist, in dem subjektive Erfahrung genauso wirklich und wichtig wie objektive Erfahrung ist, ein Beispiel dafür, daß unsere Tiefen sich zu einem größeren Universum und einem reicheren Wissen öffnen, in dem eine umfassendere Nützlichkeit erlangt werden kann. Das spirituelle Wachstum, das darauf folgt, ist deshalb in unserer biologischen und alltäglichen Existenz gegründet. Für den älteren Menschen kann das tägliche Leben zu einer spirituellen Übung werden, während für den jüngeren das Verfolgen spiritueller Realitäten allzu oft von seiner alltäglichen Erfahrung getrennt ist.

Eine Fähigkeit zur allesumfassenden Verwandtschaft zeichnet den Geist des älteren Menschen aus. In seinen abschließenden rückblickenden Gedanken sah C. G. Jung dies sehr scharf, und er schrieb: «Dennoch gibt es soviel, was mich erfüllt: Pflanzen, Tiere, Wolken, Tag und Nacht und das Ewige im Menschen. Je unsicherer ich meiner selbst wurde, desto stärker wuchs in mir ein Gefühl für die Verwandtschaft mit allen Dingen.»[59] Oder wie Petaga Yuha Mani, ein alter Sioux-Schamane sagt: «Während ich also älter werde, vergrabe ich mich mehr und mehr in den Hügeln. Der Große Geist hat sie für uns gemacht, für mich. Ich möchte mit ihnen verschmelzen, in sie einsinken und zu guter Letzt in ihnen verschwinden. Wie mein Bruder Lame Deer sagte, die Natur ist ganz und gar in uns, wir sind ganz und gar in der Natur. So soll es sein.»[60]

Wenn man älter wird, geht man schließlich über den Dualismus und die Unterscheidungen hinaus, die den natürlichen Entwicklungsprozeß des spirituellen Wachstums hemmen. In vielen Gesellschaften benötigt man deshalb einen Überschuß an Jahren in der Welt, ehe es für angemessen gehalten wird, die eigene tiefe innere Übung zu beginnen. Bei den Navajos z. B. beginnt der Heiler, der Medizinmann oder die Medizinfrau seine oder ihre Ausbildung erst im Alter von etwa fünfzig, nachdem sie ihre Familien aufgezogen haben und ihr Charakter durch eine langjährige Lebenserfahrung ausgeglichen und veredelt ist. In der klassischen jüdischen Tradition gibt es ähnliche Vorschriften für diejenigen, die das Studium der mystischen Kabbala aufnehmen wollen.

Kürzlich fragte ich Dr. Gay Gaer Luce, die Mitbegründerin von SAGE, einem Wachstumszentrum für ältere Menschen, das Methoden und Techniken anwendet, die den zu Anfang in diesem Kapitel beschriebenen ähneln, was sie denke, was Männer und Frauen in den Siebzigern und Achtzigern lernen, das sie in früheren Jahren nicht hätten lernen können. Sie antwortete:

Also ich könnte Dinge auflisten, wie unterrichten, jüngere Menschen beraten, sehr kranken Gleichaltrigen helfen, Erinnerungen schreiben. Ich arbeite z. B. bei SAGE mit einer Gruppe von Menschen, die, wie ich glaube, zu bemerkenswerten Heilern werden. Sie haben ein ganzes Jahr gebraucht, bis sie herausfanden, daß das, was sie sind, tatsächlich für Menschen in einer Krise von Wert ist. Sie spürten nicht, daß das, was sie taten, stärkend war und gebraucht wurde, und sie maßen sich deswegen keine Autorität an. Schließlich hat es in ihrem Leben keine Tradition der *Heiler-Rolle* gegeben. Sie sind einfach die Art von Leute, die in der Lage sind, sich neben einen Patienten im Krankenhaus zu setzen und still, ohne etwas sagen zu müssen, zu bewirken, daß Menschen sich besser fühlen, indem sie ihnen Hoffnung geben und ihnen soviel Sicherheit vermitteln, daß sie sich entspannen können. Ihre Gegenwart und Energie ermöglicht die Heilung. Sie bringen Erquickung aus ihrer Person, aus ihrem Wesen hervor. Die gleiche Energie in einer jüngeren Person ist stärker personalisiert, ist stärker gebunden und äußert sich in Sympathie, Identifikation und Leidenschaft. . . . Wenn ich mich in einer Gruppe älterer Menschen aufhalte, die allmählich ein tieferes Verständnis von sich selbst entwickeln, spüre ich eine Übertragung, die nichts mit Worten oder Philosophie zu tun hat. Es hat etwas mit der Lebensweisheit zu tun, die jetzt durch eine Seinsweise übermittelt wird, durch eine Art von Energie und Sein, die ganz unmittelbar ist. Es ist, als ob jemand dir gegenüber seine Augen öffnet; nichts davon kann in Worten ausgedrückt werden. Der Glanz, den ein älterer Mensch anzubieten hat, ist manchmal fast überwältigend.

Ohne das Bedürfnis nach persönlicher Ego-Befriedigung, das sie als jüngere Menschen hatten, sind ältere Menschen zur bedingungslosen Liebe fähig, und diese ist vielleicht die heilsamste und stärkendste Kraft in der heutigen Welt. Ein Zeugnis dafür sind zum Beispiel die außergewöhnlichen Aktivitäten bedingungsloser Liebe der über siebzigjährigen Mutter Teresa unter den Ärmsten und Sterbenden in Indien. Der Ausdruck dieser Liebe bei den Älteren ist auf einer tieferen Ebene in einem gewissen Sinne in der Rückkehr zu der ungerichteten Bewußtheit verwurzelt, wie wir sie als Kind gekannt haben. Als Postindividuum hat man nicht mehr die spezialisierten Verpflichtungen, die so viele Interessen und Rücksichtnahmen während der ersten Reifephase bestimmen. Jetzt haben wir die Freiheit, unsere allgemeine Zuneigung und unseren guten Willen auszudrücken, viel mehr Wahlmöglichkeiten und Gelegenheiten zu erforschen, und in unseren Beziehungen zu anderen Menschen angstfrei unser Interesse und leidenschaftslose Zustimmung zu bekunden. Bei einem so breiten Spektrum und so reichem Gefühl ist es kein Wunder, daß die Älteren zu Sehern und Visionären werden, die die tieferen Ebenen von Geschehnissen und die weiteren Lebensfelder entdecken.

Eine wunderbare Freundin von mir, Mavis Moore, eine Alte und Weise im höchsten Sinne, sandte mir neulich einen Brief, in dem sie das klare Sehen beschreibt, das entsteht, wenn man in die zweite Reife hineinwächst:

Wenn ich genau hinhöre, kann ich verstehen, was Altern wirklich bedeutet, im Gegensatz zu dem, wie es anderen erscheint. Die Etiketten der Welt haben nichts mit mir zu tun. Dieses klare Sehen ist nicht etwa ein Versuch, irgend etwas zu verändern, sondern es ist, als ob man Hüllen von einer Statue entfernt, so daß das Auge ihre Form genauer erkennen kann. Es bedeutet nicht, die Form zu erschaffen; es ist das Enthüllen der Form, egal ob die Form nun die Möglichkeit einer Eichel ist, zu einer Eiche zu werden, oder die des Alters, durch vertiefte Erfahrung mehr Weisheit zu geben. Man könnte von den vielen Versionen der Wirklichkeit, von denen das Alter der Höhepunkt ist, endlich zum Wesen der Dinge kommen, wobei man auf eine immer neue, unwiederholbare Frische und Erstmaligkeit schaut.

In unserem Ende liegt unser Anfang, und was wir bei den Älteren finden, ist die Wiederaneignung der Kindheit auf höheren Ebenen. Das ist *Neotenie,* das Prinzip erweiterter Fähigkeiten, Erfahrungen durch eine immer wieder frische und kindliche Annäherung aufzunehmen. Aus der Perspektive eines ganzen Lebens bewegt sich der neotenische Prozeß von einem höheren Grad von Nichtspezialisierung (in der Kindheit), über einen hohen Grad von Spezialisierung (in der Adoleszenz und während der ersten Reifephase), zu einem hohen Grad von Nichtspezialisierung, der Spezialisierung mit umfaßt (in der zweiten Reifephase).

Einige Untersuchungen lassen vermuten, daß in vielen Fällen die anfänglichen Stadien der «zweiten Kindheit» einer Tendenz des Gehirns zu verdanken sein könnten, frühere Stadien seiner Erfahrungen zu aktivieren und zu rekapitulieren. Das Kind, das man war, steigt neurologisch in dem älteren Menschen auf, der man geworden ist. Statt sich über das Phänomen lustig zu machen, es herabzusetzen und unsere Alten mit Opiaten zu traktieren, um ihr sich erhebendes Kind zurückzuhalten, sollten wir diese Phase vielleicht durch dieselben Möglichkeiten und Vergnügungen fördern, wie wir sie dem wachsenden und forschenden Kind geben. Als ich dieser These nachging, habe ich einigen Gerontologen beigebracht, mit älteren Menschen auf eine Weise zu arbeiten, die sie dazu bringt, sich zu bewegen, zu tanzen, ihre Koordination wiederzufinden sowie ihnen auch eine künstlerisch angereicherte Umgebung und viele Gelegenheiten zum Lernen und zum Forschen anzubieten. Sie haben hinterher berichtet, daß sie als Ergebnis dieses Vorgehens viele Fälle erlebt haben, in denen die Symptome der Senilität verschwanden und ihre Patienten in einen neuen Prozeß psychologischen, kognitiven und emotionalen Wachstums eintraten. Sie erlernten neue Fertigkeiten und vertieften und verfeinerten alte. Es ist eine Art zweiter Besuch in der Kindheit, aber auf einer höheren und tieferen Ebene.

Dieses Prinzip der Neotenie, das den Lebensverhältnissen unserer zweiten Reife zugeschrieben wird, ist möglicherweise das Ziel des Lebens und der Weg in die zweite Spirale. Die ersten Spiralwindungen von Kultur und Bewußtsein könnten vielleicht als der sich entwickelnde Fötus unseres Selbst angesehen werden. Mit dem Postindividuum und den Fähigkeiten unserer späteren Jahre sind wir möglicherweise fähig, endlich geboren zu werden, eine Geburt, die uns in eine größere Wirklichkeit und eine reichere und vielschichtigere Menschlichkeit führen wird. Diese Geburt wird durch die zweite Spirale symbolisiert, die alle vorhergehenden embryonalen Entwicklungen der Geschichte und des menschlichen Verhaltens einschließt und enthält.

Ich begegnete einmal einem Mann, einem alten Mann, der mit der zweiten Spirale auf sehr vertrautem Fuße stand. Lassen Sie mich erzählen, wie er war. Lassen Sie mich davon erzählen, wie es war, mit Mr. Tayer den Hund auszuführen.

Als ich ungefähr dreizehn war, rannte ich immer die Park Avenue in New York hinunter, um nicht zu spät in die Schule zu kommen. Ich war damals ein übergroßes, dickes Mädchen, und eines Tages rannte ich in einen ziemlich zerbrechlichen alten Herrn in den Siebzigern und warf ihn um. Er lachte, als ich ihm wieder auf die Beine half, und fragte mich mit französischem Akzent: «Hast du vor, für den Rest deines Lebens so zu rennen?»

«Ja», antwortete ich, «sieht ganz so aus.»

«Na dann, bon voyage!», sagte er.

«Bon voyage!» antwortete ich und rannte weiter.

Ungefähr eine Woche später ging ich mit meinem Foxterrier Champ die Park Avenue hinunter, und wieder traf ich den alten Herrn.

«Ah», begrüßte er mich, «meine Freundin, die Läuferin, und mit einem Foxterrier. Vor vielen Jahren in Frankreich kannte ich auch mal so einen. Wohin gehst du?»

«Ich gehe mit Champ in den Central Park», sagte ich.

«Ich gehe mit dir», teilte er mir mit. «Ich werde meinen Verdauungsspaziergang machen.»

Und danach trafen der alte Herr und ich uns regelmäßig ungefähr ein Jahr lang, um zusammen im Central-Park spazierenzugehen. Soweit ich es ausmachen konnte, war sein Name Mr. Thayer oder Mr. Tayer.

Die Spaziergänge waren verzaubert und voller Freude. Mr. Tayer kannte absolut keine Befangenheit. Er fiel manchmal plötzlich auf die Knie und rief: «Jeanne, schau mal, die Raupe! Was mag sie wohl denken? Weiß sie, was sie werden wird? He, Jeanne – stell dir vor, du bist eine Raupe. Was wird aus dir, wenn du ein Schmetterling wirst? Die nächste Stufe, Jeanne! Metamorphose! Es ist so aufregend.»

Sein langes, gotisches, tragikomisches Gesicht war voller Staunen.

«He, Jeanne, sieh die Wolken! Gottes Kalligraphie am Himmel! All diese Wandlungen – sich bewegend, sich verändernd, sich auflösend, werdend. He, Jeanne – bist du eine Wolke? Sei eine Wolke.»

Oder es gab eine Zeit, als Mr. Tayer und ich uns gegen den starken Wind lehnten, der plötzlich durch den Central Park peitschte, und er sagte zu mir: «Jeanne, schnupper den Wind. Der gleiche Wind wurde vielleicht einmal von Jesus Christus geschnuppert, von Alexander dem Großen oder von der Heiligen Johanna. Schnupper den Wind, der einst von Jeanne d'Arc geschnuppert wurde. Schnupper den Strom der Geschichte!»

Es war wunderbar. Menschen in jedem Alter folgten uns, wohin wir auch gingen, lachend – nicht über uns, sondern mit uns. Gelegentlich hielt Mr. Tayer kurze komische Ansprachen über die Geschichte der Steine im Central Park. Öfter noch sprach er die Steine direkt an. «Ah, mein Freund, der Glimmerschiefer, erinnerst du dich noch, als . . .?». Er schien schrecklich viel über alte Knochen und Steine zu wissen.

Er schien auch eine Menge über Spiralen zu wissen. Einmal brachte ich ihm ein Schneckenhaus, und er verfiel beinahe eine Stunde lang geradezu in Ekstase. Schneckenhäuser und Galaxien und das Mäandern von Flüssen wurden in eine große Hymne auf die sich in Spiralen bewegende Evolution des Geistes und der Materie aufgenommen. Als er fertig war, wurde seine Stimme ganz leise, und er flüsterte fast wie im Gebet, «Omega . . . omega . . . omega . . .»

Aber meistens war Mr. Tayer so voller Saft und Kraft, so voller Leben, daß er mit allem zu fließen schien. Immer sah er die Verbindungen der Dinge untereinander – die Art, wie alles im Universum, von den Foxterriern über den Glimmerschiefer bis hin zum Geist Gottes, mit allem anderen verbunden und sehr, sehr gut war.

Ich erinnere mich, daß ich einmal nach Hause kam und zu meiner Mutter sagte: «Mutter, ich habe meinen alten Mann wiedergetroffen, und wenn ich mit ihm zusammen bin, vergesse ich, wie unscheinbar ich bin.» Denn Mr. Tayer schaute einen an, als ob man ein verborgener Gott wäre, und die Liebe, mit der er einen anschaute, war bedingungslos. In seiner Gegenwart fühlte man sich ermutigt, zu sein, wie man wirklich war.

Und dann eines Tages sah ich ihn nicht mehr. Ich ging häufig zur Ecke 84ste Straße und Park Avenue und stand vor der Kirche des Heiligen Ignatius von Loyola, wo ich ihn oft traf, aber er kam nie wieder.

1961 lieh mir jemand ein Buch mit dem Titel *Der Mensch im Kosmos*. Die Begriffe in dem Buch, von dem der Umschlag fehlte, waren mir seltsam vertraut. Manche zufälligen Worte und Ausdrücke tauchten verschwommen wie Echos aus meiner Vergangenheit auf. Als ich weiter hinten im Buch zur Idee des «Omega-Punktes» kam, war ich mir sicher. Ich fragte nach dem Umschlag des Buches, sah das Bild des Autors und erkannte ihn natürlich sofort. Dieses Gesicht konnte man nicht vergessen oder verwechseln. Mr. Tayer war Teilhard de Chardin, der große Priester-Wissenschaftler, Dichter und Mystiker, und in jenem schönen und wunderbaren Jahr hatte ich ihn bei der Jesuiten-Gemeinde des Heiligen Ignatius getroffen, wo er damals lebte.

Das Dromenon für den postindividuellen Menschen:
Die Felder des Lebens

Das therapeutische Mysterium auf dieser Stufe ist das Mysterium der Lebensfelder. Sie sind weder Erde noch Luft, Feuer oder Wasser; die Felder schließen das alles – wie die zweite Spirale – ein, stützen und tragen sie und sichern außerdem die Kontinuität und die Evolution aller Formen des Lebens. Da sie unspezialisiert sind, umfassen sie alle Spezialisierung und sorgen für das dynamische Kontinuum, in dem Wachstum und Vertiefung möglich sind. Es wurde vermutet, daß die Felder des Lebens aus elektromagnetischen oder bioplasmischen Energien bestehen oder sogar aus jenen Substanzen, die den Kosmos aufrechterhalten. Aber was auch immer sie sein mögen, in menschlichen Begriffen ist Liebe der Kern dieser Lebendigkeit der Felder des Lebens, und so wird Liebe das Prinzip und letztlich die Kraft sein, die dieses Mysterium leitet, welches sowohl der Abschluß als auch der Neubeginn der langen Reise ist, die wir gemeinsam unternommen haben.

STUFE EINS

Einander die Felder erschließen

Die Teilnehmer bilden Paare und setzen sich einander gegenüber, am besten mit verschränkten Beinen auf den Boden. Mit geschlossenen Augen berühren sich die PartnerInnen mit den Fingerspitzen und hören genau auf das, was die Leiterin sagt:

«Richte dein Bewußtsein ganz und gar auf die Kontaktpunkte zwischen dir und deiner Partnerin, und spüre den Fluß des Lebens, der durch eure Hände hin- und herströmt. Laß deine Aufmerksamkeit vollkommen in diesen Strom des Lebens eintauchen. Vielleicht spürst du Hitze, das Pulsieren des Blutes durch die Adern, Muskelwahrnehmungen oder vielleicht sogar einen Energiestrom wie ein elektrischer Strom, der von deiner Partnerin zu dir und umgekehrt fließt. Konzentriere dich auf den Kontakt zwischen euren Händen. Werde dir der Lebensströme, die zwischen euch fließen, immer deutlicher bewußt, bis du nach einiger Zeit vielleicht gar nicht mehr weißt, wo deine Hände aufhören und wo die Hände deiner Partnerin beginnen und ob das überhaupt einen Unterschied macht (fünf Minuten).

Nun bewegt eure Hände ganz langsam auseinander, so daß sie etwa einen Zentimeter Abstand haben. Spürt jedoch weiterhin den Fluß des Lebens, der diesen Abstand zwischen den Händen überbrückt. Entdeckt allmählich das Feld des Lebens zwischen euren Händen. Laßt dieses Energiefeld stärker werden, und spürt dabei, wie allmählich der Energiestrom von Herz zu Herz fließt, und laßt auch diesen Strom langsam stärker werden.

Entdeckt nun ganz allmählich eure Fähigkeit, wechselseitig die Felder zwischen euren Händen zu spüren. Spürt die Verbindungen zwischen euren Feldern wie ein ganz feines Aneinanderhaften. Eine Partnerin bewegt jetzt ganz leicht die Hände, und die Hände der anderen lassen sich durch die Kraft der miteinander verbundenen Felder «mitziehen». Um diese Verbindung noch deutlicher zu machen, schließt diejenige, die sich mitziehen läßt, die Augen und beobachtet, ob die Hände sich einfach durch das Gewahrsein der Bewegung des Feldes führen lassen. Wechselt einige Male die Rollen der Führenden und der Geführten in den Feldern zwischen euren Händen.

Nun haltet eure Hände ungefähr einen Zentimeter über den Kopf eurer Partnerin, und führt sie langsam abwärts an den Körperseiten entlang. Haltet sie dabei immer im Abstand von ungefähr einem Zentimeter vom Körper entfernt. Betrachtet diese Übung als gegenseitige Segnung, als Stärkung des Lebensfeldes der anderen.

Laßt nun zusätzlich euer Herzzentrum der anderen gegenüber noch offener werden, und spürt das Fließen als eine Art Strom von Gnade und tiefer Achtung von einem Herzen zum andern. Einige von euch spüren in diesem Moment vielleicht sogar von ganz tief innen ein Aufsteigen und Aussenden einer Art überpersönlicher, bedingungsloser Liebe. Aber ob du dies nun fühlst oder nicht, laß den Strom der Gnade zwischen euch und die tiefe Achtung und den Segen der Lebensfelder unaufhörlich weiterfließen.»

STUFE ZWEI

Die Aktivierung der Lebensfelder

Die Leiterin sagt:

«Laßt eure Hände jetzt sinken, und ruht euch eine Weile aus, hört mir dabei weiter zu. Und wißt, daß man in vielen Traditionen ein System von *Chakren* kennt, von Kraftzentren im Körper. Legt jetzt eure rechte Hand in einem Abstand von ungefähr einem Zentimeter über die Gegend eures Herzchakras, nehmt euch eine Weile Zeit, die Felder zu spüren, die von dieser Region ausgehen.

Bewegt jetzt eure Hände spiralförmig in Uhrzeigerrichtung, und fahrt damit fort, die Felder zwischen diesen Haupt-Zentren oder Chakren miteinander zu «verbinden», und zwar folgendermaßen: beginnt mit dem Herzen; macht dann kreisende Bewegungen abwärts zum Sonnengeflecht; kreist dann wieder aufwärts zum Hals; dann wieder abwärts zum Sexual-Chakra, das ungefähr in der Gegend des Schambeins liegt; kreist dann wieder aufwärts zum Dritten Auge, dem Chakra in der Gegend der Zirbeldrüse; dann kreist wieder abwärts zum Wurzel-Chakra, das am unteren Ende der Wirbelsäule liegt; nun geht mit kreisenden Bewegungen aufwärts zum Kronen-Chakra; dann wieder abwärts zu den Knien; nun aufwärts zum transpersonalen Chakra, das ungefähr dreißig Zentimeter über dem Kopf liegt; und abschließend mit kreisenden Bewegungen ganz hinunter zum Grund-Chakra in den Füßen.

Wiederholt in dieser Haltung überpersönlicher Liebe und Gnade die Bewegungen, mit denen ihr diese spiralförmig kreisenden Felder erschafft, fortlaufend, wobei ihr immer wieder zum Herz-Chakra zurückkehrt, wenn ihr neu beginnt (fünf Minuten).

Während ihr weitermacht, seid euch jetzt einer neuen Dimension bewußt, die ihr der Arbeit an euren Feldern hinzufügt. Seid euch bewußt, daß ihr nicht nur die wichtigen Felder und Zentren des Lebens der anderen miteinander verbindet, womit ihr vielleicht dazu beitragt, eine tiefere Vollkommenheit ihres körperlichen Seins zu erreichen, sondern daß ihr in gewisser Weise auch die Spirale des Lebens aktiviert, die helfen kann, sie in die neue Spirale der menschlichen Evolution zu bringen, deren erste Windung die Spiralwindungen der vorhergehenden vier Stufen der psychohistorischen Entwicklung umfaßt. Erschließt nun die weiteren Felder der anderen in einer Haltung, als ob ihr tatsächlich nicht nur einfach eine körperliche und geistige Integration der anderen hervorruft, sondern sie gleichzeitig in die höhere Ordnung des Seins geleitet (fünf Minuten).»

STUFE DREI

Die Therapeia des Herzens

Die Leiterin erklärt nun:

«Legt einander jetzt die rechte Hand über die Herzgegend, und greift mit der linken um eure Partnerin herum, um auch die Rückseite der Herzgegend zu halten. Macht euch bewußt, daß ihr jetzt das Herz der anderen zwischen euren Händen haltet. Sitzt eine Weile mit geschlossenen Augen ganz still in dieser Haltung, ohne zu sprechen, und werdet euch immer deutlicher des Wesenskerns des Menschen bewußt, dessen Herz ihr in euren Händen haltet. Spürt die Felder zwischen euren beiden Händen, sendet Leben und Energie durch die Körperhülle der anderen hin und her, um das Herz zu heilen, wenn es Heilung braucht, in jedem Falle jedoch, um sein Potential hervorzurufen und zu vergrößern. Und laßt euer eigenes Herz in gleicher Weise geheilt und gestärkt werden (fünf Minuten).

Laßt jetzt eure Arme eine Minute ausruhen. Wir werden jetzt gleich die *therapeia* des Herzens ausführen, die euch daran erinnert, daß das griechische Wort *therapeia,* von dem unser Wort *Therapie* sich herleitet, ursprünglich heißt, die Arbeit Gottes zu tun. Gleich werden wir wieder das Herz der anderen in unseren Händen halten und ihm weiterhin Energie und Segen senden; aber diesmal, verbunden durch die Gemeinschaft der Felder und Herzen, werden wir gemeinsam in ein tiefes und wunderschönes Mysterium des Zuhörens und der Führung hineingehen.

Vereinbart, wer von euch Sprecherin und wer von euch Zuhörerin sein soll. Du, die Sprecherin, wirst jetzt davon sprechen, was in deinem Leben als nächstes geschehen soll. Das könnte irgendein Plan sein oder ein Projekt, das du beginnen möchtest, oder sogar irgendein vergangenes oder gegenwärtiges Problem, das dich belastet oder herausfordert und mit dem du anders umgehen möchtest. Was immer es ist, sprich darüber einfach zu deinem Gegenüber.

Du, die Zuhörerin, wirst jetzt mit deinem ganzen Sein zuhören. Und während du zuhörst, versuche, es in einem Zustand bedingungsloser Liebe und ohne Wertung zu tun, und laß es geschehen, daß vielleicht die höhere Wirklichkeit, von der du ein Teil bist, mit all ihrer Weisheit und all ihrem Wissen sich deinem Herzen mitteilt, während du deine Partnerin begleitest. Laß das höhere Sein in dir wirksam werden; und wenn du schließlich sprichst, sprich vom Standpunkt des Höheren Wesens, nachdem du der anderen sorgsam zugehört hast, und gib deinen Rat oder deine Empfehlungen, wie es dir angemessen erscheint, aber immer von dieser höheren Warte aus, und nicht einfach nur aus dem, was dein örtlich begrenztes Selbst weiß.

Haltet einander jetzt wieder das Herz mit euren Händen, und führt die *therapeia* des Herzens aus. Ihr habt fünfzehn Minuten Zeit, um zu sprechen, zuzuhören und zu antworten, bevor du, die Zuhörerin, zur Sprecherin und du, die Sprecherin, zur Zuhörerin wirst.»

Nach etwa fünfzehn Minuten fordert die Leiterin die TeilnehmerInnen auf, sich eine Minute lang still, ohne zu reden, zu recken, zu strecken und sich zu entspannen und dann wieder einander das Herz in den Händen zu halten und mit umgekehrten Rollen wieder die *therapeia* des Herzens durchzuführen. Sie sagt noch einmal: «Du, Zuhörerin, höre mit vollkommener Aufmerksamkeit vom Ort des Höheren Seins aus zu, laß den Strom bedingungsloser Liebe fließen, und sprich nicht eher, als bis Weisheit deine Seele erfüllt.»

Nach weiteren fünfzehn Minuten bittet die Leiterin die Paare, einige Minuten ganz still zu sitzen, das Herz der anderen zwischen den Händen zu halten und es geschehen zu lassen, daß tiefer Segen, Heilung und Achtung zwischen ihnen strömt. Danach fordert sie die PartnerInnen auf, einander einfach nur an den Händen zu halten, während sie eine ruhige, besinnliche Musik spielt, um Zeit und Raum für tieferes Verstehen und Integration zu geben. Wenn die Musik zu Ende ist, bittet sie die TeilnehmerInnen, über das zu sprechen, was geschehen ist.

Viele werden das Gefühl haben, daß sie Rat und Klärung von großer Feinheit und Weisheit erhalten haben. Andere werden feststellen, wie sie während dieses Prozesses offen für die tiefen Ebenen des

Verstehens in ihrem Innern wurden, von denen sie nicht einmal wußten, daß sie sie hatten. Die meisten werden sich in gewissem Grade
geheilt und mit Segen erfüllt fühlen, so als ob sie an einem Sakrament
der Ganzwerdung teilgenommen hätten, das in ihnen für lange,
lange Zeit weiterwirken wird.

Nachwort

Und nachdem wir uns selbst in der ersten Spirale der Seele und der Geschichte wiederentdeckt haben, kommen wir nun ans Ende unserer Reise, welches zugleich der Anfang ist. An der Schwelle zur nächsten Spirale benötigen wir ein tiefergehendes, weiterreichendes und umfassenderes Wissen, einen reichhaltigeren Gebrauch an seelischer Energie, eine neue und erweiterte Ökologie des Seins.

Auf dieser Reise haben wir Sichtweisen kennengelernt, wie frühere Kulturen sie hatten, und haben ihre Wege mit unseren verbunden, um eine größere Komplexität der Wirklichkeit zu gewinnen. Wir betrachten das Leben nicht mehr als sauber voneinander abgegrenzte Ebenen, mit getrennten und ausschließlichen Erklärungsformen, sondern sehen jetzt die kreisenden Spiralen und beginnen die Irrgärten zu verstehen, die auf dem Boden der frühen Tanzplätze abgebildet sind, die spiralförmigen Labyrinthe von Ägypten, Griechenland und dem alten Britannien, die komplizierten Kreismuster, dargestellt in den Bodenfließen mittelalterlicher Kathedralen. Wir sehen sie jetzt – die tiefgründigen und aktivierenden Dromena, die uns durch alle Sphären und Einflußebenen tragen und allen Dingen und allen Wesen ein Prinzip von Entsprechung verleihen. Mit den Worten von Jill Purce ausgedrückt, wir wissen nun, daß das Tanzen dieser uralten Dromena bedeutet, gleichzeitig in «den Kosmos, die

Welt, das individuelle Leben, den Tempel, die Stadt, den Mann, die Frau, den Schoß, die Eingeweide, die Gehirnwindungen, das Bewußtsein, das Herz, die Pilgerfahrt, die Reise und den Weg» hineinzugehen. Wenn wir jetzt das Labyrinth auf dem Boden von Chartres betrachten, erinnern wir uns an die suchende Sprache moderner Physiker, die von der Krümmung von Raum und Zeit sprechen und beschreiben: «Wie die Struktur unseres Universums nichts anderes ist als der Wirbelring – eine Erscheinungsform des universellen sphärischen Wirbels.»[61]

Nun ist es an der Zeit, den neuen Tanz zu erschaffen. Ihn zu entdecken wird Aufmerksamkeit, Gewahrsein und völlige Hingabe erfordern. Die Suche nach neuen Seinswegen ist eine ständige Bewegung von Körper, Geist und Seele, was gleichzeitig Arbeit, Tanz und Gebet bedeutet. Es ist die Entdeckung und Entwicklung unseres Potentials für die schöpferische Umgestaltung des Selbst und der Erde. Es ist das Dromenon, in dem man sich der eigenen Seele ebenso bewußt wird, wie man sich seines Körpers bewußt ist, und wo man sich des anderen ebenso bewußt wird, wie man sich der Erde bewußt ist. Aber im Dromenon verwischen sich die Grenzen zwischen Körper und Seele und zwischen den anderen und der Erde. Man ist das Feld des Lebens. Der Körper bewegt sich geistig, und der Geist bewegt sich körperlich. Im Dromenon des neuen Seins ist man in einem Zustand von Rhythmus und Resonanz zwischen inneren und äußeren Welten; und in diesem rhythmischen Zustand findet man sich in einem Zustand der Gnade wieder. Die Grenzen zwischen Körper und Seele öffnen sich, eine Grenze nach der anderen fällt, bis wir das letzte und höchste Wissen erreichen, das uns sagt, daß Gott Liebe ist, die Bewegung in schöpferischer Form – oder wie Dante es im Augenblick der letzten Offenbarung in den Schlußzeilen seiner Göttlichen Komödie sagt:

L'amore che muove il sol
e l'altre stelle.
Die Liebe, die die Sonne bewegt
und die anderen Sterne.

Ausgewählte Literatur

Allen, W.; *History of Political Thought in the Sixteenth Century,* New York 1960.

Augustinus, Aurelius; *Vom Gottesstaat,* München 1985.

Bachmann, Anita (Hg.); *Gespräche mit Jean Houston: Erwachen – Möglichkeiten menschlicher Transformation,* München 1987.

Bacon, Francis; *Sphinx, or Science, The Works of Francis Bacon,* Bd. VI, London 1870.

Baghavad Gita; übers. von Robert Boxberger, Stuttgart 1987.

Benedict, Ruth; *Patterns of Culture,* Boston 1961.

Bergson, Henri; *Creative Evolution,* New York 1911.

Berry, Thomas; *The Historical Theory of Giambattista Vico,* Washington, D. C. 1949.

Burtt, E. A.; *The Metaphysical Foundations of Modern Science,* New York 1954.

Castaneda, Carlos; *Eine andere Wirklichkeit,* Frankfurt 1986.

Castaneda, Carlos; *Reise nach Ixtlan,* Frankfurt 1986.

Castaneda, Carlos; *Die Lehren des Don Juan,* Frankfurt 1987.

Einstein, Albert; *Side Lights on Relativity,* London 1922.

Eliot, T. S.; *Ausgewählte Gedichte, Englisch und Deutsch,* Frankfurt 1951.

Erikson, Erik H.; *Kindheit und Gesellschaft,* Stuttgart 1976.

Erikson, Erik H.; *Identität und Lebenszyklus,* Frankfurt 1985.

Freud, Sigmund; *Gesammelte Werke,* Frankfurt 1981.

Fry, Christopher; *Ein Schlaf Gefangener,* Frankfurt 1952.

Gesell, Arnold, Ilg, F. L., Ames, L.; *Jugend, Das Alter von 10 bis 16,* Bad Nauheim 1958.

Gesell, Arnold und Ilg, Francis L., in Zusammenarbeit mit L. B. Ames u. G. E. Bullis; *The Child from Five to Ten,* New York 1946.

Hadamard, Jacques; *The Psychology of Invention in the Mathematical Field,* New York 1954.

Harrison, Jane E.; *Themis,* London 1927.

Hegel, G. F.; *Phänomenologie des Geistes,* Frankfurt 1970.

Hegel, G. F.; *Vorlesungen über die Philosophie der Geschichte,* Frankfurt 1970.

Heinlein, Robert; *Ein Mann in einer fremden Welt,* München 1984.

Heisenberg, W.; *Schritte über Grenzen,* München 1976.

Hesiod; *Works and Days, Theogony, The Shield of Herakles,* Ann Arbor 1959.

Homer; *Ilias und Odyssee,* übers. von Johann Heinrich Voss, Eltville am Rhein 1980.

Houston, Jean; *Myth, Consciousness, and Psychic Research,* in: Mitchell, E., (ed.), *Psychic Exploration: A Challenge to Science,* New York 1974.

Houston, Jean; *Prometheus Rebound: An Inquiry into Technological Growth and Psychological Change,* in: Meadows, D., (ed.), *Alternatives to Growth I,* Cambridge 1977.

Houston, Jean; *Putting the First Man on Earth,* in: *Saturday Review,* February 22, 1975.

Houston, Jean; *Re-Seeding America: The American Psyche as a Garden of Delights,* in: *Journal of Humanistic Psychology,* 18/1/78.

Houston, Jean; *Rhythms of Awakening,* in: *Dromenon,* 1/1/78.

Houston, Jean; *The Coming of Age of Aging: Gay Luce in Dialogue with Jean Houston,* in: *Dromenon,* 2/1/69.

Houston, Jean; *The Ecology of Inner Space,* in: *Dromenon,* 1/1/78.

Houston, Jean; *The Mind of Margaret Mead,* in: *Quest,* Juli/August 1977.

Houston, Jean; *The Psychenaut Program,* in: *The Journal of Creative Behavior,* 7/4/73.

Houston, Jean; *The Quickening,* in: *Dromenon,* 2/1/79.

Houston, Jean; *Through the Looking Glass: The World of Imagery,* in: *Dromenon,* 2/3–4/79.

Huxley, Aldous; *Die Pforten der Wahrnehmung,* München 1954.

Jaensch, E. R.; *Die Eidetik,* Leipzig 1933.

Joy, W. Brugh; *Der Weg der Erfüllung,* Interlaken 1987.

Kuhn, Maggie; *The Gray Panthers: Networking for New Community,* in: *Dromenon,* 2/1/79.

Levy-Bruhl; *How Natives Think,* London & New York 1926.

Lowith, Karl; *Meaning in History,* Chicago 1949.

Luce, Gay Gaer; *Your Second Life;* New York 1979.

Marx, Karl; *Die Frühschriften,* Stuttgart o. J.

Mead, Margaret; *Continuities in Cultural Evolution,* New Haven und London 1964.

Platon; *Der Staat,* Stuttgart 1982.

Platon; *Das Gastmahl,* in: *Sämtliche Werke I,* Heidelberg 1982.

Reichard, G. A.; *Navaho Religion, A Study in Symbolism,* New York, Bollingen 1963.

Schneewind, J. B.; *Values and the Future,* New York 1971.

Schumacher, E. F.; *Die Rückkehr zum menschlichen Maß,* Reinbek 1977.

Smith, Adam; *Der Wohlstand der Nationen,* München 1974.

Sorokin, Pitirim; *Social and Cultural Dynamics,* New York 1937.

Spengler, Oswald; *Der Untergang des Abendlandes,* München o. J.

Teilhard de Chardin, Pierre; *Der Mensch im Kosmos,* München 1981.

Thompson, William Irwin; *At the Edge of History,* New York 1971.

Thukydides; *Der Peloponnesische Krieg,* Stuttgart 1985.

Toynbee, Arnold; *Der Gang der Weltgeschichte,* Stuttgart 1952.

Vico, Giambattista; *Die neue Wissenschaft von der gemeinschaftlichen Natur der Nationen,* Frankfurt a. M. 1981.

Waley, Arthur; *The Analects of Confucius*, London 1938.

Waley, Arthur; *The Way and Its Power*, New York 1958.

Walker, D. P.; *Spiritual and Demonic Magic from Ficino to Campanella*, London 1958.

Weber, Max; *Die protestantische Ethik I und II*, Gütersloh o. J.

Whitehead, Alfred North; *Process and Reality*, New York 1929.

Wilhelm, Richard und Jung, C. G.; *Geheimnis der Goldenen Blüte*, Köln 1986.

Yates, Francis; *Giordano Bruno and the Hermetic Tradition*, London 1964.

Anmerkungen

Alle Gedichte von T. S. Eliot stammen aus: *Ausgewählte Gedichte, Englisch und Deutsch,* Frankfurt a. M. 1951.

[1] Heard, Gerald; *The Five Ages of Man,* New York 1963.

[2] Masters, Houston; *The Varieties of Psychedelic Experience,* New York 1966.

[3] Masters, Houston; *Phantasiereisen,* München 1984.
Masters, Houston; *Bewußtseinserweiterung über Körper, Seele und Geist,* München 1983.
Houston, Jean; *Der mögliche Mensch,* Basel 1984.
Dromenon: A Journal of New Ways of Being, erscheint vierteljährlich. Informationen über Dromenon Journal, G. P. O. Box 2244 New York, N. Y. 10116.

[4] Heard, Gerald; *The Great Fog: Weird Tales of Terror and Detection,* New York 1944.

[5] Dieses englische Wortspiel ist nicht übersetzbar: das Wort history (Geschichte) ist klanglich ähnlich wie *his* story (*seine* Geschichte); feministische Autorinnen entwickelten hieraus den Begriff *her*story (*ihre* Geschichte), um auf die männliche Prägung der Geschichtsschreibung und die ungeschriebene Geschichte der Frau hinzuweisen (Anm. d. Übers.).

[6] Gimbutsas, Marija; *The Goddesses and Gods of Old Europe, 7000–3500 B. C.,* Berkeley and Los Angeles 1982. Siehe auch die Funde von James Mellaart, in seinem Werk *Catal Huyuk,* New York 1967.

[7] Gimbutsas, Marija; *The Early Civilisation of Europe,* Monograph for Indo-European Studies 131, University of California at Los Angeles, 1980, chap. 2, 33–34.

[8] Eine empfindsame und nachdenkliche Beschreibung dieser Kultur und ihrer nachfolgenden Zerstörung gibt Riane Eisler in ihrer bemerkenswerten Studie *The Chalice and The Blade,* New York 1987.

[9] Eine kritische Diskussion archäologischer Funde und Spekulationen, die

Betrachtung der alten kretischen Zivilisation bestätigt, findet sich in der Arbeit von Nicolas Platon, *Crete*, Genf 1966.

[10] Harrison, Jane E.; *Ancient and Ritual*, New York und London 1913.

[11] Campbell, Joseph; *The Masks of God: Creative Mythology*, New York 1968.

[12] Augustinus, *Vom Gottesstaat*, XII, 14, 21, München 1985.

[13] Sorokin, Pitirim; *Modern Historical and Social Philosophies*, New York 1963.

[14] Jung, C. G.; *Psychologischer Kommentar zu «Das Tibetanische Totenbuch»*, Ges. Werke, Bd. 11, Olten/Freiburg 1984.

[15] Fry, Christopher; *Ein Schlaf Gefangener*, Frankfurt 1952.

[16] Liedloff, Jean; *Auf der Suche nach dem verlorenen Glück*, München 1980.

[17] Leboyer, Frédérick; *Geburt ohne Gewalt*, München 1985 (Diese Übung wurde in Anlehnung an Leboyers Buch entwickelt.).

[18] Dodd, E. R.; *Die Griechen und das Irrationale*, Frankfurt 1985.

[19] Jaynes, Julian; *Der Ursprung des Bewußtseins durch den Zusammenbruch der bikameralen Psyche*, Reinbek 1988.

[20] Masters, Houston; *op. cit.*

[21] Heard; *a. a. O.*, S. 39–40.

[22] Jung, C. G.; *Zur Psychologie des Kinderarchetypus*, in: *Grundwerk*, Bd. 2, Olten 1984, S. 192 u. 203.

[23] Houston, Jean; *Consider the Stradivarius*, in: *Dromenon*, 1/5–6/79.

[24] Heard; *a. a. O.*, S. 200.

[25] Hillmann, James; *Loose Ends*, Zürich 1975, S. 16.

[26] Euripides; *Hippolytos*, Stuttgart 1987.

[27] Ebd.

[28] Thukydides, *Der Peloponnesische Krieg*, Stuttgart 1966, S. 56f.

[29] Heard, Gerald; *The Five Ages of Man*, New York 1963.

[30] Berry, Thomas; *The New Story*, in: *Dromenon*, 1/4/78.

[31] Shakespeare, W.; *Troilus und Cressida*, Shakespeares Werke in deutscher Sprache durch Schlegel/Tieck, Bd. II, Hamburg o. J.

[32] Hooker, Richard; *Laws of Ecclestical Polity*, I, ix, London 190.

[33] Spencer, Theodore; *Shakespeare and the Nature of Man*, New York 1951.

[34] Burtt, E. A.; *The Metaphysical Foundations of Modern Science*, New York 1954.

[35] Montaigne de, Michel; *Die Essais*, Stuttgart 1969.

[36] Montaigne; *op. cit.*, S. 205ff.

[37] Ebd.

[38] Frost, Robert; *The White-Tailed Hornet*, in: *Robert Frost's Poems*, New York 1971.

[39] Ellis-Fermor, Una; *The Jacobean Drama*, New York 1964.

[40] Machiavelli, Niccolò; *Discorsi*, Stuttgart 1966.

[41] Machiavelli, Niccolò; *Der Fürst*, Wiesbaden 1980, S. 64.

[42] Machiavelli; *op. cit.*.

[43] Machiavelli, Niccolò; *Discorsi*.

[44] Machiavelli; *Der Fürst*.

[45] Steiner, George; *In Bluebard's Castle,* New Haven 1971.
[46] White, Lynn Jr.; *Medieval Technology and Social Change,* London 1967.
[47] Bacon, Francis; *Sphinx or Science,* in: *The Works of Francis Bacon,* Bd. VI, London 1963.
[48] Donne, John; *An Anatomy of the World; The First Anniversary,* in: *The Complete Poetry and Selected Prose of John Donne,* New York 1952.
[49] Berry; *op. cit.,* S. 11.
[50] Markley, O. W.; *Changing Images of Man,* Menlo Park 1973.
[51] Schumacher, E. F.; *Die Rückkehr zum menschlichen Maß,* Reinbek 1977.
[52] Berry; *op. cit.,* S. 11.
[53] Argüelles, José und Miriam; *Mandala,* Boulder 1972.
[54] Zu den Studien über die Sandmalereien der Amerikanischen Indianer gehören z. B.:
Villasenor, David; *Mandalas im Sand,* München 1981.
Wheelright, Mary C.; *Beautyway: A Navaho Ceremonial,* New York 1957.
Reichard, Gladys A.; *Navaho Religion, A Study in Symbolism,* New York 1963.
[55] Jung, C. G.; *Die Archetypen und das kollektive Unbewußte, Archetyp und Unbewußtes, Psychologie und Alchemie,* Ges. Werke, Olten 1971.
[56] Masters, Robert; *Psychophysical Re-Education: the Aging Revolution,* in: *Dromenon,* 2/1/79.
[57] Kuhn, Maggie; *The Gray Panthers: Networking for New Community,* in: *Dromenon,* 2/1/79.
[58] Ebd.
[59] Jung, C. G.; *Erinnerungen, Träume, Gedanken,* Olten 1971.
[60] Halifax, Joan; *Die andere Wirklichkeit der Schamanen,* Bern 1981.
[61] Purce, Jill; *Die Spirale, Symbol der Seelenreise,* München 1988.

HEYNE BÜCHER

Norman Vincent Peale

*Positive Gedanken
für jeden Tag*

Heyne - Taschenbücher

HEYNE BÜCHER

Geschenke des Himmels

Lesen, wo Weisheit ist

Louise L. Hay
Die innere Stimme
*Neue Gedanken und
Affirmationen zur
Selbstheilung*
08/9923

Dr. Joseph Murphy
Frei und schöpferisch
*33 Schlüssel zum
positiven Denken*
08/9924

Ich bin an Deiner Seite
*Engel-Weisheiten
Gesammelt von
Penny McLean und
Hans Christian Meiser*
08/9925

Prentice Mulford
Von der Kraft des Menschen
*Wie man Meisterschaft im
Leben gewinnt*
08/9926

ZauberWorte – Türen nach innen
*Meditative Texte der Weltliteratur
Ausgewählt von Stephanie Faber*
08/9927

Konfuzius
Von der klugen Entscheidung
*Seine Weisheit neu übersetzt und
für unsere Zeit interpretiert
von Thomas Cleary*
08/9928

Laotse
Den rechten Weg finden
*Die chinesische Weisheit des Tao
für unsere Zeit neu übertragen
von Thomas Cleary*
08/9929

Musashi
Vom Sieg im Kampf
*Das »Buch der 5 Ringe« und die
Kriegskunst der Samurai
interpretiert von Thomas Cleary*
08/9930

Rumi
Das Lied der Liebe
*Die Weisheit göttlicher Liebe
in den Versen des größten
Sufi-Dichters*
08/9931

Kahlil Gibran
Vor dem Thron der Schönheit
*Lebendige Weisheit vom Dichter
des »Propheten«*
08/9932

Heyne Taschenbücher

HEYNE BÜCHER

Das Celestine Phänomen

Bücher, die die Kraft haben, unser Leben zu verändern

08/9670

Heyne-Taschenbücher